U0927714

本书系江苏省高校哲学社会科学研究基金重大项目“新中国70年社会治理创新的历程及经验研究”（2019SJZDA001）的最终研究成果。同时是国家社会科学基金一般项目“社会高效能治理的制度逻辑及实现路径研究”（21BKS085）的阶段性研究成果。

我国社会治理创新经验发展研究

1949-2019

沈　杰 著

天津出版传媒集团
天津人民出版社

图书在版编目（CIP）数据

我国社会治理创新经验发展研究：1949-2019 / 沈杰著 . -- 天津：天津人民出版社，2022. 1

ISBN 978 - 7 - 201 - 18202 - 5

Ⅰ. ①我… Ⅱ. ①沈… Ⅲ. ①社会管理—研究—中国—1949-2019 Ⅳ. ①D63

中国版本图书馆 CIP 数据核字（2022）第 017034 号

我国社会治理创新经验发展研究：1949-2019

WOGUO SHEHUI ZHILI CHUANGXIN JINGYAN FAZHAN YANJIU：1949-2019

出　　版　天津人民出版社
出 版 人　刘　庆
地　　址　天津市和平区西康路 35 号康岳大厦
邮政编码　300051
邮购电话　（022）23332469
电子信箱　reader@ tjrmcbs. com
责任编辑　章　赪
封面设计　中联华文
印　　刷　三河市华东印刷有限公司
经　　销　新华书店
开　　本　710 毫米×1000 毫米　1/16
印　　张　15. 25
字　　数　262 千字
版次印次　2022 年 1 月第 1 版　2022 年 1 月第 1 次印刷
定　　价　68. 00 元

序

我国全面深化改革的总目标是完善和发展中国特色社会主义制度，推进国家治理体系和治理能力现代化。

当前，中国特色社会主义已经进入新时代。经过四十多年的改革开放，社会建设和治理得到了很大改善和发展，但相比经济高速发展，仍然显得相对滞后。经济建设和社会建设“一条腿长、一条腿短”，带来的是欠债较多的社会民生问题。特别是，当前我国进入了社会转型和经济转轨的“双重转型”时期，传统风险和新型风险并存，社会结构呈现非科学样态，社会发展呈现非均衡化态势。虽然我国当前社会总体上基本稳定，但不确定、不稳定因素明显增多，社会发展中的治理问题仍然很多，如价值理念多元及相互冲突、社会财富和资源配置不够合理等。现实的社会问题直接倒逼着理论研究的开展。党和政府进行了积极探索和理性回应：1998年3月，国务院首次将社会管理作为政府职能之一，并在党的十六届三中全会上得以明确。2012年11月，党的十八大报告首次提出“中国特色社会主义社会管理体系”的重要命题。2013年党的十八届三中全会首次提出“创新社会治理”，并在2017年10月党的十九大上再次得以重申和强调。2020年5月，在十三届全国人大三次会议期间，习近平总书记提出了“高效能治理”的重要概念。这是对党的十九届四中全会把“制度优势更好转化为国家治理效能”的重要命题的进一步深化，也是对党的十八届三中全会和党的十九大报告中“创新社会治理”概念的进一步丰富和发展。这是党和政府社会治理战略观念的重大转变，是我国社会治理创新的理论自觉，也是理论研究回应社会现实的应然和必然。

该著作以马克思主义经典作家社会治理思想为理论支撑，立足于中国社会结构治理变迁的历史背景，回归经典文本，关照社会现实，对新中国成立以来社会治理创新发展的经验进行了系统总结和梳理，对散落其间的思想和观点进行总结和梳理，形成了较为系统的理论框架，为新时代社会治理创新及现代化提供理论支撑和实践参考。实际上，以马克思、恩格斯和列宁等为代表的马克思主义经典作家没有直接使用过“社会治理”概念，而其在批判借鉴资本主义治理制度和社会现实基础上，在对巴黎公社的经验教训总结中，在对未来社会蓝图的构想中，蕴含着很多社会治理思想、观点和方法。新中国成立之后，我国的社会治理，经历了社会主义革命和建设、改革开放、中国特色社会主义新时代等发展时期，形成了“政府‘一元’管控”社会治理、“多方协作共管”社会治理和“共建共治共享”社会治理等理论成果。社会治理研究涉及社会学、管理学、政治学等学科，是一个宏大的系统研究工程。因此，突破单一学科、进行跨学科的研究，是社会治理研究领域的一个必然趋势。目前涉猎新中国成立70多年来社会治理创新发展历程与经验的学术专著还不多，相关的研究内容还比较零散，不够系统。这些都增加了该项研究的难度。而该著作很好地解决了这个难题，体现了其创新之处和研究价值；在理论上，有助于我们对马克思主义经典作家相关思想进行“本原性”解读和认识，以及构建中国特色社会治理理论的整体框架，丰富中国化马克思主义研究的视域和领域。该书对社会治理进行的多学科交叉复合研究、中西理论对比研究，有助于促进不同学科间的融通，驳斥某些西方学者的狭隘认识，推进中国化学术话语体系建构。该研究成果的推出，有助于践行“尊重人民主体地位”的人本理念，化解各类社会矛盾和维护群众合法权益，解决我国当前社会的突出问题，促进社会治理进一步创新发展；对提高党的执政能力和政府治理水平、解决好党的重大执政课题具有重要作用，对明晰治理主体职能界限和功能转向、破解中国当前政治社会实践议题具有现实价值。

作为沈杰博士的硕士生导师，看到他的首部专著行将付梓出版，我非常欣慰，也由衷地为他高兴。这些年，沈杰一直将研究“马克思主义”这座理论巨峰作为追求目标，努力向学，追求真理。他选择了在河海大学继续攻读马克思主义基本原理专业的博士学位，一如既往地勤奋好学，潜心治学。这本著作，是他基于博士论文的研究基础，不断进行修改、完善和提高的理论结晶。

对于学术研究，我要求学生：思维要有逻辑性，观点要有创新性，效果要有现实性。沈杰博士的这本著作很好地体现了这些点。《我国社会治理创新经验发展研究（1949—2019）》一书是在马克思主义世界观和方法论指导下运用多学科知识，综合把握社会治理问题形成的重要理论成果，体现了学术理论研究的综合性创新。作为一名青年学者的探索性成果，这本著作也有一些疏漏和不足，有些内容还有待深入研读经典文本、根据党的最新文件不断充实和完善。这是我给沈杰博士开展后续研究的一点建议。希望他在今后推出更多、更好的学术成果。

是为序。

国家“万人计划”哲学社会科学领军人才
全国宣传文化系统“四个一批”人才
中央马克思主义理论研究与建设工程首席专家
北京交通大学当代中国马克思主义研究院院长
韩振峰

2021 年国庆节于北京

前　言

在人类社会中，社会治理是人们维持秩序和促进发展的实践活动。我国社会治理创新发展是随着马克思主义中国化的研究深入而提出的具有现实性和时代性的重要课题。

本书系江苏省高校哲学社会科学研究基金重大项目“新中国70年社会治理创新的历程及经验研究”（2019SJZDA001）的研究成果，亦是国家社会科学基金一般项目“社会高效能治理的制度逻辑及实现路径研究”（21BKS085）的阶段性研究成果；是立足于作者的博士论文，并结合党的十九大和十九届四中全会精神进一步进行研究的理论提升。

我国社会治理创新是马克思主义社会治理中国化的重要组成部分。其在马克思主义社会治理思想与中国社会治理实践的结合中得以形成和发展。

对马克思主义经典作家著作文本进行理论探源，对我国社会治理创新的主要内容、经验做法、存在问题和当代启示等进行研究，对提升治理效能、推进社会治理创新及其现代化，很有价值。

本书通过解读经典文本，深入挖掘马克思恩格斯列宁理论体系中社会治理主张，系统梳理马克思主义社会治理中国化和我国社会治理创新的发展历程、经验与教训，为创新社会治理提供理论借鉴。

目录
CONTENTS

绪论

问题的提出与研究意义

第一节　选题的缘起与研究意义

一、问题的提出

社会治理是伴随人类社会发展始终的活动，是维护社会生活及其秩序的重要实践。人类社会“是一个能够变化并且经常处于变化过程中的机体”①，而社会治理创新是维护社会“机体”秩序、推动社会“机体”发展的必要手段。因此，人类社会发展离不开社会治理创新。在人类社会发展中，特别是进入有国家存在的阶级社会之后，社会治理就在国家与社会之间张力关系中呈现了不同的发展特征和制度形态。受到国家性质的制约和影响，社会治理表现出明显的意识形态属性。在我国，随着社会建设重要性的凸显，人们意识到，社会及其职能需要相对独立于国家，形成现代意义的社会多元结构。社会建设、管理与治理由此而生。我国社会治理创新理论与实践正是应时代发展和现实需要而产生的。

一般来说，理论研究的缘起均能从现实生活实践中找到。“一切划时代的体系的真正的内容都是由于产生这些体系的那个时期的需要而形成起来的”②。我国社会治理创新发展研究也是如此。随着全面改革不断深入，我国进入了社会转型和经济转轨的“双重转型”时期。这种转型是传统向现代、计划向市场转型的双重交织，是整体、综合和系统性的结构性社会变迁，是

① 马克思恩格斯全集（第23卷）［M］. 北京：人民出版社，1972：12.

② 马克思恩格斯全集（第3卷）［M］. 北京：人民出版社，1960：544.

涉及社会各领域的全面社会变革与社会大转变。① 但是这也是经济社会非均衡化发展阶段，是传统风险和新型风险并存的“风险社会”阶段。当前，我国社会发展总体稳定，但不确定因素增多，存在的问题仍然不少，如多元价值理念冲突、群体性事件频发、贫富差距拉开、财富资源配置不公、社会分化持续等。这些社会矛盾直接挑战着社会公平，拷问着党的执政能力和管理能力。1998 年 3 月，《关于国务院机构改革方案的说明》首次将社会管理列入了政府职能范畴（宏观调控、社会管理，公共服务）。2003 年 10 月，党的十六届三中全会再次确定社会管理为政府职能之一（其余为经济调节、市场监管和公共服务）。2012 年 11 月，党的十八大首次提出“中国特色社会主义社会管理体系”的命题，强调要“在推进社会管理体制改革和创新中加强社会建设”。2013 年 1 月，党的十八届三中全会提出“创新社会治理”，并在 2017 年 10 月党的十九大上得以再次重申和全面阐释。这是党和政府社会管理与治理战略观念的重大转变，是我国社会治理创新理论自觉和实践自觉的表现。

回归经典文本，关照社会现实；接续和推进我国社会治理创新研究，为新时代社会治理现代化建设提供理论与实践支撑，是研究本课题的缘由。

二、研究意义

当前中国特色社会主义已经进入了新时代，相比经济发展取得的成绩，社会建设与治理还稍显滞后。因此，开展我国社会治理创新发展研究，对完善中国特色社会主义社会治理体系，提高民生水平，构建和谐、平安和美好社会有着重要意义。

（一）理论意义

一是中国特色社会主义社会治理理论发展的内在要求。有助于拓宽马克思主义理论研究领域，构建中国特色社会主义社会治理理论体系的整体框架；进行政治学、社会学和马克思主义等多学科交叉复合研究、中西理论对比研究，在促进不同学科间对话和融通过程中，驳斥某些学者的狭隘认识，构建中国马克思主义特色社会治理理论话语体系。

二是马克思主义理论研究和建设工程的新课题。有助于加大马克思主义社会治理理论研究力度。对马克思主义经典作家理论体系进行“本原性”解

① 参见李培林．另一只看不见的手：社会结构的转型［J］．中国社会科学，1992（5）．

读和认识，是一项基础性理论研究。马克思主义经典作家社会治理思想为我国社会治理创新研究提供了立论基础、理论支撑和方法论指导。厘清马克思主义经典作家社会治理思想和我国社会治理创新理论之一脉相承的源流关系，有助于中国特色社会主义社会治理理论体系的发展。

（二）现实意义

一是有助于践行"以人民为中心"的人本理念，化解社会矛盾，维护社会公平和群众权益，满足人民对美好生活的现实需要。社会矛盾往往是因为社会发展和社会治理的不同步所致，是群众利益分歧和现实解决的不同步所致。民生问题是群众最大的利益问题。因此"任何时候都要把人民利益放在第一位"①。马克思认为，需求是人的本性，是社会发展原动力。马斯洛认为，人的需求有生理、安全、社会、尊重和自我实现等五种层次。在所有激励因素中，人的基本生存是第一位的。② 在社会组织、公民自发组织和志愿性社团等非政府组织比较发达的"公民社会"里，社会主体利益表达及维护意识明显增强。③ 相比以往理论和实践，马克思主义生命力在于维护人民主体的合法利益和体现社会公平。"以人民为中心"的理念，是我国社会治理创新发展的第一要义，是我们党"以人为本、治理为民"宗旨的重要体现。

二是提高党的执政能力和政府治理水平、破解新时代中国社会实践议题的必然要求。社会治理能力是党的执政能力建设中的重要内容。党的社会治理能力高低，影响党群关系和社会稳定，影响党的执政地位。

新时代以来，社会阶层加速分化和价值观念多元化变迁。党和政府亟须解决执政合法性和公信力等实践议题。

首先，社会矛盾日趋复杂、利益诉求日益多样，考验着党和政府驾驭复杂局面、统筹各方利益的能力。社会群体多元化涉及了不同利益关系和利益诉求，表现出异质型内容、博弈性行动和多样化方式等，容易导致矛盾和冲突。统筹兼顾和科学治理，绝非易事。法国学者迪尔凯姆认为，理解一切社会现象，必须从分析社会结构出发。④ 在我国，社会结构调整滞后于经济结构

① 十八大以来重要文献选编（上）［M］．北京：中央文献出版社，2014：39-40.

② 参见［美］马斯洛．人类动机的理论［M］．许金声等译．北京：中国人民大学出版社，2007.

③ 参见艾森施塔特．反思现代性［M］．旷新年等译．北京：生活·读书·新知三联书店，2006.

④ 参见陈峰君．印度社会与文化［M］．北京：北京大学出版社，2013.

的变化，是引发诸多社会问题和矛盾的重要根源。[①] 社会结构变迁会导致原有的阶层结构瓦解，而新兴的阶层期望通过参与社会治理来表达其诉求。此外，相比国际公认的“中间大两头小”的橄榄型社会结构，我国社会阶层结构还有较大差距。高科技广泛运用导致的社会风险及其引发的公众“预期性焦虑”、非预期性事件等，都会降低社会成员的安全指数，考验着党和政府的应对能力。

其次，自媒体时代的“双刃剑”效应，考验着党和政府管理网络社会的能力。网络信息因传播的开放性、迅速性、虚拟性和广泛性等特点，极易造成网络社会现场围观甚至局面失控。“各种失谐因素极易得到激活”，容易“形成社会矛盾甚至导致社会动荡”[②]，网络社会俨然已成重大群体性事件发源地。因此，提高管理网络社会的能力愈发显得重要。

最后，社会公众维权意识和价值评判观念的增强，考验着党和政府赢得主流价值认同、做好群众工作的能力。福柯、利奥塔等社会学家认为，自 20 世纪 80 年代，世界就步入了强调个体意识的“后现代社会”。时至今日，我国群众的权利意识增强，对公权力不再盲目崇拜和绝对服从，群众工作难度明显加大。而社会治理是一项群众的工作，是培养群众对主流价值观认同的工作。如何用社会主义核心价值观凝聚和整合社会力量、增强政府公信力，是党和政府要解决好的课题。

第二节 研究现状

一、国内研究现状

任何理论发展都是历经实践推进的过程，社会治理的发展过程也是如此。作为社会治理的前期探索与理论积淀，“社会管理”作为独立概念被国内学术界认知，始于 20 世纪 80 年代。1987 年，王思斌教授翻译了由苏联学者 A. M. 奥马罗夫著的《社会管理》一书。这是国内第一本出现“社会管理”提法的

① 参见陆学艺．社会建设论［M］．北京：社会科学文献出版社，2012.

② 郑杭生等．社会实践结构性巨变的若干趋势— 一种社会学分析的新视角［J］．社会科学，2006（10）．

译著。20世纪90年代以后，“社会管理”作为一种现代实证方法，在社会学领域得到运用。1991年，童星教授编写了第一本《社会管理学概论》。1998年，在国务院机构改革方案中首次出现了“社会管理”的官方表述。1995年，全球治理委员会对“治理”做出了明确界定。2013年，党的十八届三中全会首次提出“社会治理”的重要命题。2017年10月，党的十九大报告对“社会治理”进行重申和阐述。可见，从社会管理创新到社会治理创新，表明我国社会治理创新不断得以发展与升华。

当前，社会治理创新成了学术界的研究热点，并且产出了一大批紧跟前沿和富有价值的研究成果，为我国社会治理创新发展研究不断注入新鲜血液。鉴于马克思主义在我国的“显学”地位，我国社会治理创新发展仍将会在一段时期内得到长足发展。相关研究主要集中在四个方面。

（一）对作为一般性理论的社会管理研究

其一，基本概念和内涵的研究。“概念”是研究社会管理的前提。刘瑞等人认为，20世纪80年代初，社会管理开始形成一个相对独立的概念。① 王思斌认为，社会管理的广义概念是指对整个社会的管理；而狭义概念则是指对社会生活领域或系统的管理、指导和控制。同时他还提到，“社会管理作为一种概念和范畴”，与社会主义制度有关；“科学管理”社会，前提是处于“社会主义制度”中，以及正确认知“社会发展规律”②。施雪华建议要根据历史传统和现实国情界定社会管理的定义。他认为，现阶段的社会管理就是对社会事务的管理；随着“社会的自治能力”的提高，“社会管理的范围和内涵”还会“逐步扩大”③。郑杭生和乔耀章④认同以上看法。这代表着学术界对狭义概念的倾向。

其二，对社会管理机制、价值取向和路径模式等研究。何增科认为，社会管理应构建“党和政府为主导，社会协同、公民参与的多主体协作治理”机制。⑤ 付诚⑥认为，完善中国特色社会管理体系首先要依赖基础性制度建

---

① 参见刘瑞等．社会发展的宏观管理［M］．北京：中国物价出版社，1998.

② 王思斌．社会管理初论［J］．社会科学研究，1992（6）．

③ 施雪华．当前中国社会管理的成就问题与改革［J］．学习与探索，2013（3）．

④ 乔耀章．对中国特色社会主义社会管理问题的新认识［J］．湖北行政学院学报，2012（2）．

⑤ 何增科．社会管理体制改革的总体思路走向新的社会管理模式［J］．毛泽东邓小平理论研究，2007（9）．

⑥ 付诚．中国特色社会管理体系的完善策略［J］．社会科学战线，2009（2）．

设，建立一套有效的宏观调控机制和社会纠纷解决机制。完善社区自治，打造一套政府服务民生、社会组织参与社会管理的治理模式。对此，任映红做了补充：应该坚持市场、法治和公开原则，在核心理念确立、体制机制创新、管理格局等方面下功夫。宋林飞认为，价值、目标、主体、制度与机制等是建立中国社会管理体系的必要条件。① 高祖林赞成通过体制机制改革和“法治化”②，建设充满活力、和谐有序的社会。任何事物都是本质和表象的统一体。只有透过表象把握本质，才能给出该事物的质性评判。因此，李萍认为，首先应该厘清社会管理实质，即服务于社会自身秩序的演化与生成；借助知识和技术的创新，完成为“社会参与、自发社会管理活动开放空间”③的任务，实现制度创新。丁元竹探寻了社会管理的历史起点。他认为，建构社会管理理论，必须从什么是社会开始。④ 对此，唐贤兴⑤持有不同看法：社会资本缺失是社会管理的产生原因；社会管理要解决社会冲突，必须有自己的逻辑起点和“出发点”，即“积累社会资本”。对于社会管理的实现路径，石英等人从器物、制度和精神三个维度进行研究。他们认为，社会民生等器物层面是创新社会管理的基础和出发点；法制、体制、机制和社会组织等制度层面是手段和切入点；思想道德、信仰和价值观等精神层面是目标和重点。王莹认为，“伦理与制度在整合与互动中”促进了社会管理目标的实现。⑥ 黄新华等人从理念、方式、制度等方面进行探讨，从“以物为本”到“以人为本”、从“人治”到“法治”、从“维稳”到“创稳”、从“重城轻乡”到“城乡统筹”、从“统治”到“善治”、从“单一管治”到“共同治理”⑦ 六个方面提出了中国特色社会主义社会管理体系的目标路径。

（二）马克思主义发展领域中的社会管理研究

在不同历史阶段，社会管理面临的现实问题不同，所担负的历史任务也不同。与时俱进是马克思主义的鲜明特征。历史实践主题的变换对我国社会治理创新发展产生了一定影响。从社会主义革命实践到社会主义建设实践，

---

① 宋林飞．建立社会管理体系的难点和突破［J］．社会科学研究，2012（6）．

② 高祖林．论社会管理的终极目标［J］．学术界，2013（4）．

③ 李萍．论社会管理创新的实质［J］．中国特色社会主义研究，2013（1）．

④ 丁元竹．中国社会管理的理论建构［J］．学术月刊，2008（2）．

⑤ 唐贤兴．社会资本积累：社会管理创新的逻辑起点［J］．学术界，2012（4）．

⑥ 王莹．社会管理创新的伦理路径研究［J］．中州学刊，2013（3）．

⑦ 黄新华、王露．构建中国特色社会主义社会管理体系的路径选择［J］．东南学术，2013（4）．

再到中国特色社会主义改革实践，沿着历史逻辑的脉搏走向，我国社会治理创新发展的本质特征和时代内容也随之改变。

1. 关于马克思主义经典作家的论述

马克思恩格斯关于社会管理论述内容非常丰富。施美萍在《马克思恩格斯“社会管理”思想的科学意蕴》文中，从三个方面进行概括：一是社会管理目标是“建立自治政府”，通过“实行普选制”和真正责任制，让人民共同、自主管理社会。二是马克思恩格斯强调了要“树立‘以人为本’理念，积极解决社会基本问题”，其中包括人的尊严和自由、儿童的普遍教育、就业质量、公共住宅和城乡对立等。三是“社会管理的着力点是公平正义”。

社会主义制度是人类社会发展中的伟大创举。在世界上第一个社会主义成功实践的俄国，列宁创造性阐述了许多关于社会管理理论的观点和论断。隋秀英认为，列宁对社会主义社会管理理论中的基本问题进行了探究和阐述，如原则、主体、方式、机制和策略，以及实现管理科学化的必要性与可能性等。他的关于“社会管理是发挥社会主义制度巨大优越性的必然要求”“坚持人民群众的主体地位”是“最高原则”和“法制建设”是“重要保障”① 等观点，对我国社会管理与治理创新具有启示价值。

2. 关于中国共产党几代（届）领导者的论述

学术界研究了我国社会治理创新过程中每个发展阶段及理论成果。

周振国从主体、目的、落脚点、方式方法、管理与服务的关系等方面对社会管理的人本核心理念进行了详细阐释。②黄进认为，“中国特色社会主义社会管理理论是几代中国共产党人集体智慧的结晶”③，经历了以毛泽东时期的理论奠基、邓小平时期的理论开创、江泽民和胡锦涛时期的理论发展等阶段。

梁树发梳理了毛泽东、邓小平和江泽民关于社会管理的观点。梁等认为，毛泽东基于新中国成立初期国内外形势的复杂性，“高度重视社会稳定”，“不要四面出击”、不要树敌太多，“关注社会保障和就业”，“强调从制度上法律上保障劳动者的就业权利”，并提出了“统筹兼顾，适当安排的就业方针”。邓小平指出了社会管理的最高准则和主要内容。其社会管理理论内容不仅更

---

① 隋秀英．列宁社会管理思想的时代价值探析［J］．理论导刊，2011（7）．

② 周振国．以人为本：中国特色社会主义社会管理的核心理念［J］．毛泽东思想研究，2011（9）．

③ 黄进．论中国特色社会主义社会管理理论的形成［J］．毛泽东思想研究，2013（1）．

为丰富和具体，而且更有开创性和现实性。江泽民坚持用党的领导推动社会管理，将人的全面发展视为最终目标。

白瑾①则从延安时期、新中国成立后和改革开放以来三个时期进行系统研究。中国共产党在延安时期就非常注重制度机制建设，通过建立“利益协调机制”“和谐、平等的社会管理机制”，以及政府行为法制化等提高边区政府社会管理水平。党从革命党转变为执政党后，毛泽东对社会管理理论与实践进行了积极探索——“探索城市管理模式；探索统筹经济与社会发展的社会管理机制；建立了以户籍管理为基础的人口流动控制制度”。改革开放后，我们党更加重视社会管理，取得了很大成绩。

张晓燕②关注了党在延安时期的社会管理，认为：毛泽东在处理社会关系时“注重化解客观存在的各种社会矛盾和冲突”，注重边区基层社会组织和法律制度建设，实现边区的和谐治理。

莫志斌、鲁涛③则从六个方面概括了新中国成立初期毛泽东社会管理理论：确立了社会管理现代化目标；认清社会基本矛盾对加强社会管理的重要性；重视就业和社会救济等社会保障问题；通过思想政治教育来加强社会管理；注意协调和动员社会力量、调动一切积极因素为社会主义服务；社会管理要有领导有规划，注重统筹兼顾的方法，突出重点，重在落实。

马彬、张震④基于科学和价值两个维度，分别从社会管理的任务、目标、方针、方法和作用等，从坚持民本立场、掌握人民内部矛盾处理方法、加强思想政治工作以及搞好党群、干群关系等方面，对毛泽东社会管理理论进行详细解析。

韦继辉⑤认为，在革命、建设和改革实践中，邓小平形成了独具特色的社会管理理论。

卢卫红⑥认为，江泽民社会管理理论的主要观点有：社会主义社会管理需要在党的领导下人民群众依法参与；以群众利益为本，重视化解人民内部矛

① 白瑾．90 年来中国共产党关于社会管理的探索与实践［J］．科学社会主义，2011（4）．
② 张晓燕．延安时期中国共产党社会管理创新研究［J］．理论月刊，2013（3）．
③ 莫志斌等．建国后毛泽东社会管理思想要义探析［J］．湖南师范大学社会科学学报，2013（4）．
④ 马彬，张震．科学与价值：毛泽东社会管理思想的双重维度及其启示［J］．毛泽东思想研究，2012（4）．
⑤ 韦继辉．邓小平论社会主义社会建设和管理［J］．东岳论丛，2005（11）．
⑥ 卢卫红．江泽民论社会主义社会建设和管理［J］．东岳论丛，2005（11）．

盾，实现社会稳定。

唐利、郭亚莉分别从认识理性、价值理性和实践理性三个层面对胡锦涛社会管理理论的内容、意义和途径进行阐述。①

3. 创新社会管理的地方样本和经验借鉴

丁元竹②基于实地调研，从体制机制、治理模式、服务理念、管理方式等九个方面总结了各地区在社会管理中的好的做法。施雪华从主体多元化、规则法治化、行为组织化、重心基层化、方式信息化、创新常态化等方面总结了社会管理经验。龚维斌总结了近年来各地区社会管理的成功经验。其中一条就是在统筹兼顾中加强和创新社会管理，即统筹服务与管理、统筹民生与民主、统筹法治与德治、统筹维稳与维权、统筹政府与社会、统筹体制与方法、统筹社区与单位。③

积极借鉴国外社会管理一些好的经验做法。丁元竹在对美国政府和社会之间关系以及非营利组织管理进行考察后，认为：美国的社会管理有很多成功做法，比如美国的社会发展支出虽然占比大，但资金来源广泛，除了政府财政支出外，还有其他如私人、慈善和志愿组织等福利资源；美国注重以社会需求和解决问题为导向，充分发挥非营利组织的社会服务功能，实现社会服务社会化；美国重视和完善法律，对非营利性组织分类管理。丁元竹指出中美两国文化背景和政治体制的巨大差异。在借鉴国际经验时，我国不能简单照抄照搬，要结合实际，合理取舍。对于欧洲国家社会管理，何文炯④基于风险管理的视域，通过欧洲与东亚国家之间社会保障的对比研究，总结了欧洲国家在社会管理中的一些成就和先进做法。德国学者汉斯-于尔根·比林⑤分析了欧洲社会危机管理的表现、要素和特征，以及问题、管理策略或手段等。李敢⑥则以“城市创造力”项目为切入点，对英国、丹麦等欧洲国家城

① 唐利等．认知、价值、实践：胡锦涛社会管理思想述论［J］．理论导刊，2011（9）．

② 丁元竹．当前我国社会管理创新的主要领域和基本做法［J］．马克思主义与现实，2011（5）．

③ 龚维斌．我国社会管理中的几个重要问题［J］．中共福建省委党校学报，2012（4）．

④ 何文炯．东亚社会保障与欧洲社会保障的差异—基于风险管理的视角［J］．中国人民大学学报，2012（2）．

⑤［德］汉斯-于尔根·比林．欧洲共同危机管理战略面临的问题和前景［J］．德国研究，2013（2）．

⑥ 李敢．城市，如何让生活更美好—欧洲城市管理创新经验与资鉴［J］．国外社会科学，2010（2）．

市社会管理的创新经验进行梳理，提示对我国城市社会管理与治理创新的参考价值。

4. 对新时代的中国特色社会主义社会治理理论的研究

“共建共治共享”社会治理理论是马克思主义社会治理中国化和我国社会治理创新发展的最新理论成果。新时代以来，“共建共治共享”社会治理理论在实践中得到检验并快速发展。党的十八届三中全会之后，学术界对社会治理研究开始“激烈爆发”，进入了理论自觉的研究阶段。聚焦在“社会治理的新思想新理念”和“社会治理现代化的影响因素和实现路径”等问题上，学术界出现了许多有益的、有价值的观点。但是在研究中也出现了片面强调西方社会治理理论及其方法论的倾向，出现了过度挖掘传统文化中的治理思想等偏颇主张，混淆了世界观层面的“思想理论”和方法论层面的“一般理论”之“指导”与“引导”的关系，模糊了上述二者之间，究竟是谁来引领“中国特色社会主义社会治理”的完善与发展。近年来，学者们对社会治理及其现代化理论的研究进一步深入，形成了以俞可平、王思斌、丁元竹、张康之、包心鉴、何增科、青连斌等学者为代表，以治理为主题的“中国社会治理论坛”“中国社会治理 50 人论坛”“习近平治国理政新思想论坛”“全面深化改革与社会治理现代化”（中国社会学会举办）等为载体的研究平台。通过这些学术活动，发表了一批具有代表意义的研究成果，强调要构建具有中国特色、适应本土实践的社会治理理论。

在研究内容上，青连斌①对创新社会治理理论的前提、关键、核心、重心、落脚点等进行了总结，徐汉明②认为社会治理法治思想在实现社会治理现代化中有着重要地位和意义。范如国③从“复杂系统理论”等理论角度，周谨平④、高惠珠⑤、王莹⑥、陈成文⑦从政治哲学、唯物史观、伦理学、社会学等学科角度探讨了社会治理的内涵和范式。

---

① 青连斌．习近平总书记创新社会治理的新理念新思想［J］．前线，2015（5）．

② 徐汉明．习近平社会治理法治思想研究［J］．法学杂志，2017（10）．

③ 范如国．复杂网络结构范型下的社会治理协同创新［J］．中国社会科学，2014（4）．

④ 周谨平．社会治理的政治哲学之维［J］．求索，2017（4）．

⑤ 高慧珠．论唯物史观中的社会治理［J］．思想理论教育，2015（5）．

⑥ 王莹．社会治理创新的伦理学解读［J］．道德与文明，2014（6）．

⑦ 陈成文．社会治理：一个概念的社会学考评及其意义［J］．湖南师范大学社科学报，2014（5）．

学者们对社会治理的基础理论展开研究，如：周红云①对“全民共建共享”社会治理的理论基础、概念框架进行研究；张国清②对原则、“社会合作、协作和竞争”的类型及框架等进行研究；王浦劬③认为，社会治理的含义要在其与国家治理、政府治理的关系中进行界定；宋学增④认为，社会治理的理论研究滞后于实践诉求，要从学科渊源、治理体系和理论前沿等方面进行理论研究。此外，刘世定⑤还对当代中国社会治理结构等进行研究。在社会治理与社会管理的关系方面，贾玉娇⑥、郁建兴⑦等认为，社会治理是社会管理的理论创新和升华，是中国国家与社会关系的新进展，具有“历史新穿越”的意义（乔耀章⑧）。

更多学者研究了社会治理现代化中的影响因素和推进路径，如孙柏英⑨提出构建以党组织为核心的“组织嵌入、体制吸纳、价值引领”的体制机制。此外，还有学者认为，要从群众路线出发（沈跃春、杨述明等），通过社会主义核心价值观的融入（骆郁廷⑩、孙力⑪等）、加强思政教育（郑永廷⑫），运用大数据技术手段（陈潭⑬、陶希东⑭等），推进社会协商（阎孟伟⑮）和法

① 周红云．全民共建共享的社会治理格局：理论基础与概念框架［J］．经济社会体制比较，2016（2）．

② 张国清．社会治理的原则、模型和路径［J］．天津社会科学，2015（2）．

③ 王浦劬．国家治理、政府治理和社会治理的含义及其相互关系［J］．国家行政学院学报，2014（3）．

④ 宋学增．社会治理现代化的理论思考：学科渊源、治理体系和理论前沿［J］．经济社会体制比较研究，2016（6）．

⑤ 刘世定．社会治理的整合性分析框架：NGT［J］．北京工业大学学报（社科版），2017（1）．

⑥ 贾玉娇．从社会管理到社会治理：现代国家治理能力提升路径研究［J］．吉林大学社科学报，2015（4）．

⑦ 郁建兴．从社会管控到社会治理—当代中国国家与社会关系的新进展［J］．探索与争鸣，2014（12）．

⑧ 乔耀章．从“治理社会”到社会治理的历史新穿越［J］．学术界，2014（10）．

⑨ 孙柏瑛等．以执政党为核心的基层社会治理机制研究［J］．教学与研究，2015（1）．

⑩ 骆郁廷等．核心价值观的社会治理作用及其实现机制［J］．思想政治教育研究，2017（2）．

⑪ 孙力．社会治理需要核心价值的中轴［J］．思想理论教育，2014（7）．

⑫ 郑永廷．社会治理与思政教育的发展［J］．思想理论教育，2017（6）．

⑬ 陈潭．大数据驱动社会治理的创新转项［J］．行政论坛，2016（6）．

⑭ 陶希东．大数据时代中国社会治理创新的路径与战略选择［J］．南京社会科学，2016（6）．

⑮ 阎孟伟．社会协商与社会治理［J］．南开学报（哲社版），2015（5）．

治化建设（唐皇凤[①]），构建起相应的现代社会意象（成伯清[②]）和政府、社会与个人“三位一体”的道德调控模式（郭夏娟[③]），走向社会的“善治”（俞可平[④]），等等。总之，面对中国社会治理从集权到分权、从人治到法治、从管制到服务、从一元治理到多元参与等变迁，学术研究实现了从“政府一元管控”到“多方协作共管”再到“共建共治共享”社会治理理论创新发展的持续跨越。

二、国外研究现状

国外学术界对“社会治理”和“社会管理”的概念的理解与中国学术界有很大不同，“没有哪个概念能够与中文的社会管理恰好吻合”[⑤]；与本课题相关的研究成果不多，但仍有涉及。

（一）从厘清基本问题入手研究社会管理与治理理论

一是社会管理的含义。保加利亚学者马尔科夫认为，社会管理是“管理主体对整个社会的影响”。[⑥] 苏联学者奥马洛夫认为，管理主体通过对自身活动行为的“适当组织和协调”，对“社会系统”持续施加“有科学根据的影响”，使社会系统达到“有序状态”“趋于稳定”或“转变成另一状态”。[⑦]

二是社会管理的目标任务。苏联学者阿法纳西耶夫认为，社会管理目的是使社会“能够正常地发挥功能”，使其“质的特殊性得到保持”。[⑧] 这一观点曾对苏东国家社会管理与治理研究产生了很大影响。而在英国社会学家赫伯特·斯宾塞看来，社会管理与治理致力于促进事物内部及事物与外部环境之间的平衡发展，维护自身的利益。法国实证主义哲学家、社会学学科创始

---

① 唐皇凤．法治建设：转型中国社会治理现代化的战略路径［J］．江汉论坛，2014（9）．

② 成伯清．社会意象与社会治理［J］．社会科学研究，2015（1）．

③ 郭夏娟等．从边缘到中心：社会治理中“三位一体”的道德调控［J］．浙江社会科学，2017（1）．

④ 俞可平．浅谈法治与国家治理现代化［J］．马克思主义与现实，2014（6）．

⑤ 陈振明．政府社会管理职能的概念辨析——“政府社会管理”课题的研究报告之一［J］．东南学术，2005（4）．

⑥ 参见［苏］M. 马尔科夫．社会管理学［M］．俞伸文译．上海：同济大学出版社，1988.

⑦ 参见［苏］A. M. 奥马洛夫．社会管理［M］．王思斌、宣兆凯等译．杭州：浙江人民出版社，1987.

⑧ 参见［苏］B. P. 阿法纳西耶夫．社会管理中的人［M］．贾泽林等译．北京：知识出版社，1983.

人奥古斯特·孔德认为科学管理与治理能实现“社会秩序的稳定”，并提议创建社会学学科来研究这些问题。他还强调，人类社会在相当长的历史时期是非常稳定的，但在法国大革命后，资本主义社会关系出现了不协调，社会秩序出现了混乱。他呼吁重建社会秩序，通过社会管理与治理协调家庭、行会等组织之间的关系，以此达到社会的有序和平衡。①

三是社会管理与治理的实质。从公共文化层面观察，社会管理与治理实质是一个通过言语、行动来展现自我、协力合作以构建公共领域的过程。在现代社会治理模式中，“公共性”一般具有面向国家、民族事务的整体性与面向社会公众的普遍开放性和非排他性，并由此产生两种管理与治理路径。前者实质是指“社会”从属于政治，为政治权力所掌控。国家“常设的管理机构和常备的军队”是政治权力的具体表现。② 而后者中社会公众是相对平行于公共权力的一种力量，可以以平等身份参与政治和社会治理事务。社会管理与治理立足于后者所指的公共场所，即如雷蒙特·戈斯所言，“我能被任何‘一个可能碰巧出现在那里的人’观察到”③的地方就是公共场所。公共场所属于全民参与性的交往空间，是可能产生和实现社会善治的地方。“个体聚集在一起”，以平等的身份“参与公开的讨论”，“所有人都可以进入”、但“不得以超越他人的特权进入公共领域的话语之中”④。

四是社会管理与治理的必要性。强调社会管理与治理必要性的，当首推英国学者赫伯特·斯宾塞。他认为，随着社会发展，社会系统更加精密和庞杂，社会内部要素之间关系更为紧密；要维持社会正常运转和发展，就必须有一套具有统控整体的中枢“管理系统”。这个系统最初担负着“防御和侵略”的任务，以处理外部事务为主。后来，由于社会内部结构的复杂而无力自发调节时，社会中枢“管理系统”就同时肩负了外部防控和内部平衡的任务。⑤

五是社会管理与治理的路径。其一，建立共同的道德和价值体系。法国社会学家埃米尔·涂尔干认为，社会团结是社会管理与治理的道德基础。他

---

① 参见［法］孔德．论实证精神［M］．黄建华译．北京：商务印书馆，2011.

② 参见［德］哈贝马斯．公共领域的结构转型［M］．曹卫东等译．上海：学林出版社，1999.

③ Ramond Geuss. *Pubic Goods*［M］. New Jersey：Princeton University Press，2001：13.

④ Craig Calhoun（ed.）. *Habermas and the Pubic Sphere*［M］. Massachusetts：The MIT press，1992：3.

⑤ 参见［英］斯宾塞．社会学原理［M］．严复译．上海：文明编译书局，1903.

指出，“群际冲突”是冲击社会管理与治理、导致社会失序的关键因素。而引发“群际冲突”的原因是社会各方面“对共同利益缺乏共同看法”，没有一致的“道德基础和价值信仰”。因此，发展“共同集体意识”“统一道德”“共同的信仰和价值体系”①是社会管理与治理的有效途径。美国学者帕森斯是现代西方“功能论学派”的集大成者。他赞成通过共同价值体系进行社会管理与治理，但同时强调价值体系要制度化。“制度化的价值体系”②是社会稳定的前提。其二，加强制度建设。知识社会学代表人物曼海姆认为，人类迫切需要重建社会；要实现愿望，唯一途径是彻底重建社会制度。只有在其“计划重建”思维指导下，理性地将制度变成“掌握在我们手中的工具”③，政府才能达到控制社会秩序的目的。

（二）对中国社会管理与治理实践进行研究

俄罗斯学者达维多夫认为，可以用科教领域的发展水平衡量一个国家的社会管理与治理状况，而中国在“科学、技术、教育和文化”等“领域的进步是人所共知的”。俄罗斯学者格尔布拉斯在《中国改革开放30年》（2009）中肯定了中国法律法规的完善程度及其对社会管理与治理和“建设‘新农村’”的意义。此外，他们也指出了中国社会管理与治理的一些问题，如中国政府多年来重视经济发展但忽视社会保障体系建设等。俄罗斯学者季塔连科撰文分析了中国社会管理与治理面临的挑战和困难：“近年来一些社会问题异常尖锐”，如“失业增加”“社会财富极化现象严重”“城乡发展”和“东西部地区发展不平衡”等。④ A. 莫克列茨基指出，中国在社会管理与治理中坚持以人为本，保障人权，尊重人的尊严，坚持全面协调可持续和统筹规划经济社会的发展。⑤娜塔莉娅·玛玛耶娃认为，党的十六大以后，中国社会管理与治理的“中心任务是完善国家管理体制，建设服务型政府”。通过建立“党政制度”，“防范和调控社会‘利益冲突’、保持社会稳定”。美国学者吴永泰认为，中国提出“构建‘以人为本’的和谐社会，实质上是对民主实践、

---

① 参见［法］涂尔干．社会分工论［M］．渠东译．北京：生活·读书·新知三联书店，2000.

② 参见［美］帕森斯．社会行动的结构［M］．张明德等译．南京：译林出版社，2003.

③ 参见［美］刘易斯·A. 科瑟．社会学思想名家［M］．石人译．上海：世纪出版集团，2007.

④ 徐元宫．俄罗斯学者视阈下的中国和平发展［J］．国外理论动态，2012（11）.

⑤ 参见徐元宫．俄罗斯学者视阈下的中国和平发展［J］．国外理论动态，2012（11）.

法治、平等的新强调”[①]，是中国社会管理与治理的价值诉求。以色列学者巴列夫认为，中国通过调整发展战略，社会建设和管理一定会“进一步改善，强国富民的中国梦必将实现”[②]。角崎信也[③]认为，中国注重顶层设计、中央权威和群众路线相结合。马克·弗雷泽、苏黛瑞[④]等认为，中国社会治理多从民生视角，如老龄化、城市化、人口流动、社会福利等“小角度”社会问题切入，引出对普遍性社会问题的治理。此外，劳伦·勃兰特、马修·特纳等还从干部选举角度研究了中国农村社会治理。

总之，一些国外学者的判断和观点，较为贴近中国管理与治理实际，但也存在片面的甚至错误的看法，如认为中国民主化进程或许会与我国一党执政管理体制相冲突。这或许由于他们对我国现实缺乏了解，或许抱有某些偏见，但也说明了中国学术界在国际话语权构建方面的重要性。

三、研究现状评述

学术界持续关注和研究社会治理创新理论与实践，并有较高质量价值的学术产出，为进一步研究打下了良好基础。但是，研究状况还不理想，还有较大研究空间。这些研究成果整体上呈现出“四着重四缺乏”的特点。

一是着重于现实政策的解读而缺乏对经典文本的系统挖掘。以往研究受所在学科的限制，大多是从命题角度来寻找答案的实证性研究，从政策措施角度来寻找答案的可行性研究。这些研究容易陷入已有结论中，出现一些重复无创新性的研究成果，缺乏对理论特别是马克思主义经典文本的系统研究。这就极需要从马克思主义角度构建新的研究范式，并提出真正具有开放性的问题，推动马克思主义中国化的发展。

二是着重于某一时期社会管理与治理的探讨而缺乏对我国社会治理创新的整体性和系统性梳理。目前研究成果从不同学术研究视域，分析了马克思

---

① 张严．国外关于中国特色社会主义研究的核心问题与解读范式［J］．当代世界与社会主义，2013（5）．

② 陈克勤．“中国梦”必将实现—访以色列皮尔森投资咨询公司高级顾问巴列夫［N］．光明日报，2013-03-19.

③ 角崎信也．习近平的执政特点：“顶层设计”、“群众路线”与“反腐败”［J］．国外社会科学，2017（4）．

④ 苏黛瑞．社会救助的根源：对福利体制、目标与方法之差异的初步思考［N］．华中师范大学学报（社科版），2013（1）．

主义社会治理的阶段性发展。例如，有学者研究了马克思恩格斯社会管理与治理理论。有学者对列宁社会管理与治理理论进行研究。有学者单独研究了中国共产党几代（届）领导者的社会管理与治理理论，但系统完整的研究成果还较为缺乏。

三是着重于存在的问题及其解决办法而缺乏对经验教训的系统总结。大多数成果关注的是社会管理与治理的地方实践和中微观经验等方面，而对于历史经验和教训的系统研究明显缺乏。社会管理与治理是社会建设的组成部分，也是具有特有规律的相对独立系统。只有加强对历史经验的总结，才能明确当前社会管理与治理创新的方向和重点。

四是着重于社会学等领域研讨而缺乏对马克思主义学科的系统研究。目前学术界对一些基本理论问题的研究还存在分歧，相关概念内涵的界定还比较模糊，缺乏科学性、权威性。大多学者是从社会学、政治学和管理学角度进行研究，缺少基于马克思主义角度的系统研究。虽然多学科研究对社会管理与治理发展大有裨益，但难以达成共识，不利于具有世界观意义的理论发展。理论逻辑需要符合历史逻辑。对马克思主义文本研究不够，容易导致缺乏理论原动力，影响社会管理与治理理论的创新发展。

第三节　研究思路和方法

一、研究思路和基本框架

本书是在社会治理现代化背景下，以“史”为基础，借“论”来展开，史论结合，通过理论深入解读和社会现实介入相结合的方式进行：在理论层面，以学术本位为导引，以马克思主义经典著作和党的历史文献为依据，通过历史线索探寻理论逻辑，同时借鉴西方现代治理理论，深入挖掘经典原著、党的历史文献和我国三个时期社会管理（治理）理论的内容；在实践层面，以解决问题为导向，基于对我国社会治理创新发展的系统研究，运用马克思主义立场、观点和方法，肯定马克思主义中国化的社会管理与社会治理的一致性，解决我国社会治理创新发展的合法性、价值坐标和未来走向等现实问题。

本书分五个部分：

第一部分，导论。包括选题因由、意义；研究现状、评述；研究思路、方法和框架，重点难点和创新之处；社会治理概念的多学科解读，及其与社会建设、国家治理、社会管理的关系；对我国社会治理创新的概念进行界定和厘清。

第二部分，我国社会治理创新的科学内涵、理论来源及特征。包括马克思主义社会治理思想及其俄国化的主要内容及其特征。

第三部分，我国社会治理创新的动因分析。分别从文化维度、实践维度和现实维度等方面对其成因进行分析，求得“何以可能和何以持续”的理论解答。

第四部分，对我国社会治理创新发展过程中的三个时期进行具体分析，即计划经济时期、改革开放之后和进入新时代以来等时期所产生的理论成果的动因、演变及成果、意义和贡献等。这部分为马克思主义社会治理思想在中国的运用和发展，主要有：①理论成果的产生背景。②理论承继及其成果。包括“政府‘一元’管控”社会治理理论、“多方协作共管”社会治理理论和“共建共治共享”社会治理理论。系统研究我国社会治理创新发展的历史分期和嬗变轨迹，探寻其发展规律和精神实质。③分别论述“三个发展时期”理论成果的意义和贡献。

第五部分，我国社会治理创新发展的经验、教训、问题及启示。主要有：①我国社会治理创新发展既有丰富经验，又有历史教训和偏差。①经验、教训与不足对当前社会管理与治理创新及其现代化具有启示与警示价值。③对我国社会治理创新发展的合法性、价值坐标及未来走向等进行前瞻性探讨。

二、研究方法

（一）经典文本考据和多学科比较分析相结合

追本溯源，对马克思主义经典文本深入系统考据、梳理、提炼，是开展本研究的理论根基。恩格斯指出，“要学会按照作者写作的原样去阅读自己要加以利用的著作”①。马克思主义经典文本一般指的是《马克思恩格斯全集》《马克思恩格斯文集》《列宁全集》等。

本书主要通过比较分析展开研究：一是对马克思主义经典作家在不同语

① 马克思恩格斯文集（第7卷）[M]．北京：人民出版社，2009：26.

境下的著作进行比较。他们在不同历史时期论述的侧重点不同。只有把握当时所处历史阶段特点，才能准确理解他们的真实用意。二是对相关研究成果进行比较。不同学科研究者的学术思维和嗅觉、研究纬度和方法不同，其研究成果亦丰富多样。对这些成果比较分析，有利于从整体上把握当前研究全貌和学术进展。

（二）症候阅读法与哲学解释法相结合

基于马克思主义整体性视角，将症候阅读分析与哲学解释法结合起来，拓展新的研究领域，总结和凝练新思想和新观点，实现历史逻辑与理论逻辑的一致。

（三）形态学与出场学的综合使用

形态学方法是根据事物形态的一般理论来研究其本质、结构、性能及其相互关系的科学方法。“出场学”认为，背景（或环境）和路径是我国社会治理创新产生和发展的条件，而形态是我国社会治理创新“形成”的标志。所以，本课题需要用形态学方法研究我国社会治理创新发展中的主体、内容、特征等要素及其关系，同时也需要用“出场学”方法探究其“时代背景”和“形成路径”。因此，要坚持问题导向，尊重历史和社会事实，将本研究视为相对独立的理论系统，注重分析其内部要素之间的关联；既从宏观上梳理我国社会治理创新发展历程，又分别考察每一发展阶段特殊的问题特征和具体实践。

第四节　相关概念界定

迄今为止，对社会治理概念及内涵并没有公认的国际界定。由于对“治理”的概念有多种界定或说法，且对“社会”的理解不同，所以“社会治理”仍是一个相对模糊和复杂的概念。国内学者对于社会治理含义的研究结论也不尽相同。因此，明晰社会治理概念，须推究其原始词语。在汉语中，社会是由内部相互联系和制约的子系统和要素组成的统一体。“治理”的名词词义为“引导、控制、整治和治平”之意，指在某一特定范围内行使一种权威。它隐义为某一政治社会的进程，即在存在众多不同利益的领域意图达成一致或认同，最终实现预期目标。在英语中，“治理”为 governance，源于古典拉丁文或古希腊语（steering），意为“引领、导航”，强调手工操作的灵活和技艺。1995 年，全球治理委员会对“治理”做出界定：治理是或公或私的个人和机构经营管理相同事务的诸多方式的总和。它是一种使相互冲突或不同的利益得以调和并且采取联合行动的持续的过程。它包括有权迫使人们服从的正式机构和规章制度，以及种种非正式安排。而凡此种种均由人民和机构或者同意，或者认为符合他们的利益而授予其权力。近现代以来，由于经济发展在社会文明进步中的主导地位，“治理”概念绝大多数用于经济领域。随着社会结构的变化，出现了许多新特征和新问题。可见，“社会治理”是社会宏观掌控与微观执行的统一。由此，社会治理的概念可以这样界定：政府、社会组织、市场组织和公民等多元主体通过平等的合作、协同等有效方式，依法对社会事务、社会生活等领域进行利益调节、资源配置和结构优化等，最终实现社会公共利益最大化的过程。

一、多学科视域中的社会治理

（一）社会学学科视域中的“社会治理”

发挥多元主体，尤其是社会组织的公共服务功能，是社会治理致力研究的方向。社会组织是链接政府主体和社会成员的重要且有效的纽带。在社会治理中，政府的顶层设计、社会成员的参与，都须依托一定的社会组织，否则就难以体现其社会服务性特征。社会学重视借鉴西方现代社会治理理论，构建本土化理论。在坚持政府主导的同时，社会学重视社会组织的地位和作用，关注各类社会（市场）组织和社会公益性组织等“第三部门”行为主体的培育与成熟，强调治理主体多元化、方式多样化和治理服务网络社会化。

（二）政治学学科视域中的“社会治理”

实现治理主体的民主权利，体现治理权力属于人民、人民主体地位。推进政治民主化进程，是政治学关注的重点。民主权利一直是政治学学科的研究范畴，也是社会治理的政治学研究对象。当前，维护公民权利已成为社会治理的基本准则。社会治理强调权力主体的主导作用，明确政府、社会组织和公民的权责界限及社会义务，涉及政府间合作的权力关系、行政边界、社会公共产品的供给职责、社会（市场）组织和个人的社会责任等方面。政治学学科建议，在现代体制未完备前，社会治理要考虑我国民主建设实际和社会成员思想文化素质状况，应坚持政府主体为主、各类社会团体和个人共同参与的多元化格局，要坚持行政手段和法制手段为主、经济和道德等手段为辅的综合性措施。在社会治理中，政治学重视权利和义务的统一、自由与控制的统一、权力与监督的制衡，寻求各治理主体角色功能之平衡的张力关系。

（三）管理学视域中的“社会治理”

管理过程科学化和管理效能最大化，是社会治理的努力方向。管理学认为，维持社会秩序要有一整套规范的管理程序和制度，需要提高国家的组织能力和化解矛盾能力，重视国家对社会的调控效果。管理是能够深刻影响人类社会秩序与发展的活动行为。美国学者彼得·德鲁克认为：在人类社会发展中，很少有像管理一样，能够快速兴起、变得必不可少。① 在管理学中，社会治理概念有广义和狭义之分，广义的是指“政府及非政府组织对各类社会公共事务所实施的治理活动”；狭义的是指“公共治理的一个子系统”，仅涉及“社会政策所作用的领域”。借助这个层面的概念，管理学中的社会治理是以社会风险评估机制为首要任务，以提高预防和应对突发自然灾害与公共危机的能力为重要内容，形成“防范风险—应急机制—危机治理”的模式。在管理学视域中，社会治理中枢系统具有指挥、调解和掌控全局的功能；重视改进治理手段和技术，重视运用人性化的治理艺术，重视完善刚性化的治理机制，重视预警、执行、补充和保障等系统的协同作用，实现治理活动的良性运作。

（四）马克思主义视域中的“社会治理”

研究“关于一般社会”治理的“概念”，必须“对任何一种社会关系进行认真的、实际的研究，进行客观的分析”②。在马克思主义学科中，“社会治理”概念是通过对“社会”概念界定而界定的。“生产关系总和起来就构成所谓社会关系，构成所谓社会”③。可见，“社会”概念就“是表示这些个人彼此发生的那些联系和关系的总和”④，是人们在社会生产过程中形成的人与人之间的社会性关系，或说是社会关系的“共同体”。调节社会关系需要一定的组织形式，而社会治理正是这样的“组织形式”。社会治理既是科学方法、实践行为，也是调节社会关系的组织形式。人是社会的人，是处于社会关系中的人。社会治理关系实质是人的社会关系，是为了调节人的社会关系

① 参见［美］彼得·F. 德鲁克．卓有成效的社会管理［M］．齐思贤译．北京：东方出版社，2012.

② 列宁全集（第1卷）［M］．北京：人民出版社，1984：113.

③ 马克思恩格斯选集（第1卷）［M］．北京：人民出版社，1995：345.

④ 马克思恩格斯全集（第30卷）［M］．北京：人民出版社，1995：221.

而产生的。因此，社会治理的任务就是对人与人之间社会性关系进行调控和服务，使人类社会始终处于相对稳定和持续发展的状态。

二、社会治理和社会管理、社会建设和国家治理的关系

（一）社会治理与社会管理的关系

目前，关于“治理”的定义有多种。世行对“治理”的定义是“利用机构资源和政治权威管理社会问题与事务的实践”①。联合国发展计划署则从人民权利和社会公平的角度，将“治理”理解为“贯穿于管理和被管理的整个过程”② 的行为。学术界最大共识的“治理”概念，是 1995 年联合国全球治理委员会的定义：治理是各管理主体“管理其共同事务的诸多方式的总和”，是协调其利益并“采取联合行动的持续的过程”③。可见，治理是各主体通过制度或非制度安排等形式，共同参与社会公共事务管理的实践过程。这里的“治理”体现在狭义的社会建设领域，就是社会治理。我国学术界对社会治理的理念、内容、特点、主体和模式等均有许多探讨，但对社会治理概念仍没有统一的权威表述。俞可平在《治理与善治》中对“治理”概念理解为：“公共管理组织”在“既定的范围内”和“不同的制度关系中”，“运用权力”或依靠“公共权威”调节社会成员的活动行为，以此维持社会秩序、“最大限度地增进公共利益，满足公众需要”。何增科在《从社会管理走向社会治理和社会善治》中认同俞可平先生的观点：社会治理就是多元主体在既定范围内通过对社会公共领域实施一定的活动行为，来“满足社会需求，维持社会秩序，实现社会善治”。可见，社会治理旨在强调多元主体的共同参与，强调建立政府、社会（市场）组织和个人等多元主体共同治理的互动协调机制。

关于社会治理和社会管理的关系，目前学术界看法不一，有“代替说”“继承发展说”④“超越说”“并行说”“转变说”等不同看法。有学者详细分

---

① World Bank. *Managing Development*: *The Governance Dimension* [M] . Washington D. C, 1994, 5.

② UNDP. *Public Sector Management*, *Governance*, *and Sustainable Human Development* [M] . New York, 1995, 9.

③ Commission on Global Governance. *Our Global Neighbourhood* [M] . Oxford: Oxford University Press, 1995.

④ 龚维斌 . 社会治理是社会管理的升级版 [J] . 理论视野，2014 (1) .

析了两者在主体、目标、方法等方面的不同。① 但是，两者关系问题，是学界尚未解决的课题。“社会管理”在党的十六大、十六届六中全会和新修改的党章中得到了明确表述，足见其重要意义和地位。近年来，学术界对“社会管理”一词使用频率呈下降趋势，研究成果迅速减少。对于“社会管理”的研究前景，是回到1993年十四届三中全会上“政府的一般管理职能”的原初界定，还是将社会治理视为社会管理的理论升华和新的表述方式，或是党在社会建设理念和认知方式的变化？只能有待于进一步研究探索和实践解答。但是笔者认为，在马克思主义研究领域，社会管理和社会治理的理论本质、精神实质和价值导向是一致的。

（二）社会治理与社会建设的关系

关于社会建设的概念，目前并没有具体明确的官方界定，在理论上学者们亦有各自的看法和见解。大多数学者认为，应从广义和狭义两方面界定两者的概念。在广义上，社会建设概念是指作为主体的人在经济、政治、文化等所有领域的行为，社会管理概念则是对所有领域的活动行为进行管理。在狭义上，社会建设概念是指与经济建设等领域相关的社会建设领域中的活动行为，社会治理概念则是指对与经济治理等领域相关的社会领域中的公共事务行为。从逻辑关系看，社会建设和社会治理是社会领域的两个方面。在“五位一体”总体布局中，社会建设的概念外延虽然比社会治理大，但两者的本质核心、价值取向是一致的，两者的关系是相辅相成的。社会治理是促进社会建设的重要途径，是为了更好地建设和服务；社会建设是社会治理的前提条件，是为了更好地改善民生。如果说，社会建设重点是加强与改善民生，那么社会治理重点则是通过一定的方法措施，激发社会活力，实现个人发展和社会发展的统一。社会建设和社会治理是统一于中国特色社会主义现代化和中华民族伟大复兴的生动实践。

（三）社会治理与国家治理的关系

党的十八届三中全会以后，国家治理成了热门的研究领域。马克思曾提及政治统治和社会治理是国家的两种职能。因此可以理解为，国家治理就是政治统治的“治”与社会治理的“理”的结合。目前，对国家治理概念有多种学术界定，尚未达成一致看法和共识。何增科认为，国家治理是现代国家

① 向德平等．“社会治理”的理论内涵和实践路径［J］．新疆师范大学（哲社版），2014（6）．

在继承和扬弃国家统治和国家管理概念的基础上形成的独立概念，是“多元行动者在一个国家的范围内对社会公共事务的合作管理”。① 王浦劬在《国家治理、政府治理和社会治理的含义及其相互关系》中认为，国家治理是在坚持中国理论、中国制度和中国道路的基础上，“党领导人民科学、民主、依法和有效地治国理政”。我们党在建设和改革实践中，多次明确提出“党领导人民有效治理国家”，逐渐形成了“党的领导、人民当家作主与依法治国相统一”② 的治理方略。据此，可以这样理解国家治理概念：在党的领导下，以政府为主导，社会（市场）和公众等多元主体共同参与，在全国范围内依法推进中国特色社会主义事业的治国理政行为。

就国家与社会的关系而言，国家治理和社会治理之间既有交集，也有区别。一方面，国家治理和社会治理存在交集、相互作用。国家治理是指对国家各领域的管理和治理。社会治理是对社会领域公共事务的管理和治理。社会治理要创新发展，需要置于国家治理体系中，需要遵循国家治理要求和方向。国家治理包含、引领和规约着社会治理创新；社会治理影响和体现着国家治理状况，对国家治理有重要作用。例如，协调多元主体的关系，规范各主体参与国家治理的行为；维护群众利益，化解社会矛盾，为国家治理奠定良好的社会基础；有效应对社会风险，保持社会稳定，为国家提供优良的治理环境，等等。另一方面，国家治理和社会治理亦有区别：一是主体不同。国家治理的权力主体是全体人民，人民通过自己的代表即执政党来实现国家治理；社会治理主体是多元化结构，包括党和政府、社会（市场）组织和公民。二是领域不同。国家治理涉及经济、政治、文化、社会、生态、科技和国防等领域的一切事务，社会治理则主要涉及社会领域中公共事务、公共服务、公共安全、人口管理等内容。

---

① 何增科．理解国家治理及其现代化［J］．马克思主义与现实，2014（1）．

② 李慎明．全球化背景下的中国大党建［M］．北京：人民出版社，2010：94.

第一章

我国社会治理创新的理论内涵、来源及特征

近年来，社会治理已成了政府、社会和民众共同关注的领域，成了社会学、政治学、管理学和马克思主义等学科共同关心的问题。我国社会治理创新是以马克思主义社会治理思想为指导，在不断推进马克思主义社会治理中国化过程中所形成的理论与实践成果的发展过程。我国社会治理的理论来源主要是马克思恩格斯创建的马克思主义社会思想、列宁开创的俄国化马克思主义社会思想，呈现出整体性、开放性和实践性等鲜明特征。进入新时代以来，"什么是社会治理创新，怎样推进社会治理创新"成了需要认真对待和解决的重要课题。

第一节　我国社会治理创新的理论内涵

我国社会治理创新是马克思主义中国化的重要组成部分，是关于社会治理的地位作用、本质核心、主客体要素、基础内容、目标任务和实现路径等基本问题的一系列思想观点的理论发展，是马克思主义社会治理思想与中国社会治理实际相结合，批判地继承中、西方优秀治理文化的科学成分而形成的体现时代特征、具有中国特色和适应现实实践的创新过程。

一、地位作用："坚持和发展中国特色社会主义的基本条件"

现实需要和实践发展是衡量理论的地位与价值的决定因素。我国社会治理创新是"坚持和发展中国特色社会主义的基本条件"①，对推进中国特色社会主义现代化具有重要的理论和实践价值。一是理论价值及功能。因时代条件所限，马克思恩格斯对于未来社会建设和治理的思想和观点，只能初步给出原则上指导和粗轮廓设计。因此，只有实现马克思主义社会治理思想的民

① 十七大以来重要文献选编（下）［M］．北京：中央文献出版社，2013：140.

族化，才会体现应有的世界观方法论价值。在马克思主义指导下，中国共产党人从国情实际出发，准确把握时代背景和现实特征，为马克思主义社会治理中国化拓展了发展空间，为当前我国社会治理创新提供了理论遵循和思想指南。二是实践价值及功能。在发展理念、治理路径和未来走向等方面，我国社会治理创新给予了明确回应。对于社会转型还未完成的新时代中国来说，显得尤为重要。中国马克思主义者第一次弄清并解决了“什么是社会主义社会治理，怎样进行社会主义社会治理”这一主题。这对我国社会主义社会治理现代化建设具有重要意义。作为马克思主义社会治理中国化的最新成果，“共建共治共享”社会治理理论的形成与践行，表明了世界社会主义社会一种崭新的科学治理模式和途径的产生。同时，它为正确处理我国社会治理创新中的各种矛盾、及时化解社会冲突、冷静应对社会风险、妥善协调社会关系，积极构建和谐、平安与美好社会，提供了重要的原则指导和方略策略。“共建共治共享”社会治理理论是社会管理与治理理论的升华，明确了我国社会治理创新的未来走向。

二、本质核心：以人为本、治理为民，维护群众利益

以人为本、治理为民，维护群众利益，是我国社会治理创新的本质核心。作为人的一种活动行为，社会治理的动力在于人类及其历史活动本身。恩格斯认为，“广大群众”是“构成历史的真正的最后动力的动力”，是探寻和把握在“历史中起支配作用的规律的唯一途径”①。列宁丰富了这种观点，“创造性的社会主义是由人民群众自己创立的”②。在马克思主义看来，社会治理是广大群众主体的社会事业，是为人民群众谋求最大利益。因此，中国马克思主义者始终坚持以人为本、治理为民，肯定人民群众的主体地位及作用。新民主主义革命时期，毛泽东认识到人民群众是革命斗争取得胜利的决定力量。“决定战争胜败的是人民”③。他在《实践论》中指出革命斗争和其他一切工作，都要坚持“从群众实践中来、到群众实践中去”的原则，从而在理论上为社会治理的根本方法——群众路线的形成奠定了基础。社会主义改造和建设时期，毛泽东仍然坚信，建设社会主义，“只有依靠过去是半无产阶级

① 马克思恩格斯选集（第4卷）[M]. 北京：人民出版社，1995：249.
② 同上，399.
③ 毛泽东选集（第4卷）[M]. 北京：人民出版社，1991：1195.

的广大的贫农群众，才能比较顺利地办到”①。改革开放以后，邓小平将我国社会治理创新领上了中国特色社会主义道路，并将提高人民物质生活水平作为社会治理的紧迫任务。我国社会治理创新只有“依靠人民才能做到这一点”②，而且要把是否有利于人民群众根本利益作为判断依据。江泽民坚持与时俱进，开拓创新，将我国社会治理创新全面推向了21世纪。“社会主义国家是以实现全体人民的富裕幸福为建设的根本目的”③。人民群众“是实现自身利益的根本力量”和“创造主体”④。我国社会治理创新将维护群众利益作为基本价值目标，是体现和发挥人民群众主体地位和主体力量的必然结果。因此，“在任何时候任何情况下”，包括社会治理在内的“一切工作”，都要以“最广大人民群众的利益为最高衡量标准”⑤。党的十六大以后，我国社会治理创新进入了成熟与完善的发展阶段。2011年2月，胡锦涛明确提出要全面构建中国特色社会主义社会管理体系。以人为本是马克思主义群众观点在中国运用和发展的结果，体现了马克思主义对人民群众深切的民生关怀。社会管理“涉及广大人民群众切身利益，必须始终坚持以人为本”，“坚持人民主体地位”，“依靠人民群众”，不断“开创新形势下社会管理新局面”⑥。2013年5月，习近平指出，走群众路线，就是要“坚持以人为本、人民至上”，“坚持一切为了群众、一切依靠群众”⑦。以人民为中心，解决“人民最关心最直接最现实的利益问题”，满足人民的美好生活需要，就是社会治理的核心任务，是我国社会治理创新的价值本质和核心要义。

三、主客体要素：“四类”主体与“三类”客体

（一）“四类”主体

在西方近代哲学史上，由于人的自我意识的觉醒及其认识论转向，“主体”概念开始成为哲学领域的研究热点。与西方近代哲学强调主体的认识论意义不同，马克思主义哲学主要是从唯物实践论的角度研究“主体”概念的

---

① 毛泽东文集（第6卷）［M］．北京：人民出版社，1999：463.
② 邓小平文选（第1卷）［M］．北京：人民出版社，1994：295.
③ 江泽民文选（第1卷）［M］．北京：人民出版社，2006：648.
④ 江泽民文选（第3卷）［M］．北京：人民出版社，2006：281.
⑤ 江泽民文选（第2卷）［M］．北京：人民出版社，2006：262.
⑥ 十七大以来重要文献选编（下）［M］．北京：中央文献出版社，2013：149-150.
⑦ 十八大以来重要文献选编（上）［M］．北京：中央文献出版社，2014：285.

认识问题，即不仅强调主体对客观世界的认识和改造功能，而且还重视自身发展和自我超越。

在我国，把主体概念作为哲学命题，从哲学意义上探讨主体性问题，则是始于 20 世纪 80 年代，李泽厚等学者用马克思的实践论来改造康德的主体性思想，并将两者很好地结合。辩证唯物认识论承认，主体概念具有不断变化的时代内涵。对其概念界定，应把握其客观环境和主观条件。社会治理主体是主体概念在社会治理领域运用的重要体现。在实践中具有治理权利和责任担当的政党（政府）、群体组织和个人，均可成为社会治理主体。

一是政府（政党）组织。在现代社会里，政党领导是社会治理文明的重要标志。中国共产党作为执政党，是通过理论和政策来引导社会治理，是通过政党治理来带动社会治理，是通过宪法法律来依法领导社会治理。因此，中国共产党是特殊的社会治理主体。如果说，政党是社会治理的掌舵者，那么，政府就是社会治理的具体执行者。在主体结构中，政府处于党领导下的主导地位。党的社会治理政策主张均要由政府完成。在社会治理中，能够起到主导作用和产生实际影响力的还是政府组织。在西方社会学中，政府被称为“第一部门”，正是其主导地位的体现。英国政治理论家 J. S. 密尔认为，政府的治理职能会随着社会发展而适时变化，在不同的社会状态而有所不同。① 实现政府公共服务性的重新归位，解决政府职能“越位”和“缺位”问题，是当前我国要解决的一个难题。

二是市场组织。市场组织的主体是企业，企业组织是最主要的市场主体。西方社会学理论通常把市场组织称为“第二部门”。由于企业组织以经济效益为导向，以利润最大化为原则，因此，企业组织是依据市场规律运作，实行优胜劣汰的管理方针，采取适者生存的竞争手段。在社会治理中，对于市场主体能做到的、也应履行的公共事务，政府就不能过多干涉。但市场具有趋利性和盲目性，易产生失灵现象，还需要政府宏观层面的治理和调控。党的十六届三中全会强调，政府要通过服务来实现市场主体的治理参与，通过制定市场规则、维护市场秩序体现其治理主导地位，从而确定了市场组织作为社会治理的又一重要主体。

三是社会组织。社会组织是指通过一定形式为追求共同目标而组成的社会群体。它有两个鲜明特征：非政府性和非商业性。所以，社会组织又称非

---

① 参见辛向阳．新政府论［M］．北京：中国工人出版社，1994.

政府组织（NGO），是除政府、市场之外的“第三部门”（The Third Sector）。马克思恩格斯认为，社会组织的产生是因为社会分工的出现和发展。“从分工的观点来看”，社会的发展需要“社会内部分工的一个新部门”来执行社会本身“不能缺少的某些共同职能”①。随着社会关系日益复杂，社会组织从血缘凝集转变为业缘链接。直至社会组织最高的特殊形式——国家出现。在现代社会，社会组织成了社会治理的重要主体，并且具有不可或缺的地位和作用。法国社会学家托克维尔相信，“私人组织”能够“把多数人的精神力集结在一起”，“共同奔向由它指明的唯一目标”。② 这里的私人组织指的就是社会组织。由于齐心协力和共同目标，社会组织体现出了管理与治理的高效性和独特性。美国政治学家帕特南这样解释道：“社团培养了其成员合作”和“团结的习惯和公共精神”；使成员更好地实现了利益表达和利益集结。③ 当然，社会组织也有不足，也会因经费、治理方式、团队文化等因素而无法体现应用的价值和作用，甚至治理失灵。在我国，按照现行法律，社会组织大体上分成三类：社会团体、基金会和民办非企业单位。④ 依照目标不同，社会组织有公益性（受益对象为社会全体成员）和互益性（受益对象为本组织成员）两类。国内也有研究机构把民间社会组织分为社会服务和救助类、公益基金及志愿服务类等 12 大类⑤。

四是人民群众。在社会治理中，群体主体包括政党（政府）组织、社会组织和市场组织。个体主体主要是指公民个人。从宏观层面看，人民群众是群体主体，但在具体社会治理中，人民群众又是由现实的、有联系的群众个体组成。群众个体是社会治理的单元主体、社会治理活动的具体运作者。人民群众是最具革命性的主体生产力。社会治理要正视主体的价值差异和合理诉求，平衡彼此间的张力关系，要尊重差异、共同治理。在我国，无论是政府组织，还是非官方的社会组织，都是人民群众利益的“代言机构”。因此，从这个意义上讲，人民群众也是我国社会治理创新主体的“总代表”和“主

---

① 马克思恩格斯选集（第 4 卷）［M］. 北京：人民出版社，2012：609.

② 参见［法］托克维尔. 论美国的民主（上卷）［M］. 董果良译. 北京：商务印书馆，1988.

③ 参见［美］帕特南. 使民主运转起来［M］. 王列等译. 南昌：江西人民出版社，2001.

④ 参见国务院研究室编写组. 十二届全国人大一次会议《政府工作报告》辅导读本［M］. 北京：人民出版社，2013.

⑤ 参见邓国胜. 非营利组织评估［M］. 北京：社会科学文献出版社，2001.

体共同体”。

（二）“三类”客体

相对主体而言，哲学研究的客体，指的是“对象”。社会治理哲学中的客体，就是社会治理对象，即作为被管理的对象。从理论上看，社会治理客体是指社会治理主体对作为被管理对象的“社会人”的根本看法及其所采取的治理方式。在社会实践中，管理与治理对象的范围既包括人（理念、思想、价值观等）的要素，也包括物（财物、信息、器物等）的要素。由于物的要素只有与人产生关系才具有价值，因此，社会治理客体主要是在其和主体关系中界定，即归根结底是人与人的问题。

一是社会生活关系。在生产中，马克思将“自然”视为客体。人是社会的人，“社会生活关系”则成了社会领域中的治理客体，或称为“社会人”的治理客体。在近代西方治理科学中，治理客体理论常常被称为人性假设理论，如“经济人”假设、“社会人”假设、复杂人假设，以及后来的文化人假设、组织人假设、创新人假设和虚拟人假设等。这些理论流派都是以西方人性假设理论作为基石，由于对人性的不同理解而出现了分野。它们宣称对人性的理解程度会影响人的主动性和创造性的发挥。这些主张在当时激发了人的积极性，但终究因其理论基础缺陷和历史条件限制，而无法真正认识人的本质。马克思主义认为，人的本质包括自然、社会和思维等三个属性。劳动是人区别于动物的属性，是人的自然属性。在思维属性方面，人是具有思想、理想和目的的“思维人”。从“现实性”看，人的本质“是一切社会关系的总和”①，这是人的社会属性。人的社会本质并非是一种抽象物，而是具体的、现实的人在社会关系中表现出的共性。人是通过“劳动”自然属性和“思想”思维属性而形成的社会关系。马克思在谈到“物质生活的生产方式制约着整个社会生活”② 时，其中的“社会生活”指的就是作为客体的社会生活关系。人的需求多样性和无限性，是不断调整社会关系和改变治理行为的根本原因。对社会生活关系进行管理与治理，目的是促进人与社会的共同发展。可见，社会生活关系是社会治理的最基本客体和对象。在我国社会主义初级阶段，“社会人”的治理客体，还包括工人、农民、知识分子等。占人口大多数的农民是农村社会治理的主要客体。工人阶级的结构不断变化，新的

---

① 马克思恩格斯全集（第3卷）［M］. 北京：人民出版社，1960：7.

② 马克思恩格斯文集（第2卷）［M］. 北京：人民出版社，2009：910.

社会阶层不断形成。工人阶级作为城市社会治理的主要客体，不断被赋予新的现实内容和时代元素。知识分子是社会治理专业化建设的重要保证，在实现现代治理和科学治理中，发挥着特有的客体作用。

二是社会公共事务。社会公共事务，或称为“社会事物”的治理客体，是社会生活关系之网的“网结”，是社会治理的另一重要客体。从一般层面看，我国现阶段“社会事物”的治理客体，包括几个方面：其一，对“现实社会”的治理，即对社区、街区和居住区治理；对民间组织、社会非营利组织和市场组织等治理；对社会公共事务治理，包括就业、教育、医疗卫生等。其二，对“虚拟社会”的治理，即互联网治理。其三，对“风险社会”的治理，即潜在的社会事件和群体性事件治理等。

三是社会利益关系。邓小平曾指出“管理工作主要就是对人的管理和服务”。在社会领域同样如此：“社会管理，说到底也是对人的管理和服务。”因此，对客体的治理，实质是协调、平衡和维护“人与人之间的利益”。这里的“人”是具有社会性、时代性和阶级性的人。不同时代、不同阶段，对作为客体的人有不同要求。封建社会，受压迫的劳苦群众是治理客体；通过“管理”（剥削）劳苦群众的社会利益，维护和巩固封建统治者的社会利益。近现代资本主义社会，工人阶级和社会民众成了主要客体；一切治理活动都是尽可能地扩大资产阶级的社会利益。社会主义社会，人民群众成了国家和社会的主人，维护的是自身的社会利益。

在即将进入社会治理活动时，治理的主体和客体就会相互依赖，社会治理职能就是在主客体双方相互规定、相互协调中实现的。主客体的主要矛盾，使我国社会治理创新有了必要和可能，并且能够不断持续下去。从这个方面看，我国社会治理创新进程就是社会治理主客体之间矛盾不断产生、化解、走向和谐的过程。而且社会治理主客体终将统一于广大人民群众的治理实践中。

四、基础内容：发展各项社会事业

发展社会事业是以人为本、改善民生的基础和根本，是我国社会治理创新的基础内容和重要支撑。党的社会治理工作要从人民群众利益出发，发展社会各项事业，解决各种民生问题。

新中国成立之初，国民经济濒临崩溃，社会状况千疮百孔，社会事业十分落后，群众知识文化水平很低。此外，还存在城市失业率高、医疗卫生水平低和社会保障不完善等民生困境。毛泽东十分重视社会事业建设，提出了很多开拓性的思想和观点，主要包括：第一，在教育领域，提出教育要“为工农服务，为生产建设服务”的思想；教育“应该使受教育者在德育、智育、体育几方面都得到发展”①；教育要掌握在无产阶级手中，体现教育相对公平原则、“教育与劳动结合的原则”②；从中国实际出发，改革现行教育管理制度。第二，在就业方面，提出所有社会劳动力“全面就业”的目标和“统筹兼顾”的方针，并对农村和城市的就业问题，分别采取不同的管理政策和就业途径，保证人人有活做。第三，社会分配应坚持“按劳分配和等价交换”的“马克思列宁主义的两个基本原则”③；处理好国家、集体与个人等利益关系，反对平均主义和过分悬殊。第四，医疗卫生管理和发展方面，开展群众性爱国卫生运动，大力发展人民医疗卫生事业；医卫工作重点在农村；走中西医结合道路。第五，社会保障治理和完善方面，初步建立了以城镇职工为重点、涉及生活各方面、经费几乎由国家提供的社会福利体系；提出要在全国范围内实行社会保险，保护群众身体健康，减轻生活困难；④ 开展社会救济工作，帮助灾民和城市失业或生活困难群众；高度重视社会安抚，维护社会稳定。

邓小平开创了中国特色社会主义社会事业建设，把提高人民群众生活水平作为社会事业建设的核心内容和衡量标准，提出了许多真知灼见：第一，从教育的基础、优先、方向、原则、目标、关键和环境等方面进行全面设计。⑤ 第二，就业问题是社会问题。解决就业问题主要靠经济发展，坚持“统筹兼顾”和“广开门路”的方针，重点是农民就业。第三，在收入分配方面，提出了“按劳分配的社会主义原则”；“随着生产的发展，工资要逐步提高”；“实行考核制度”“有奖有罚，奖罚分明”⑥等治理思想。第四，医疗卫生治理和发展“要以社会效益为最高准则”和“唯一准则”⑦；坚持发展医疗卫生与实现现代化的协调同步；医学教育和研究、医学人才培养是关键。第五，社会保障体系建设要以“改善人民生活”为基本宗旨；要以经济发展

---

① 毛泽东文集（第7卷）［M］．北京：人民出版社，1999：226.

② 同上，399.

③ 建国以来毛泽东文稿（第十册）［M］．北京：中央文献出版社，1996：8.

④ 参见建国以来重要文献选编（第二册）［M］．北京：中央文献出版社，1992.

⑤ 参见沈杰．邓小平教育思想体系架构新探［J］．前沿，2007（2）.

⑥ 邓小平文选（第2卷）［M］．北京：人民出版社，1994：101-102.

⑦ 邓小平文选（第3卷）［M］．北京：人民出版社，1993：145.

为基础，以社会化体系化建设、扩大社会受益面为内容，以促进社会公平为目标，实现群众的幸福安康。

江泽民第一次将人的全面发展和群众的物质文化生活结合起来，并落实到社会事业建设中。主要有：第一，要“把教育摆在优先发展的战略地位”①，“对教育体系进行改革”②，全面推进和加强国民素质化教育，同时，促进和实现科技教育与经济的结合，等等。第二，就业是民生之本，结合发展社会主义市场经济的要求，建立和完善新的就业机制；同时，不断推进企业的改革，做好就业、再就业工作，妥善处理好“五个方面”的关系。第三，收入分配要遵守以按劳分配为主体、多种分配方式并存的基本分配制度，遵循“效率优先、兼顾公平”和“国家、企业和个人”三者利益相结合等原则；最终要建立和形成一个合理的分配格局：中等收入人群占大多数，而低收入人群和高收入人群占少数的“中间大、两头小”；收入分配重点放在“正确处理‘吃饭’和‘建设’的关系，把人民生活放在优先位置”③。第四，要以农村医疗卫生工作为重点，借助科技手段和群众参与形式，“以预防保健工作为主”。第五，社会保障是很重要的社会问题，将会对社会秩序的稳定产生直接影响。所以，要建立和完善待业、养老、医疗等社会保障制度，落实城市居民的最低生活保障、国企离退休人员的养老金和下岗职工的基本生活保障。

胡锦涛指出，社会管理要坚持以人为本的科学发展观，下大力气研究和解决教育、社会保障、医疗卫生、劳动就业和安全等方面存在的问题。第一，“优先发展教育是党和国家长期坚持的一项重大方针”④。坚持育人为本，优化教育结构，提高教育质量，促进教育公平，建设教育强国和人力资源强国。第二，就业和再就业直接影响群众的“切身利益”和社会稳定。因此，要建立合理的就业结构，坚持以就业带动创业；统筹城乡就业，完善就业管理服务组织体系和公共就业服务制度。第三，深化收入分配改革，优化社会阶层结构。健全生产要素按贡献参与分配；在坚持效率优先的同时，更加注重体现公平；适当提高劳动报酬在初次分配中的比例；让更多的人民群众拥有财产性收入。第四，发展公共医疗卫生事业是促进和实现社会和谐的重要措施；

① 毛泽东邓小平江泽民论教育［M］．北京：中央文献出版社，2002：246.
② 同上，291.
③ 江泽民．论“三个代表”［M］．北京：中央文献出版社，2001：92.
④ 胡锦涛文选（第3卷）［M］．北京：人民出版社，2016：419.

从政府监管、社会参与和机制转换等方面深化医疗体制改革；建设覆盖城乡居民的基本医疗卫生制度；增强预防和应对突发公共卫生事件的能力。第五，建立包括社会保险、社会福利、社会救助、社会慈善等在内的覆盖城乡居民的社会保障体系；健全社会基本养老保险制度、社会劳动保障体系和住房保障体系。

党的十八大以来，以习近平同志为核心的党中央继续推进社会事业领域的改革发展。2012 年 12 月，他指出要“消除贫困、改善民生、实现共同富裕”①。实现人民群众脱贫致富，首先要“把教育事业放在优先位置”，推进“教育现代化”，让“人民满意”。第二，要解决群众的住房问题，找准“用来住的、不是用来炒的”房子的价值定位。第三，“就业是最大的民生”，“坚持就业优先战略”，“实现更高质量和更充分就业”。第四，“打赢脱贫攻坚战”，做到精准脱贫和扶贫。第五，“完善国民健康政策”，实现“健康中国”。第六，完善“覆盖全民、城乡统筹”的社会保障体系等。②

五、目标任务：实现社会治理现代化

我国社会治理创新坚持走中国道路，实现社会及社会治理现代化的目标。从发展规律看，现代社会治理坚持的是依法治理、综合治理和系统治理，最终目标是以民本为核心，遵循社会运行逻辑，实现和谐、平安和美好社会。马克思曾将未来社会的理想设计为实现人的自由全面发展的“联合体”。在这个“联合体”中，人人都是社会治理主体，都能够实现体面劳动和有尊严地生活和发展。毛泽东认为，实现这个“联合体”首先就是建设和治理社会主义工业化强国，即实现工业、农业、科学文化和国防现代化的社会主义国家。邓小平认为加快经济建设，治理和实现共同富裕的“小康社会”是“联合体”的第一步，然后，继续奔向富强民主文明的现代化共同目标。江泽民坚持与时俱进，第一次从社会主义本质角度思考人的全面发展，并将其作为社会治理的最终目标。胡锦涛站在时代前沿，科学统筹，强调实现“全面小康”和“和谐社会”这样的“联合体”，必须坚持以经济建设为中心，加强民生建设和社会管理，维护群众根本利益，让群众得到更大实惠。在新时代，坚持社会主义核心价值观为引领的社会及其治理现代化，是人的自由全面发展

① 习近平．习近平谈治国理政（第 1 卷）［M］．北京：外文出版社，2018：189.

② 参见编写组．党的十九大报告辅导读本［G］．北京：人民出版社，2017.

“联合体”的基本条件，是到建党100周年建成的全面小康社会、建国100周年实现中华民族复兴的现代化强国的内在要求，也是我国社会治理创新的阶段性目标。

实现这个目标，除了弘扬中国精神、凝聚中国力量，还要坚持走中国特色社会治理道路。道路问题是关乎我国社会治理创新能否持续的首要问题，是关乎国家治理成败、人民幸福安康的关键因素。在社会治理创新发展中，以马克思主义为指导，坚持党的领导，依靠人民群众，结合中国实际，把握时代脉搏，创造性地建设中国特色社会主义事业。我国社会治理创新只有坚持走中国特色社会治理道路，维护群众权益和自由发展，才会得到认同和拥护，实现社会及社会治理现代化目标。

六、推进路径：改革创新与环境保障相结合

坚持以改革和创新为动力，以良好的内外部条件作保障，我国社会治理创新就能顺利推进。有哪些因素能够推动并保障我国社会治理创新的持续发展？这实质涉及了综合驱动动力和常态化保障问题。

对于人类社会的治理和发展动力问题，从来都不乏探索和解释。在唯物史观产生前，对这个问题均未给出令人满意的科学回答。马克思主义认为，人类社会中相互联系和作用的一切矛盾和要素，构成了一个推动社会发展和治理的复杂的动力系统。其中主要包括原动力、基本动力、根本动力和直接动力等。在这个动力系统中，处于第一位的原动力永远是人类最基本的“生存需要”。“人们为了能够‘创造历史’”和治理社会，“首先就需要衣、食、住以及其他东西”①。物质生产力是人类社会进步的决定力量，也是社会治理的根本动力。社会基本矛盾是社会治理的基本动力。社会治理得以顺利进行，不是生产力、经济因素的孤立作用，而是经济基础内部及其与上层建筑间的矛盾等诸多因素的“合力”推动。人民群众是推进社会治理和发展的主体动力。作为实践主体和治理主体，人民群众是历史的实践者和创造者。这种创造历史和治理实践并非随心所欲，而是受一定历史条件制约。在阶级社会里，革命是社会治理的直接动力；在和平建设时期，改革则成了直接动力。毛泽东准确判断了社会“基本的矛盾”②仍然是社会主义社会治理的基本动力，同

① 马克思恩格斯全集（第3卷）［M］．北京：人民出版社，1960：31.

② 毛泽东文集（第7卷）［M］．北京：人民出版社，1999：214.

时他肯定了人民的主体动力作用。党的十一届三中全会后，邓小平在对社会主义社会主要矛盾正确判断基础上，指出了社会治理的两种动力：改革是直接动力，思想道德建设和科学教育文化建设是精神动力。党的十四届三中全会后，江泽民着眼于我国改革实际，将党的执政建设和党领导的社会治理有机结合起来，提出了发展是党执政兴国的第一要务、创新是推动社会治理的不竭动力。党的十六大以来，胡锦涛坚持社会事业的改革和创新，提出要改善和创新社会治理，走中国特色自主创新道路，建成创新型社会。同时，他强调，要借改革创新的强大动力，不断推进我国社会治理创新发展。"改革开放只有进行时没有完成时"①。在党的十八届三中全会所作的说明中，习近平强调，"全面深化改革" 是 "解决我国发展面临的一系列突出矛盾和问题"②的根本途径。"理论创新对实践创新具有重大先导作用"，改革的全面深化，就要 "以理论创新为先导"③ 和动力。而 "共建共治共享" 社会治理理论为我国社会治理创新提供了理论动力，并将促进其实现新的飞跃。

我国社会治理创新是一个动态的、复杂的理论和实践体系。实事求是、与时俱进、开放包容、不断创新，正是其魅力品格的体现。中国共产党人意识到，社会治理创新不仅需要改革创新动力，还需要统一的原则和规范体系，需要良好稳定的社会环境；否则，就易导致主观放大，违背规律，发生混乱，发展进程就难以持续。只有坚持党的领导，打造科学完善的制度环境，营造平安稳定的社会环境，我国社会治理创新才能持续发展。

第二节　我国社会治理创新的理论来源

马克思主义社会治理思想是马克思恩格斯在批判继承资本主义社会治理理论、吸收扬弃前人社会治理思想尤其是空想社会主义理论中的合理成分，逐渐形成和发展起来的，是人类历史上关于社会治理的最具科学性的整体把握和总结。

马克思主义社会治理思想的概念有狭义与广义之分。广义的马克思主义

---

① 习近平．习近平谈治国理政（第1卷）[M]．北京：外文出版社，2018：69.

② 同上，71.

③ 同上，75-76.

社会治理思想是指由马克思恩格斯创立的，并由列宁、毛泽东和邓小平等马克思主义者不断丰富和发展的理论，包括马克思恩格斯社会治理思想、列宁社会治理理论、中国化马克思主义社会治理理论。狭义的马克思主义社会治理思想，主要是指马克思恩格斯创立的关于社会治理的观点和方法的系统性学说。后者则是本书所指的我国社会治理创新的理论来源。

我国社会治理创新理论是马克思主义社会治理思想发展过程中的重要组成内容。如果说，我国社会治理创新是以中国传统治理文化为思想资源，以西方现代社会治理理论为借鉴，那么它则是将马克思主义社会治理思想及其俄国化作为自己的直接理论来源。

马克思恩格斯虽然没有系统阐述社会治理理论，但是在对资产阶级社会治理的现实分析和制度批判基础上、对无产阶级实践特别是巴黎公社的经验总结和对未来社会治理的设想中，提出了关于社会治理的一系列观点、看法和主张。列宁第一次创造性地将马克思主义社会治理思想付诸于俄国实践，实现了社会治理从“资本”到“人本”的理念认知、从“资本主义性质”到“社会主义性质”的历史嬗变。毛泽东、邓小平和习近平等中国马克思主义者以此为理论来源，推动了我国社会治理的创新发展，体现了深刻的“本质内涵”和鲜明的“独特品质”。

一、马克思恩格斯创建的马克思主义社会治理思想

马克思主义社会治理思想的内容和观点主要体现在《哥达纲领批判》《资本论》《德意志意识形态》《反杜林论》《法兰西内战》《共产主义原理》和《论住宅问题》等著作，以及马恩的一些书信往来和讲稿之中。其主要内容如下。

（一）关于社会治理性质、特征及其与政治统治之间关系的思想

1. 随着生产资料由私人占有变为社会公有，社会治理性质将由政治性阶级性转变为公共服务性

马克思恩格斯认为，“未来的社会革命”会使国家的“公共职能将失去其政治性质，而变为维护真正社会利益的简单的管理职能”①。资本主义制度下的社会治理，“只能委托给一个受过训练的特殊阶层，即国家寄生虫、俸高禄

① 马克思恩格斯文集（第3卷）［M］. 北京：人民出版社，2009：338.

厚的势利小人和领干薪的人"①。建立在生产资料私有制基础上的资本主义社会管理，只能是为少数人的特殊利益服务的统治工具。随着社会历史发展，人类终将进入共产主义社会，"那时有哪些同现在的国家职能相类似的社会职能保留下来呢?"② 这些社会职能又是如何实现的呢？马克思接着给出了答案："国家真正作为整个社会的代表所采取的第一个行动"，也是"最后一个独立行动"，就是"以社会的名义占有生产资料"③，即，生产资料由私人占有变为社会公有之后，就"消灭了一切阶级差别和阶级对立"④，全部生产资料和社会财富"集中在联合起来的个人的手里的时候，公共权力就失去政治性质"⑤。公共权利也就还原为社会自我治理权利的本来面目，社会治理最终会摆脱资本属性的束缚，彻底地去政治性和去阶级性，最终留下的仅是纯粹的公共治理和服务职能。

2. 在阶级社会里，国家的社会治理职能体现了阶级性和社会性的双重特征

在马克思恩格斯的早期著作中，国家概念的最初使用并非是从社会治理的意义角度。黑格尔认为国家是"理论观念的现实"，是社会和个人权利的前提，所有权力均产出于国家。马克思起初受此很大影响，后来在批判黑格尔法哲学和借鉴洛克、卢梭等学者的思想中逐渐形成了自己的看法，"国家是整个社会的正式代表，是社会在一个有形的组织中的集中表现"⑥。这与恩格斯所言一样，国家是一种"从社会中产生但又自居于社会之上并且日益同社会相异化的力量"⑦。在阶级社会里，以整个社会代表身份出现的国家，维护的却是统治者阶级利益，根本无法消除社会冲突的阶级根源。当阶级的利益矛盾威胁到自身生存和稳定，而社会本身还无力去调和时，就需要国家的统治来规避和化解。

《德意志意识形态》里有这样一句话："国家是统治阶级的各个人借以实现其共同利益的形式"⑧。作为一种社会共同组织体形式，国家在社会治理和

① 马克思恩格斯文集（第3卷）[M]．北京：人民出版社，2009：196.
② 马克思恩格斯全集（第19卷）[M]．北京：人民出版社，1963：31.
③ 马克思恩格斯全集（第20卷）[M]．北京：人民出版社，1971：305.
④ 马克思恩格斯文集（第3卷）[M]．北京：人民出版社，2009：561.
⑤ 马克思恩格斯文集（第2卷）[M]．北京：人民出版社，2009：53.
⑥ 马克思恩格斯文集（第9卷）[M]．北京：人民出版社，2009：297.
⑦ 马克思恩格斯文集（第4卷）[M]．北京：人民出版社，2009：189.
⑧ 马克思恩格斯文集（第1卷）[M]．北京：人民出版社，2009：584.

政治统治方面，分别表现出了社会性和阶级性的特征。在阶级社会里，统治阶级的意志往往是以国家意识的面貌出现，并通过其政府以法律制度形式全面干预社会，实现管理公共事务的社会职能，进而维护其共同利益。马克思恩格斯希冀现实中凌驾于社会之上的国家，随着阶级的消亡，立足社会需求，回归到服务社会的本位。等到社会发育成熟到有足够的自治能力承担本应自身承担的公共事务治理，这时国家已无生存意义而开始走向消亡，社会国家化最终逐渐趋向国家社会化。

3. 国家具有的社会治理和政治统治双重职能关系密切、互为前提

一方面，社会治理职能是国家政治统治的社会基础。恩格斯在《反杜林论》中指出："政治统治到处都是以执行某种社会职能为基础，而且政治统治只有在它执行了它的这种社会职能时才能持续下去。"① 接着，他又继续强调，"一切政治权力起先都是以某种经济的、社会的职能为基础的"②。无论是专制政府还是民主政府，要想维护长期稳定的统治，都必须把社会治理作为其基本职能。这就肯定了社会治理是政治统治得以维持的基础条件。接着，恩格斯通过举例佐证了"每一个专制政府都十分清楚地知道它们首先是河谷灌溉的总管"这一点。但是，英国政府"忽视了唯一能使他们在印度的统治"得以维持的"具有某种合理性的那种行动"③。他认为，政府的首要任务并非加强政治和军事等强制机构和力量的建设，而恰恰是履行好河谷灌溉等关系民生的治理和管理职能，对于维护社会稳定和政治统治具有重要意义。英国正是忽视了社会治理职能，没有全力关注关系民众利益的社会事务治理，而导致在印度政治统治的失败。

另一方面，政治统治决定并保证社会治理职能的正常实施。马克思恩格斯在详细分析了影响国家起源和阶级统治的经济、社会等因素后，发现国家有两种职能，一是"由一切社会的性质产生的各种公共事务的执行"，另一是"由政府同人民大众相对立而产生的各种特有的职能"④。因此，他们把巴黎公社的职能也分为两种，一种是"由于国家的一般的共同的需要而必须执行的职能"，另一种是"政府统治人民的权威"⑤。马克思恩格斯认为，以往一

① 马克思恩格斯选集（第3卷）[M]．北京：人民出版社，2012：559-560.
② 同上，563.
③ 马克思恩格斯文集（第9卷）[M]．北京：人民出版社，2009：187.
④ 马克思恩格斯文集（第7卷）[M]．北京：人民出版社，2009：431-432.
⑤ 马克思恩格斯文集（第3卷）[M]．北京：人民出版社，2009：222.

切旧的国家主要是政治统治和阶级压迫的工具，是占人口极少数的剥削阶级统治绝大多数劳动人民的工具。而无产阶级专政国家虽然也具有政治统治职能，却是以无产阶级和广大劳动群众为主体，采用崭新的革命方式，在改造旧社会基础上建设和治理一个新社会。实际上，社会治理独立化运转总是在国家的政治统治下进行。阶级出现以后，特别是当社会关系激化导致阶级矛盾不可调和时，国家就不可避免地通过政治统治来维持社会秩序，疏解阶级和社会矛盾。

（二）关于维护公共利益是社会治理发展动力的思想

从人类社会学来看，有公共需求就会产生公共利益。早在原始公社时期，人类就存在着维护社会公共利益的共同需求。可以说，正是对公共利益的需求，才催生了人类社会治理的萌芽和发展，同时也要求公共权力对公共利益的计划调控，对公共需求的价值回应与平衡。在谈到社会公共需求时，马克思认为，人的“存在”，是一种社会形式的“存在”，而利益需要是“社会人”的本性和第一需要，是社会发展和治理的原动力。“任何人”都是“为了自己的某种需要……而做事”①。人的需要是社会需要的体现，是社会利益关系的直接来源。“把人和社会连接起来的唯一纽带……是需要和私人利益”②。公共利益是人的社会需要，社会需要终将是以社会利益形式出现。无论是无阶级社会的“血缘关系”和“部群关系”，还是阶级社会的阶级关系和政党关系，以及国家、社会与个人关系等，本质就是公共利益关系。

在《哥达纲领批判》中，针对拉萨尔关于社会主义劳动者应该得到“不折不扣的劳动所得”的观点，马克思认为，在社会总产品中，首先要扣除“用来进行再生产方面”和“满足社会公共需求方面”的资料之后，才能进行个人的消费资料分配。而马克思在这里所指的“扣除”，就是社会的公共利益和公共需求部分。在回应公共利益需求时，无产阶级需要“国家政权的计划调节”③，有计划地行使公共权力。作为维护公共利益的手段，社会治理经历了从萌芽到成熟的发展过程。首先，在原始社会的早期阶段，即“还存在着平等的开化得比较晚的民族的原始农业公社”里，“一开始就存在着一定的共同利益，维护这种利益的工作，虽然是在全体的监督之下，却不能不由个

① 马克思恩格斯全集（第3卷）[M]．北京：人民出版社，1972：286.
② 马克思恩格斯全集（第1卷）[M]．北京：人民出版社，1956：439.
③ 马克思恩格斯文集（第3卷）[M]．北京：人民出版社，2009：191.

别成员来担当：如解决争端；制止个别人越权；监督用水”等。而这些成员只能“在非常原始的状态下执行宗教职能”①。这类工作就是社会治理的原始形式，而履行“宗教职能”的“个别成员”就是社会治理者。其次，由于生产条件的限制，从事劳动的成员“没有多余的时间来从事社会的公共事务”，因而就需要“有一个脱离实际劳动的特殊阶级来从事这些事务”②。低下的效率导致需要一个“特殊阶级”代替全体成员管理社会事务、治理社会问题。这些“特殊阶级”逐渐演变成了社会管理阶层和治理者。最后，生产力不断发展，社会分工不断细化，使人们之间的社会关系和利益关系日益复杂。不同部落或公社之间虽然还存在共同利益，但也逐渐产生了利益差别和利益冲突。而那些“集合为更大整体”的部落或公社内部“引起了新的分工”，公社成员的分工更加明细，利益诉求更加多样。因此，这些部落或公社有必要、也有条件“建立保护共同利益和防止相互抵触的利益的机构”③。这里的“机构”就是社会治理机构的最初形式，也是社会治理机构的总代表——国家政权的雏形。最终促使国家脱离氏族公社、完全蜕变为代表统治阶级意志和利益的则是“与全体固定成员相脱离的特殊的公共权力”④ 的出现。也就是说，是否拥有“和人民大众分离的公共权力”⑤ 是国家和氏族的根本区别。作为统治阶级意识的反映，国家是统治阶级实现其共同利益的形式，但前提是，国家必须通过运行公共权力为全体社会成员服务。国家“只有为了社会的普遍权利，特殊阶级才能要求普遍统治”⑥。因此，在履行社会治理职能时，国家不仅代表统治阶级，更应该是代表整个社会。

对于未来社会的治理机构和人员，恩格斯于 1845 年在《爱北斐特的演说》中，批评了资本主义社会治理机构过于臃肿复杂，指出在共产主义社会必须无限地简化。到那时，作为社会治理的总机构，“国家政权对社会关系的干预在各个领域中将先后成为多余的事情而自行停止下来”⑦。以公有制为基础的未来社会治理将由专门机构和人员执行，将更有助于维护社会公共利益和绝大多数社会成员利益。

---

① 马克思恩格斯文集（第 9 卷）[M]．北京：人民出版社，2009：186.
② 同上，189.
③ 同上，186-187.
④ 马克思恩格斯文集（第 4 卷）[M]．北京：人民出版社，2009：110.
⑤ 同上，135.
⑥ 马克思恩格斯文集（第 1 卷）[M]．北京：人民出版社，2009：14.
⑦ 马克思恩格斯文集（第 3 卷）[M]．北京：人民出版社，2009：562.

（三）关于人民群众主体地位体现在治理参与中的思想

在社会主义条件下，人民性是国家最突出的性质之一，也是国家履行社会治理职能的最高原则。马克思认为，人民群众参与治理国家和社会事务，是体现其主体地位的必需条件。这是马克思基于对黑格尔国家至上观点的批判而提出来的。对于国家和社会、人民的关系，马克思强调，“不是国家制度创造人民，而是人民创造国家制度”①。马克思肯定人民群众在国家各项事务中的决定性作用，反映了马克思希望实现人民自主治理的愿望。国家权力不是统治者而恰恰是人民所赋予的。“人民是否有权来为自己建立新的国家制度呢？对这个问题的回答应该是绝对肯定的，因为国家制度如果不再真正表现人民的意志，那它就变成有名无实的东西了。”② 马克思肯定国家制度和国家权力中人民群众的主体地位。他认为，人民群众才是国家主权的赋予者；正是通过立法权和国家制度形式，人民意志和治理主体角色在国家主权中体现出来。

人民群众要体现自身的主体地位，需要自觉、有序投身于社会治理中。“凡是要把社会组织完全加以改造的地方，群众自己就一定要参加进去”③。对于人民群众如何参与的问题，马克思认为，“首先将根本剥夺相互竞争的个人对工业和一切生产部门的管理权”④。这里的个人指的是掌握管理和治理大权的资本家。把社会治理权从资本家手里转移到全体社会成员手里，是实现人民群众民主参与治理的前提条件。其次，需要借助新的组织形式。马克思认为，可以通过建立一种新的社会组织形式来实现全员参与治理。这种新的社会组织“是由整个社会按照确定的计划和全体社会成员的需要来领导”⑤。巴黎公社胜利后，这种新的组织形式愈加明晰。马克思高度赞扬：巴黎公社既“是人民群众获得社会解放的政治形式”⑥，也是人类在历史上能够根本改变少数人对多数人的治理载体。依托这种新的社会组织，人民群众首次成为社会治理的主人，在实现政治解放之后，开始追求自身的社会解放。

值得关注的是，马克思曾分别在《犹太人问题》《德意志意识形态》里

---

① 马克思恩格斯全集（第3卷）［M］．北京：人民出版社，2002：40.
② 马克思恩格斯全集（第1卷）［M］．北京：人民出版社，1956：316.
③ 马克思恩格斯文集（第4卷）［M］．北京：人民出版社，2009：549.
④ 马克思恩格斯全集（第4卷）［M］．北京：人民出版社，1958：364-365.
⑤ 同上，364.
⑥ 马克思恩格斯全集（第17卷）［M］．北京：人民出版社，1963：588.

提到，当时德国社会中除了资产阶级和无产阶级，家庭、教会、公会、农民组织、议论团体和大学学生联合等非国家的市民社会组织已经存在。马克思看到了这些社会组织发挥的重要作用，甚至还希望它们能够取代国家的社会角色而成为治理社会的重要力量。

（四）关于社会治理重在改善和解决具体民生的思想

马克思恩格斯还一直关注着具体的民生领域。“当人们还不能使自己的吃喝住穿在质和量方面得到充分保证的时候，人们就根本不能获得解放。”① 物质利益是人们所有的利益关系中的基础和关键。人民群众是社会历史发展的创造主体和治理主体，巴黎“公社的伟大社会措施就是……它所采取的各项具体措施，只能显示出走向属于人民、由人民掌权的政府的趋势”②。这种以民生利益为导向的社会管理才能真正做到“管理上的民主，社会中的博爱，权利的平等，教育的普及”③。马克思恩格斯倡导的是人民的社会治理。因此未来的社会治理必然是坚持以具体民生利益为导向的实践准则。

1. 消灭城乡对立、营造生态的社会环境

随着私有制和社会分工的发展，“城乡之间的对立已经产生”④。不过，“城市和乡村的对立的消灭不仅是可能的”，而且是人民群众挣脱社会束缚、取得自由发展的前提。“人们只有在消除城乡对立后才能从他们以往历史所铸造的枷锁中完全解放出来”⑤。可见，通过消灭城乡对立来改善人与社会、自然的生存环境，是必需的，也是可能的。在《共产主义原理》中，恩格斯还分析了城乡对立是导致人在劳动异化、成为城市或乡村动物的直接原因，并指出要通过消灭私有制，消除被迫分工，把农业和工业结合起来等措施，最终使城乡对立消失。

2. 国家应该出资让儿童接受教育

马克思恩格斯强调教育在个人和社会发展中的重要价值，把教育作为社会民生领域的重要内容。“人类的未来，完全取决于正在成长的工人一代的成长。”⑥ 成长离不开教育。恩格斯认为社会建设和治理需要受过教育的人去承

---

① 马克思恩格斯文集（第1卷）［M］. 北京：人民出版社，2009：527.

② 马克思恩格斯文集（第3卷）［M］. 北京：人民出版社，2009：163.

③ 马克思恩格斯文集（第4卷）［M］. 北京：人民出版社，2009：198.

④ 马克思恩格斯文集（第1卷）［M］. 北京：人民出版社，2009：521.

⑤ 马克思恩格斯选集（第3卷）［M］. 北京：人民出版社，1995：215.

⑥ 马克思恩格斯全集（第21卷）［M］. 北京：人民出版社，2003：270.

担。1845年2月，他在《在爱北斐特的演说》中指出：无产阶级国家社会建设和治理的“第一个措施是由国家出资对一切儿童毫无例外地实行普通教育”，因为“受过教育的人会比愚昧无知的没有文化的人给社会带来更多的好处”①。两年后，他在《共产主义原理》中强调并给出了国家教育治理的原则方法：一是所有儿童“都由国家出钱在国家设施中受教育”。二是“把教育和生产结合起来”②。对此，马克思非常赞成：未来的国家教育要实现“生产劳动同智育和体育相结合”。这“是造就全面发展的人的唯一方法”③。显然，马克思和恩格斯在这里提到的教育，并非一种纯粹的教育，而是融入现实社会生产实践中的教育，是一项旨在培养人的社会实践活动。

3. 给所有人提供健康而有益的工作

1887年6月，恩格斯在《对英国北方社会主义联盟纲领的修正》中指出：社会主义制度“将给所有的人提供健康而有益的工作，给所有的人提供充裕的物质生活和闲暇时间，给所有的人提供真正的充分的自由”④。他还阐述了所有人都能够就业的益处：实现就业“就会消除工人之间的竞争，并迫使还存在的厂主支付同国家一样高的工资”⑤。对于妇女群体来说，实现就业还能使她们的自身解放成为可能。“妇女的解放，只有在妇女可以大量地、社会规模地参加生产，而家务劳动只占她们极少的工夫的时候，才有可能。”而妇女的就业实现，“只有依靠现代大工业才能办到”。因为“现代大工业不仅容许大量的妇女劳动”，“并且它还力求把私人的家务劳动逐渐溶化在公共的事业中”⑥。在这里，他指出提高社会生产率、发展现代工业是包括妇女在内的所有人能够实现就业、走入社会公共生活的正确途径。

4. 解决公共住宅问题

恩格斯在《论住宅问题》中论述了资本主义生产方式与公共住宅问题之间的关系：“并不是住宅问题的解决同时就会导致社会问题的解决，而只是由于社会问题的解决，即由于资本主义生产方式的废除，才同时使得解决住宅问题成为可能。”⑦ 在这里，恩格斯准确指出了资本主义生产方式这一“社会

---

① 马克思恩格斯全集（第2卷）［M］. 北京：人民出版社，1957：614.
② 马克思恩格斯文集（第1卷）［M］. 北京：人民出版社，2009：686.
③ 马克思恩格斯文集（第9卷）［M］. 北京：人民出版社，2009：340.
④ 马克思恩格斯全集（第21卷）［M］. 北京：人民出版社，1965：570.
⑤ 马克思恩格斯文集（第1卷）［M］. 北京：人民出版社，2009：686.
⑥ 马克思恩格斯文集（第4卷）［M］. 北京：人民出版社，2009：181.
⑦ 马克思恩格斯文集（第3卷）［M］. 北京：人民出版社，2009：283.

问题”的存在，是导致公共住宅问题无法得到解决的根本原因。因此，消灭资本主义生产方式、实现社会财产国有化是解决公共住宅问题的根本路径。当然，问题不是住宅真正短缺，而是缺少一种合理规划和公平分配。这在资本主义私有制条件下很难做到，“现在各大城市中有足够的住房，只要合理使用，就可以立即解决现实的‘住房短缺’问题”①。这里的“合理使用”，其实就是合理的治理方式。这种方式只能在社会生产方式公有制条件下才能实现。住宅建设要做到科学规划，统筹安排，明晰实情，因地制宜，因时而变。此外，恩格斯还设想了“拆旧建新”的具体解决方案：一是“拆旧”，即“拆毁一切不合卫生条件的、建筑得很坏的住宅和市区”；二是“建新”，即“在国有土地上建筑大厦，作为公民公社的公共住宅”②。

5. 设立社会公共基金、健全社会保障或公共服务体系

在《哥达纲领批判》中，马克思在谈到社会劳动产品分配时指出，从社会总产品中应该扣除掉一部分，“用来应付不幸事故、自然灾害等的后备基金或保险基金”。另外，在个人分配前也应扣掉三个部分：“第一，同生产没有直接关系的一般管理费用”；“第二，用来满足共同需要的部分，如学校、保健设施等”；“第三，为丧失劳动能力的人等等设立的基金”③。他认为，这些被扣除的基金和费用属于社会成员的共同财产，理应交给社会公共机构来统一管理、专门使用：如为因天灾人祸等不可预料的意外事故留存一定的基金；为教育和康复设立的基金；为失去劳动能力的人提供生活保障，等等。可见，马克思在当时就认识到了社会公共保障体系或社会公共服务体系在未来社会必不可少。

（五）关于社会治理致力于公正平等的价值目标的思想

公正平等是人类社会的价值追求，也是社会治理追求的价值目标。“一切人，或至少是一个国家的一切公民，或一个社会的一切成员，都应当有平等的政治地位和社会地位。”④ 公正平等既是古老而常新的永恒话题，又是发展变化着的历史范畴。不同的历史时期，人们对公正平等有不同的理解和阐释。在批判、借鉴和吸收资本主义公正平等观基础上，马克思恩格斯科学地阐述了关于社会公正平等的思想和观点。

---

① 马克思恩格斯文集（第3卷）［M］．北京：人民出版社，2009：264.
② 马克思恩格斯文集（第1卷）［M］．北京：人民出版社，2009：686.
③ 马克思恩格斯文集（第3卷）［M］．北京：人民出版社，2009：432-433.
④ 马克思恩格斯文集（第9卷）［M］．北京：人民出版社，2009：109.

1. 社会的公正平等是客观的、历史的，其本质是消灭私有制、消灭阶级和阶级剥削

从过程维度来看，社会公平分为起点公平、分配公平和结果公平三个方面。马克思认为，生产资料私有制是导致社会资源配置不公平的根本原因，而资源配置不公平决定了社会成员的起点不公平。只有消灭私有制和阶级剥削，才有可能实现真正意义上的公正平等。而达到这一目标，离开科学的社会治理是无法完成的。马克思从分析资本主义的劳动异化着手，指出了异化劳动是私有制的产生根源。“劳动仍然是最主要的，是凌驾于个人之上的力量；只要这种力量还存在，私有制也就必然会存在下去。”① 拥有平等的劳动权是社会成员拥有起点公平的前提。只要私有制和阶级剥削存在，无产阶级就无法拥有平等的劳动权。消灭阶级是实现平等的根本途径。“随着阶级差别的消灭，一切由这些差别产生的社会的和政治的不平等也自行消失。”② 只有在消灭阶级的生产资料公有制条件下，社会才能实现民主权益的真正平等，社会治理才能真正实现社会的起点公平。

2. 社会的公正平等是现实的、相对的，其价值评价取决于当时的历史条件

唯物辩证法认为，任何事物都是不断发展的过程。社会公平是一种过程公平。它是具体的、现实的，不是一成不变的。“公平则始终只是现存经济关系的……的表现”，社会各阶级对公平的理解是从自身的利益出发的，“希腊人和罗马人的公平认为奴隶制度是公平的”，可是作为当时代表生产力发展要求的封建阶级却认为是不公平的，而“1789 年资产者的公平要求废除封建制度，因为据说它不公平”③。资产阶级用符合自身利益的公平标准来代替封建制的公平标准，在一定程度上体现了社会的发展和进步，但这对广大无产者来说，却又是不公平的。“平等应当不仅仅是表面的，不仅仅在国家的领域中实行，它还应当是实际的，还应当在社会的、经济的领域中实行。”④ 但这种经济地位的平等，只有在公社才能实现，“真正的自由和真正的平等只有在公社制度下才可能实现”⑤。可见，社会的公正平等和正义是与具体的社会政治

---

① 马克思恩格斯文集（第 1 卷）［M］. 北京：人民出版社，2009：557.

② 马克思恩格斯文集（第 3 卷）［M］. 北京：人民出版社，2009：442.

③ 同上，323.

④ 马克思恩格斯文集（第 9 卷）［M］. 北京：人民出版社，2009：112.

⑤ 马克思恩格斯全集（第 1 卷）［M］. 北京：人民出版社，1956：582.

制度选择有关。其价值选择和价值评价从来都是一定历史经济条件的现实产物。

社会的公正平等是相对的，需要在公平和效率的张力关系中寻求一个平衡点。社会公平是机会公平、程序公平和结果公平的辩证统一。公平既不是平均，也不是平均主义，“决不能把‘普遍的公平原则’和那种粗陋的平均主义混淆起来”①。简单的、完全的平均主义不仅不是我们所要追求的公平公正，而且还会影响、阻碍甚至损害着社会的公正平等。

3. 社会的公正平等是有区别、有条件的，其实现程度主要取决于当时的生产力和经济发展水平而非诉诸道德和法律

马克思主义认为，生产力决定生产关系、经济基础决定上层建筑。社会管理属于上层建筑。社会公正作为社会治理的价值目标，同样离不开一定的经济条件。结果公平，是衡量和检验社会公平的最根本价值尺度。起点公平和分配公平最终要回到结果公平上。在社会分配的公平问题上，马克思认为经济所有制形式决定分配方式，而分配方式又直接影响着分配结果的公平与否。“分配就其决定性的特点而言，总是某一个社会的生产关系和交换关系以及这个社会的历史前提的必然结果”②。对此，恩格斯在《做一天公平的工作，得一天公平的工资》中指出：“在道德上是公平的甚至在法律上是公平的，从社会上来看可能远不是公平的。社会的公平或不公平，只能用一门科学来断定，那就是研究生产和交换这种与物质有关的事实的科学——政治经济学。”③ 马克思恩格斯通过对公平的伦理学、法学和政治经济学比较，明确指出了分配是否公平的决定因素并非道德和法律，而恰恰是生产。换句话说，经济上的平等在社会公平中起着基础性和决定性作用。

不过，马克思恩格斯虽然强调经济因素的决定作用，但也重视道德和法律的作用。马克思认为，社会治理需要社会成员的道德启发和自治，但因个体差异引起的人们道德水平的参差不齐，必然会导致对公平标准认识的主观偏差。因而，社会治理还须以法律为依据。法律起初形成于人们的习惯，是具有强制性的特殊社会规范。在“民主制”国家，“法律为人而存在”④，服务于人们对国家与社会事务的管理。所以“法律应该以社会为基础。法律应

---

① 马克思恩格斯选集（第3卷）［M］. 北京：人民出版社，1995：650.

② 马克思恩格斯文集（第9卷）［M］. 北京：人民出版社，2009：160.

③ 马克思恩格斯全集（第19卷）［M］. 北京：人民出版社，1963：273.

④ 马克思恩格斯全集（第1卷）［M］. 北京：人民出版社，1956：281.

该是社会共同的、由一定物质生产方式所产生的利益和需要的表现”①。恩格斯认为，法的最深层最抽象的表现（追求）就是实现公平。虽然不同社会有不同的公平理想和衡量标尺，但公平作为人类不懈追求的社会理想，必须以法律平等和自由为基本原则。维护社会公正平等，不仅需要经济力量，还需要道德约束和法律规范、以德治理和依法治理的统一。

（六）关于实现社会治理民主化的“四个条件”的思想

1. 夺取政权是政治条件

马克思认为，打碎资产阶级国家机器，掌握政权，建立工人阶级政府，是无产阶级实现社会管理民主的政治条件。他在总结巴黎公社经验时指出：“工人革命的第一步就是使无产阶级上升为统治阶级，争得民主。”② 无产阶级通过“‘夺取政权（国家权力）以掌握自己的命运，是他们无可推卸的职责和绝对的权利’……掌握政权的第一个条件是改造传统的国家工作机器”③。也就是说，对无产阶级和人民大众来说，首先要通过革命的方式夺取政权，进而实现人民自主治理国家和社会事务。无产阶级在取得政治统治权之后，就不能再用原来的旧的政权机构和组织形式治理社会了，必须建立起新的民主制度和社会治理机构。这就是“公社”。因为相比旧的政权，公社的优势在于“会把靠社会供养而又阻碍社会自由发展的国家这个寄生赘瘤迄今所夺去的一切力量，归还给社会机体”④。

2. 无产阶级民主意识觉醒是思想条件

巴黎公社为社会治理民主化提供了政治组织载体，实现了人民通过普选而参加社会治理的目的。但是，社会治理民主的实现还需要人民具有真正的民主意识，而不只是“装满幻想的口袋”。否则，“这只是意味着人民的脑袋中装的不是脑子，而是某种代替物”⑤。可见，阶级意识的觉醒是无产阶级行使普选权维护自身权益的思想前提。而在无产阶级的阵营中，农业无产阶级又是民主意识觉醒更迟、甚至缺乏的群体。马克思接着例证，法国一些“拥有土地的自由农民”在行使普选权时，由于民主意识不强，“没有使工人进入议会，而是相反，几乎把他们全部赶出了议会”。而德国“农村无产阶级还没

① 马克思恩格斯全集（第6卷）［M］. 北京：人民出版社，1961：292.

② 马克思恩格斯文集（第2卷）［M］. 北京：人民出版社，2009：52.

③ 马克思恩格斯文集（第3卷）［M］. 北京：人民出版社，2009：217-218.

④ 同上，157.

⑤ 马克思恩格斯全集（第50卷）［M］. 北京：人民出版社，1985：348.

有卷入运动的时候，德国的城市无产阶级就不可能得到而且一定得不到丝毫成功”①。显然，无产阶级尤其是农村无产阶级，他们的“精神解放”和民主意识觉醒影响着社会治理民主化。

3. 增加生产力总量是经济条件

作为上层建筑，社会治理民主化终究取决于生产力发展水平。“生产力归国家所有不是冲突的解决，但是这里包含着解决冲突的形式上的手段，解决冲突的线索。”② 国家的一切活动，包括社会治理活动，都必须从生产力基础出发，从社会民生现实考虑。“各个人必须占有现有的生产力总和，这不仅是为了实现他们的自主活动，而且从根本上说也是为了保证自己的生存。”③ 如果生产力不发展，人们的基本生存就无法保证，就会出现为了生活必需品而争斗，社会秩序就难以正常，民主治理就无从谈起。因此，马克思在《共产党宣言》中指出，无产阶级取得政权后，接下来的任务就是“尽可能快地增加生产力的总量”④，加固无产阶级政治统治和社会治理的经济基础。

4. 加强制度建设是制度条件

社会经济的快速发展及其公共事务的日益繁杂，单纯依靠纯粹的传统手段已无法维持长效治理。制度治理已经成为民主治理环节的重要条件。马克思恩格斯认为，分析和“解决社会问题的办法”“只有从头脑中产生出来”。这是“思维着的理性的任务”，即“新的更完善的社会制度”⑤ 的任务。因此他们建议，通过“建立这样一种制度，使社会的每一成员不仅有可能参加社会财富的生产，而且有可能参加社会财富的分配和管理”⑥。

鉴于以往任何国家都无法避免管理人员作为社会公仆的身份异化，要使社会治理彻底摆脱政治羁绊而体现民主属性，无产阶级就必须建设和完善治理制度。一是实行普选制。马克思揭露并批判了资产阶级普选制的伪民主性。他在《英国议会改革的新法案》中指出，这个法案是为了剥夺工人阶级的选举权，是保持当时资产阶级和贵族对选举的垄断地位，是资产阶级的内部民主普选。相比资产阶级普选制，巴黎公社实行普选制的目的“是为了服务于

---

① 马克思恩格斯全集（第16卷）［M］. 北京：人民出版社，1964：370-371.
② 马克思恩格斯文集（第9卷）［M］. 北京：人民出版社，2009：295.
③ 马克思恩格斯文集（第1卷）［M］. 北京：人民出版社，2009：580-581.
④ 马克思恩格斯文集（第2卷）［M］. 北京：人民出版社，2009：52.
⑤ 马克思恩格斯选集（第3卷）［M］. 北京：人民出版社，1995：724.
⑥ 马克思恩格斯文集（第3卷）［M］. 北京：人民出版社，2009：460.

组织在公社里的人民”，这些代表“今后均由选举产生，对选民负责，并且可以罢免”①。二是建立责任制。公社的“一切官吏对自己的一切职务活动都应当在普通法庭面前遵照普通法向每一个公民负责”②，切实做到了“以真正的责任制来代替虚伪的责任制”③。在所有公职真正变成工人职位的时候，这些受过训练的特殊阶层，明确使命，各负其责，成为人民公仆。三是执行监督制。民主监督是防止社会公仆变为社会主人的有效措施。马克思认为，社会治理权力的运行要受到有效的社会监督，就需要将治理职能交给直选出来的“公社的勤务员执行，从而也就处在公社的监督之下”④。恩格斯肯定了直接民主制是社会有效监督的重要保证：社会公众不要总是“百依百顺地服从他们，而不进行批评”⑤。社会治理者应秉持管理和治理就是服务的理念，作为人民公仆，理应置于人民批评和人民监督之下，实现人民治理社会。

二、列宁开创的俄国化马克思主义社会治理理论

社会主义国家的社会治理，是共产主义运动史（社会主义发展史）一个历久弥新的话题。列宁从俄国实际出发，对社会主义社会治理理论的必要性、原则、多元主体之间关系及地位、实现路径等做了创造性地探索和论述。

列宁认为，十月革命后，社会主义俄国需要实现从“夺取政权”到“组织任务”和“管理任务”的转变。在坚持无产阶级政党“总的领导”下，适当学习和借鉴资产阶级社会治理的有益成分，通过“加强革命法制”、民主建设和所有劳动者“普遍”参与，维护劳动者的治理主体地位。列宁开创的俄国化马克思主义社会治理理论，是对马克思主义社会治理思想的里程碑式的丰富和开创，是社会主义国家进行社会治理的质性飞跃，是社会主义社会治理理论具体化的经典范本。俄国化马克思主义社会治理理论，主要形成于十月革命以后的社会建设实践中，覆盖了社会治理领域的方方面面，其中不乏带有普适性的理念、方法和原则，是我国社会治理创新的重要的理论来源。主要内容如下。

---

① 马克思恩格斯文集（第3卷）［M］．北京：人民出版社，2009：155.
② 马克思恩格斯文集（第3卷）［M］．北京：人民出版社，2009：414.
③ 同上，196.
④ 同上，222.
⑤ 马克思恩格斯全集（第38卷）［M］．北京：人民出版社，1972：33.

（一）社会治理是一项最困难、最崇高的重要任务

就稳定国家与社会秩序的意义而言，社会治理不仅是方法问题，更是一个战略问题。十月革命后，俄国无产阶级夺取了国家政权，建立了人类历史上第一个社会主义制度国家，开启了人类社会的一个全新历史时期。因此，无产阶级国家的主要任务就要随之转变。列宁准确把握了这一变化，提出苏维埃国家当前“最重要和最困难的”任务就是组织对俄国的管理与治理。这是“首要的组织任务”①。后来，他多次强调社会管理与治理的地位之重和难度之大：社会主义国家和政党要“能够做到直接着手管理任务”，并且“有成效地进行管理”，“善于实际地进行组织工作”。“这是一个最困难的任务”，“也是一项最能收效的任务”②。同时，列宁对此充满信心，“我们也能够用管理的方法获得胜利”③。在夺取政权、赢得人民信任的问题得到解决之后，列宁把组织和治理俄国作为一项最重要、最困难和最崇高的任务，是对马克思主义社会治理思想的具体化和实践化，是运用马克思主义社会治理思想实现由“夺权”到“治理”、由“革命”到“建设”的重要的功能转向。

一方面，重视和加强社会治理，是提高劳动生产力、发展社会主义经济的必然要求。“经济具有主要的意义”④。列宁认为，新生苏维埃政权的维护和发展，既需要政治军事等强制力量，也需要科学的社会治理。这一时期的社会治理主要是为经济而非政治服务，或者说是首先要从属于纯粹的经济发展。社会主义国家的社会治理要将“提高劳动生产率”置于“首要地位”。这是社会主义制度优于资本主义制度的重要标志，是提升社会主义社会治理能效性的物质条件。同时，列宁看到，更高的社会主义劳动生产率不可能与生俱来，必须通过有效治理来实现。

首先，针对俄国落后的经济现状需要从实际出发制定治理政策。在运用马克思主义理论时，列宁坚持具体问题具体分析，将俄国具体国情和发展阶段作为制定社会治理政策的依据。“客观地考虑某个社会中一切阶级相互关系的全部总和”和“社会发展的客观阶段”，是“先进阶级制定正确策略的依据”⑤。他根据当时俄国国内小农经济为主的落后状况，提出了“苏维埃政权

---

① 列宁专题文集（论社会主义）［M］. 北京：人民出版社，2009：79-80.

② 同上，83.

③ 列宁全集（第34卷）［M］. 北京：人民出版社，1985：160.

④ 同上，122.

⑤ 列宁选集（第2卷）［M］. 北京：人民出版社，1972：602.

加全国电气化”的发展战略和治理政策。苏维埃政权是“能使被压迫群众完成各项事业的政治机构”①。它不仅履行组织经济政治建设的经济职能和政治职能，还具有协调国内社会关系的社会治理职能。

其次，巩固社会主义公有制需要处理好社会主要矛盾关系，营造良好的社会环境。1918 年，列宁指出，在完善社会主义公有制方面，社会治理是最有效的“新的方式”。他深信，充分体现这一“新的方式”的优越性，就要“善于在每个特定时机找出”并“全力抓住”“链条上的一个特殊环节”。列宁认为，当前苏维埃俄国正处于“缓慢建设和无情‘整饬’”② 的并行时期。在这个特殊时期中，苏维埃政权需要“全力抓住”的这个“特别环节”就是科学有效的社会治理。社会治理这个主要环节解决好了，社会主要矛盾关系就会缓和和化解，从而为巩固社会主义公有制营造更好的社会环境。

最后，充分发挥社会主义制度优势有助于发展经济和治理社会。列宁注意到了社会主义这一“崭新制度”对社会治理质性转变的重要作用。但是社会主义俄国“社会制度中好的东西”并“没有被理解和体会”，制度优势还没有完全发挥。对此，他强调要勇于“革新我们的国家机关”，“利用我们社会制度中真正的精华”，充分发挥社会主义的制度优势及其治理优势。这是对社会主义社会治理“提出的恰如其分的要求”③。

另一方面，重视和加强社会治理是防止官僚主义滋生、巩固苏维埃政权的重要条件。苏维埃政权建立在经济文化落后的基础上。由于旧社会治理思维的影响，战时共产主义政策导致的生产资料高度国有化及其带来的相关治理机构的臃肿膨胀，苏维埃俄国的社会治理人员脱离群众和官僚主义现象时有产生。官僚主义会导致“脱离群众”④，会渗透并“在党的组织中产生有害的影响”⑤，最终会“毁掉”党的领导地位和治理权威。列宁指出，官僚主义在社会治理中的主要表现，就是治理的过程、环节和决策容易受个别领导狭隘思维的束缚。这些领导过于追求“完整的、完善的、真正的计划”，导致主观片面的治理决策和浮夸的工作作风。为了避免官僚化现象，避免“使苏维埃成员变为‘议会议员’或变为官僚的小资产阶级趋势”，列宁认为，最根本

---

① 列宁全集（第 40 卷）［M］．北京：人民出版社，1986：31.

② 列宁专题文集（论社会主义）［M］．北京：人民出版社，2009：114.

③ 同上，368.

④ 列宁全集（第 41 卷）［M］．北京：人民出版社，1986：273.

⑤ 列宁全集（第 40 卷）［M］．北京：人民出版社，1986：33.

措施是“吸引全体苏维埃成员实际参加管理”[①]，让人民群众都参与治理。“只有当全体居民都参加管理工作时”，“反官僚主义的斗争”才能“取得完全的胜利”[②]。而且社会治理遵循严格的民主选举、监督和罢免程序，将有效避免官僚主义和特殊化现象。

（二）关于坚持“用‘旧’和育‘新’相结合”人才原则的思想

十月革命前的俄国，教育文化水平十分落后。国民教育投资平均不到社会总预算的3%，在9岁至49岁之间的工农群众，高达72%的人不会读写；在少数民族和边远地区，比例则更高。俄国成为当时欧洲国民教育落后的国家之一。面对严峻的社会现实，列宁深知一个文盲半文盲充斥、管理人才极为匮乏的国家，如果“没有各种学术、技术和实际工作领域的专家的指导”[③]，是不能建设、治理好一个新社会的。因此，无产阶级取得政权后，合理利用“旧”人才、教育培养“新”人才，是苏维埃政府当务之急。

首先，学习和借鉴资本主义社会治理的科学成分。重视批判学习和吸收资本主义的优秀成分，是列宁的一个重要思想。对于建立不久的苏维埃政权来说，共产主义大厦的“地基”已经打好，接下来就是需要“备足”资本主义“辅助材料”[④]。资本主义社会治理既有剥削性和压迫性，又有科学性和进步性。这种二重性决定了其科学成分是能够而且必须为俄国社会主义社会治理所用。“苏维埃管理组织同资本主义最新的进步的东西结合得好坏”[⑤]，是影响社会主义社会治理的重要因素。在建设时期，如果不“同资本主义的关系联系起来”[⑥]，苏维埃政权及其社会治理就无法巩固和发展。为此，1920年4月，在布尔什维克党的第九次代表大会上，列宁郑重建议党要学习资本主义的治理、合理使用其管理人员。诚然，资本主义社会治理价值取向产生了异化，但资本主义的大生产发展、治理机构的高度社会化、治理方式和手段的高度科学化，治理人员的专业化等，为共产主义（社会主义）社会治理提供了物质基础和宝贵经验。

其次，敢于使用旧社会的治理人才。合理“利用资本主义遗留给我们的

① 列宁专题文集（论社会主义）［M］．北京：人民出版社，2009：111.
② 列宁全集（第36卷）［M］．北京：人民出版社，1985：154.
③ 列宁专题文集（论社会主义）［M］．北京：人民出版社，2009：88.
④ 列宁全集（第34卷）［M］．北京：人民出版社，1985：146.
⑤ 同上，170-171.
⑥ 列宁专题文集（论社会主义）［M］．北京：人民出版社，2009：387.

科学技术专家”是发展生产力的要求。建立之初的苏维埃政权，社会治理人才极为匮乏，非常“需要有大量的工人农民能做管理工作”和“熟悉各种专业的管理部门”。如果不向具有丰富治理经验的资产阶级专家学习，“没有旧专家的帮助”，是无法“培养出足够数量的精通国家管理工作”人才的。而仅靠普及国民教育，从工农群众中培养和选拔治理人才，“速度无论多快，还是满足不了我们的要求”①。如果一味地抛弃资本主义社会治理，不仅愚蠢，还会损害未来的共产主义。显然，列宁把是否合理利用“旧专家”，提高到影响苏维埃命运走向的战略高度。同时他看到，如何教育和改造治理技术水平高、但浸透本阶级偏见的治理专家们，实现从管理人民到服务人民的转型，将是无产阶级面临的艰巨任务。

最后，抓紧培养新社会的专门治理人才。在合理利用旧的治理专家的同时，需以培养无产阶级治理人才为中心。只有让“无产阶级来管理俄国”，社会主义社会治理才能“巩固”②。无产阶级政党有丰富的革命实践经验，但发展经济、治理社会的知识、经验和能力严重不足。“我们还非常不善于经营管理，不善于当组织者与管理者。”③ 苏维埃政权建立后，俄共（布）由革命、斗争的党转变为执政、治理的党，掌控着国家的“政治权力”和“经济手段”，但在社会领域“没有足够的本领去直接进行管理”④。因此，当务之急就是加快培养有治理本领的人才，确保国家经济的顺利发展。

（三）关于无产阶级政党对社会治理“总的领导”的思想

在夺取政权后，无产阶级政党“紧接着就要对国家和社会进行管理和治理”。1918 年 4 月，列宁再次提到，党已“夺回了俄国。现在我们应当管理俄国”⑤。“党的任务则是对所有国家机关的工作进行总的领导”⑥。具体的社会治理工作，如“社会教育、实际训练都在共产党员领导之下”⑦。列宁主张的一切治理工作都要由无产阶级政党领导，既是党的先进性质所决定，也是历史赋予党的义不容辞的神圣使命。布尔什维克党是无产阶级政党，是由工

---

① 列宁全集（第 37 卷）［M］．北京：人民出版社．1986：407.
② 列宁全集（第 35 卷）［M］．北京：人民出版社，1985：407.
③ 列宁全集（第 38 卷）［M］．北京：人民出版社，1986：243.
④ 列宁专题文集（论社会主义）［M］．北京：人民出版社，2009：324-325.
⑤ 同上，82.
⑥ 列宁全集（43 卷）［M］．北京：人民出版社，1987：64.
⑦ 列宁全集（第 38 卷）［M］．北京：人民出版社，1986：283.

人阶级中最有觉悟的先进阶层组成，是代表广大工农群众意志和利益的先锋队。基于这一优越性，无产阶级政党能够领导社会治理工作。列宁希冀构建包括国家和政府组织、社会组织和工农群众等的社会主义社会治理体系。而这个治理体系必须由俄共（布）实行“总的领导”。

十月革命后，俄共（布）通过新经济政策和有效的治理措施，一些关系国计民生的资产实现了国有化社会化，国内社会形势有所好转，社会事业发展步入了正常轨道。但这时候，围绕社会主义建设和社会治理的领导权问题，出现了一些争论和分歧。这些争论的实质是，还要不要继续坚持党的领导权问题。针对这些争论，列宁认为，在革命战争年代，苏维埃能够取得胜利，完全是因为党的正确领导，是因为党员的以身作则、率先垂范。到了和平建设时期，仍然需要党的“总的领导”，把党员干部以往的组织管理才能保留下来。只有“共产党”，才能“领导全体无产阶级的一切联合行动”①。他同时强调，党对社会治理的“总的领导”，并非事无巨细，包揽一切。不能“过分频繁的、不正常的”“琐碎的干预”②。

那么如何实现党对社会治理的“总的领导”呢？列宁对此也明确指出：

首先，要通过制定路线方针政策来实现。党的领导包括政治、思想和组织等。无产阶级政党不能直接治理国家与社会的具体事务，而是要通过制定路线方针政策等途径和形式，实现对社会治理“总的领导”。可以说，一定意义上，党领导国家和社会治理的过程，就是路线方针政策的制定过程。

其次，要明确和理顺党组织和政府机构的职权关系。列宁多次指出，必须明确区分党组织和政府机构的治理职能关系。党的机构、日常工作和职能，与苏维埃的机构、工作和职能，不能“混淆”，应当“划分开来”。党与政府机构是领导与被领导关系，党只能领导而不是取代苏维埃的治理工作。列宁认为，苏维埃是“根据革命经验、根据千百万人的经验建立的”劳动人民自己的政权形式和治理机构。从这个角度看，它是“高于一切政党”的。但在实际治理中，政府的治理行为往往交由党来领导，党政管理职能界限仍较为模糊。对此，列宁强调，无论什么时期的社会治理及其任何阶段和环节，“党组织绝不应当代替苏维埃”。在俄共（布）十一大上，党的机关和苏维埃机关的权力界定和职责划分得到了明确，并被确定为党在当前的一项极为重要

① 列宁全集（第41卷）［M］．北京：人民出版社，1986：85.

② 列宁专题文集（论社会主义）［M］．北京：人民出版社，2009：396.

任务。

再次，党是通过苏维埃机关实现对社会治理的“总的领导”。“党的全部工作当然都是通过……苏维埃来进行的”①。列宁不仅重视党的“总的领导”地位，还特别强调苏维埃在社会治理中不可替代的作用。苏维埃是“最高的国家类型，是巴黎公社的直接继续”②，是“群众自己用一切可能的办法来建设国家和管理国家”的“直接的组织”③。可见，党和苏维埃在社会治理中的关系，其实就是政策指导与具体管理的关系。政策是社会治理的依据和准则，没有政策引导，社会治理容易迷失方向；社会治理是政策顺利贯彻的重要方式，没有科学治理，政策会失去可操作性，难以落到实处。作为政策制定者，党要通过法律制度树立政府的治理权威和公信力，获得政府治理社会的合法性，不能插手或代替政府行使治理社会职能。而作为政策的具体执行者、贯彻者和权力机构，政府应依据政策指导，实现依法治理、科学治理。因此，苏维埃政府的治理行为最终将纳入宪法和法律的轨道。这也是实现党的“总的领导”和“立行合一”的重要途径。

最后，“加强党内检查与监督”，保证党对社会管理的“总的领导”。针对苏维埃当时的管理状况，列宁指出，有必要“由共产党领导工会和领导苏维埃从而实现对国家管理”，提升“国家机构的管理能力”，并“加强党内检查与监督”。俄共（布）八大报告强调，党要“对苏维埃的全部工作”切实“进行实际的监督”④。

（四）关于社会主义社会治理多元主体及其参与的思想

1. 国家主体及其参与

国家在社会治理中具有独特的地位和作用，并且其角色与功能是随着现实条件变化而变化。

在社会建设和治理实践中，列宁对国家的地位作用形成了独特认识：国家是“从社会中分化出来”、由“从事管理的人组成的”⑤ 机构。如果没有具有“统一标准的有计划的国家组织”⑥，社会治理就无从谈起。此外，列宁还

---

① 列宁全集（第39卷）［M］．北京：人民出版社，1986：28.
② 列宁全集（第34卷）［M］．北京：人民出版社，1985：102.
③ 列宁专题文集（论资本主义）［M］．北京：人民出版社，2009：243.
④ 苏共决议汇编（第1分册）［M］．北京：人民出版社，1964：571.
⑤ 列宁选集（第4卷）［M］．北京：人民出版社，1972：47.
⑥ 列宁专题文集（论社会主义）［M］．北京：人民出版社，2009：123.

意识到，根据俄国国情和国内外形势的变化，国家主体应适当调整治理职能。为此，他曾根据国家不同发展阶段先后制定了两种治理政策：战时共产主义政策和新经济政策。前者是因战时需要而采取的较为激进的直接治理方式，如实行余粮征集制、国家垄断粮食、禁止自由贸易等，国家的治理功能到了极致。这些治理政策满足了新政权生存需要，但也一定程度上违背了治理规律。新经济政策是在国内外形势相对稳定时期，采取的国家间接治理社会的模式。这种治理模式承认农民、手工业者、私营工商企业主的主体地位、民主权利和自由选择，符合当时小农经济为主的现状。这种治理政策改变了国家的单一主体角色，摒弃了一些本不属于国家自身的治理职能，从而使国家的监督和调节作用得到最大限度发挥。需强调的是，以上两种治理政策有着重大区别，是不同时期的历史产物。由于目标相同，都是治理社会、稳定政局和发展经济，而且都突出了国家主体的治理价值，所以，两者都是俄国化马克思主义社会治理理论的重要内容。注意的是，在当时，这些内容与列宁经济治理、政治治理等理论的内容是相互交织、不可分割的。

随着国家政治民主化发展，社会治理权力终将回归社会；国家主体走向消亡，最终实现“社会”治理社会。“只有苏维埃的或无产阶级的民主”能真正“消灭国家权力”，达到“国家的完全消亡”。在这里，列宁指出了民主化发展，就是“使大多数居民都能够毫无例外地执行‘国家职能’”①。只有到了那时，“对任何管理的需要就开始消失”，“国家也就随之完全消亡”②。可见，无产阶级民主是促使国家主体消亡的真正途径。

2. 充分发挥工会、合作社等社会性组织的治理参与作用

一是工会主体及其参与。列宁一直关注工会、合作社和妇女组织等在社会治理中的重要作用。不仅如此，他还重视发展一些非政府组织和民间团体。因此，20 世纪 20 年代，一度出现了社会组织的参与热潮，如影响较大、活动范围较广的扫盲协会、家庭委员会、广播之友协会、人民劳动组织和战斗的无神论同盟等。在列宁看来，工会、共青团和自愿团体虽然并非国家组织，但对人民参与治理起着促进作用。“有才能的人在人民中间是无穷无尽的”③。人民群众是治理人才的真正源泉，是社会治理的人才集聚地。而且在工农群

① 列宁选集（第 3 卷）［M］．北京：人民出版社，1972：273.
② 列宁全集（第 31 卷）［M］．北京：人民出版社，1985：97-98.
③ 列宁专题文集（论社会主义）［M］．北京：人民出版社，2009：54.

众队伍中，“女工和农妇中有组织才能的人”① 大有人在。列宁强调，应当通过一定方式，让这些“有组织才能的人”“参加全国的管理工作”②，建立一些选拔治理人才的机构。这些机构包括工会、共青团等社会组织。如果“没有这种能够选拔人才的过滤器”，想完成“从人民群众中选拔出领导者和组织者”等“组织方面的任务”“是不可能的”③。1920 年 12 月，列宁在《论工会、目前局势及托洛茨基的错误》中强调指出，如果“没有工会”，我们“就不能执行国家职能”④。也就是说，无论是政治统治还是社会治理，除了政党、国家治理机构，像工会这类组织也在发挥着特有作用。

但是在“工会问题之争”中，列宁既不同意托洛茨基等人主张的国家经济机关和工会共同执行治理职能的“合并论”，也批评了施略普尼柯夫等人将工会和苏维埃政权对立起来的“对立论”，即“经济问题归工会，政权归苏维埃”的荒谬观点。在这场争论中，列宁客观分析了党组织、国家政权与工会之间的关系，阐述了工会在社会治理中的性质、地位和作用等。在性质上，工会是党领导的全体无产者的群众性组织，也是具有最为广泛群众基础的工人阶级组织。工会既是培育合格治理人才的教育组织，也是“全体劳动者学习管理社会主义”⑤ 的学校。在地位上，工会是联系党和群众的“传动装置”⑥，是国家治理体系的重要组成。工会可以凭借特有的组织优势，向人民群众传达并说服其接受党的治理政策。同时，工会还可以将人民群众的心声和诉求直接上传、反映给党。在作用上，工会能够广泛吸引群众参与社会治理，发挥“蓄水池”⑦ 的作用，发挥“共产主义学校”的教育培养作用。在提高工农群众参与社会治理的积极性、人才的集聚与储备等方面，工会应该积极发挥作用。在任务上，“工会最主要的任务”是“维护无产阶级的阶级利益”⑧和“实地训练工人和全体劳动者管理全国”⑨。在苏维埃社会主义国家里，个别党政机关和人民群众的矛盾，在一定时期内还会存在，如 1921 年 2 月彼得

① 列宁全集（第 37 卷）[M]．北京：人民出版社，1986：21.
② 列宁专题文集（论社会主义）[M]．北京：人民出版社，2009：62.
③ 列宁选集（第 3 卷）[M]．北京：人民出版社，1995：414.
④ 列宁全集（第 40 卷）[M]．北京：人民出版社，1986：200.
⑤ 列宁专题文集（论社会主义）[M]．北京：人民出版社，2009：302.
⑥ 列宁选集（第 4 卷）[M]．北京：人民出版社，1995：370.
⑦ 列宁选集（第 4 卷）[M]．北京：人民出版社，1972：369.
⑧ 列宁专题文集（论社会主义）[M]．北京：人民出版社，2009：298.
⑨ 列宁全集（第 42 卷）[M]．北京：人民出版社，1987：371.

堡等地发生了工人罢工事件。针对类似的群体性事件，列宁认为，除了地方管理机关以外，工会也负有一定责任。在调解人民内部的社会冲突时，工会具有双重身份：既是人民群众的“代表者”，也是双方之间的“调解者”。在管理方式和手段上，工会应当以“调解”为主，兼或通过多种方式，如“设立罢工基金”① 等，维护工农群众的利益。

二是合作社主体及其参与。合作社是实现社会自治的一种经营方式，是向新社会过渡的一种组织形式。“合作社是一笔极大的文化遗产，必须加以珍视和利用。”② 列宁意识到合作社对社会治理的“非常重大的意义”。他在《论合作社》一文中指出，在工人阶级取得政权、生产资料国有化之后，“我们所需要的一切”或“要解决的任务”，就是“使俄国居民充分广泛而深入地合作化”，最终“实现居民合作化”③ 的目标。因为，合作社在社会治理中具有凝聚力量，“便于把千百万居民以至全体居民联合起来，组织起来”④。不仅在经济建设方面，而且在社会建设和治理方面，合作社既是“组织居民的新原则”⑤，也是协调工农关系、引导群众参与的治理载体。由于当时俄国农村人口的占比高达82%，而且文化素质普遍较低，农民和农业问题十分突出，且成为普遍性的社会问题，所以处理好农民问题是苏维埃社会治理的重要前提。在农村，合作社是农民能够自由联合的集体自主组织，是适合农民的“简便易行和容易接受的方法”。而在小商品经济为主的城市，合作社不仅是“工人合作社”，更是“小商品生产者合作社”。因此，合作制的治理形式易于为工人、农民和小商品生产者所接受，是适合当时俄国城乡社会治理的组织形式。

3. 劳动群众主体及其参与

一是劳动群众参与社会治理是社会主义民主制度的本质要求。社会主义是优于资本主义的民主制度。苏维埃新型民主和新型专政相结合的社会主义制度。新型民主是保证劳动群众治理主体地位的根本前提。实现劳动群众当家作主，是新型民主的本质要求。革命战争年代，无产阶级政党能够“把千

---

① 列宁专题文集（论社会主义）[M]. 北京：人民出版社，2009：298.

② 列宁全集（第35卷）[M]. 北京：人民出版社，1985：198.

③ 列宁专题文集（论社会主义）[M]. 北京：人民出版社，2009：349.

④ 列宁全集（第41卷）[M]. 北京：人民出版社，1986：214.

⑤ 列宁专题文集（论社会主义）[M]. 北京：人民出版社，2009：352.

百万劳动群众组织起来”，“是革命取得胜利的最深的泉源”①。和平建设时期，广大“劳动群众是苏维埃共和国的根本和基础”，“是全部国家生活的基础”②。对“共产党来说，最严重最可怕的危险之一，就是脱离群众”③。列宁多次强调要让劳动群众参与社会治理。苏维埃俄国要做的就是“吸收工人和贫苦农民参加国家管理”④，要“不加任何限制、最广泛、最有力地吸引全体群众参加”⑤，实现全体劳动群众的治理。与资本主义民主性质根本不同，苏维埃俄国是“世界上第一个（严格说来是第二个，因为巴黎公社已开始这样做过）吸引群众……参加管理”⑥ 的社会主义国家，而且是以制度形式保证群众“有效地”“全面管理国家”⑦。当然，列宁十分清醒，“普遍吸收所有的劳动者来管理国家”，是党的最“艰巨的任务”⑧。

二是参与社会治理是劳动群众的政治权利和基本义务。列宁关于四个“群众应当有权”的民主治理思想，体现了劳动群众应该拥有的治理权利。他认为，在苏维埃国家里，享有治理国家和社会事务的权利是劳动群众的基本权利。全体工农群众都应当有机会、有权利参加国家和社会治理，“群众应当有权为自己选举负责的领导者”“撤换他们”“了解和检查他们活动的每一个细节”和“推举任何工人群众承担执行的职能”⑨。由于苏维埃国家的工农群众不再是被剥削阶级，而是国家和社会的主人，不再是资本的奴隶，而是生产资料的所有者，所以他们可以平等地参与国家与社会事务的管理、执行和监督。劳动群众的自觉、积极、有序参与，是推进社会治理的动力所在，是国家政权的力量体现，也是公民应尽的基本义务。列宁强调：“如果他们不参加管理，就要被认为是犯了罪。”⑩相反，也“只有千百万人学会”参与时，“他们才能实施社会主义”⑪ 及其治理。劳动群众将参与治理视为义不容辞的

① 列宁选集（第3卷）[M]．北京：人民出版社，1995：709.
② 列宁全集（第37卷）[M]．北京：人民出版社，1986：166.
③ 列宁专题文集（论社会主义）[M]．北京：人民出版社，2009：304.
④ 列宁全集（第36卷）[M]．北京：人民出版社，1985：156.
⑤ 列宁全集（第39卷）[M]．北京：人民出版社．1986：378.
⑥ 列宁全集（第35卷）[M]．北京：人民出版社，1985：248.
⑦ 列宁全集（第29卷）[M]．北京：人民出版社，1985：287.
⑧ 列宁选集（第3卷）[M]．北京：人民出版社，1995：464.
⑨ 列宁全集（第34卷）[M]．北京：人民出版社，1985：143-144.
⑩ 列宁专题文集（论社会主义）[M]．北京：人民出版社，2009：390.
⑪ 列宁选集（第3卷）北京：人民出版社．1995：464.

义务，可以激发其参与热情和治理智慧，夯实社会治理群众基础。列宁指出，对于一些国家重要会议和社会议题，可以交由人民群众公开讨论的，就应让党外群众旁听、参与和讨论，听取他们的建议。政府也要“采取一系列逐步的、经过慎重选择而又坚决实行的措施，以吸引全体劳动居民独立参加国家的管理工作”①。

三是劳动群众参与社会治理，要讲究方法，循序渐进、有计划地进行。劳动群众参与社会治理，需要一定的基础和条件，需要科学的方法和形式。但是这些在经济文化落后的俄国还无法做到，只能是依据俄国实际，有组织、按计划进行社会治理，即先采取代表制的间接参与，然后过渡到全体成员的直接参与。这是一个循序渐进的长期过程。一方面，统一的经济计划是社会治理的经济前提。社会大生产条件下，社会各部门实行高度的社会分工，生产和拥有不同的社会产品，形成了彼此联系、互相制约的有机整体。从客观上要求部门之间保持着比例协调和动态平衡。为此，列宁提出要建立一套“精密的新的组织系统”对社会“必需的产品进行有计划”② 的管理。这里的“新的组织系统”实际就是计划管理体制。列宁强调“计划”在社会治理中的重要性，指出这种“计划”是有利于全体社会成员的“计划”。因此，社会治理必须坚持生产资料公有制，“根据技术条件和科学理论制定”③，根据社会实际需求，还要考虑“内部的差别”④ 和地区差别，通过科学制定治理计划，形成社会资源布局合理、社会部门互相制约与平衡的社会样态。另一方面，科学的参与形式和（经济）方法是社会治理的有效保证。列宁重点思考了社会资源的配置方法和形式。社会治理“形式愈多愈好”。对这些形式“系统化”研究和总结，并将其“定为法规”⑤。他还尝试利用经济的办法提高社会治理效果。作为国家经济建设领域的常用方法，计算和监督也可以为社会治理所借鉴和使用。早在无产阶级取得政权之前，列宁在关于国家问题的理论探索中，曾大胆借助经济方法对未来社会治理方式进行了设想：由于“计算和监督已被资本主义简化到了极点”，简化到全民可以胜任治理的程度，因此，全民治理参与也就成为可能。未来的新型社会治理是在生产资料国有

---

① 列宁选集（第3卷）［M］．北京：人民出版社，1995：724.
② 列宁专题文集（论社会主义）［M］．北京：人民出版社，2009：81.
③ 列宁全集（第38卷）［M］．北京：人民出版社，1986：116.
④ 列宁全集（第1卷）［M］．北京：人民出版社，1984：187.
⑤ 列宁专题文集（论社会主义）［M］．北京：人民出版社，2009：111.

化基础上，人民群众可以依托“公社本身”和“城乡基层组织”①，采用计算和监督的经济方法，对社会财富和社会产品统一生产、共同治理和公平分配。

(五) 关于实现社会治理专业化、民主化、效能化和法治化的思想

1. 文化学习和专业培训相结合，实现科学自主的专业化治理

列宁认为，社会治理需要懂得管理和治理的人才。“要管理就要有善于管理的人才”②。“发现人才，检查工作——这才是一切。”③ 人才是社会主义建设和治理的宝贵财富，关系到社会主义事业成败。

一是懂得治理才会真正取得社会治理领导权。列宁认为，无产阶级要取得社会治理的实际领导权，仅有宪法和法律及政权保障是远远不够的，还必须懂得治理、成为行家。苏维埃政权初建时期，党内很多同志不懂治理、难以驾驭复杂的社会事务，甚至出现在实际治理工作中被愚弄的现象，共产党员和官僚主义之间形成了事实上的“被领导”与“领导”的关系。对此，列宁指出，“必须广泛吸收新的有组织才干的人来管理国家”和社会，这些管理人才只有坚持“苏维埃政权的原则”并且“经过实践考验”，才会真正“取得与之相适应的领导位置”。社会治理领导权如果仅停留在法律政治层面，只能是形式上的；而要取得实际领导权，就必须做到内行治理，由具备专业治理知识和水平的人承担。由此，俄共（布）十一大还专门将治理人才问题作为报告的关键内容。社会治理需要业务熟练、通晓管治理艺术、经验丰富的人才。否则，就谈不上科学先进的治理水平和对社会治理的领导。

二是懂得治理才能达到预期效果。治理是一门科学，也是一门工作艺术。1922 年 2 月，莫斯科市发生了一起法国罐头的采购事件。因为不懂管理，一次平常的商业交易竟然遭到政治局委员干预，甚至需要政治局批示。后来，列宁谈及此事时说，“谁都不会办事”和“处理国家事务”。列宁认为，是否导致“混乱”与“瞎忙”，原因“在于会管理”④ 与否。可见，社会治理工作效果如何，不是仅靠命令和决议，而看是否懂得治理科学和艺术。

三是社会主义建设需要懂得治理的人。“要管理就要懂行”⑤。治理是具有自身规律特点的科学。治理现代社会，除了掌握治理规律和治理知识，社

---

① 列宁专题文集（论社会主义）[M]. 北京：人民出版社，2009：61.

② 列宁全集（第 38 卷）[M]. 北京：人民出版社，1986：282.

③ 列宁全集（第 42 卷）[M]. 北京：人民出版社，1987：393.

④ 列宁全集（第 43 卷）[M]. 北京：人民出版社，1987：102、105.

⑤ 列宁专题文集（论社会主义）[M]. 北京：人民出版社，2009：390.

会治理者还应是受过科学教育和专业培训的内行专家。在列宁看来，科学治理要求用辩证的、系统的和整体的观点看待社会，而社会主义是以科学思想和手段进行治理的社会形态。因此，社会主义社会治理更加需要内行人才。“任何管理工作都需要有特殊的本领”。“受过一定的科学教育”、掌握现代治理“技术”、了解治理的“全部情况”等，应成为现代治理人才必须“具备的条件”①。可见，“懂行”“熟悉业务”和“善于管理”的专业化队伍建设是社会主义建设和治理的需要。

四是治理人才需要改造、学习和培养相结合。在人类社会发展中，任何阶级都不可能天生具有治理国家和社会的知识、能力和经验，无产阶级也不例外。无产阶级在掌握政权初期，非常缺乏治理的经验、知识和能力。为了尽快适应新社会的政权建设和治理需求，无产阶级必须做两手准备：其一是要改造和使用好旧社会的专业治理人员。通过重新教育，使旧的治理人员从事社会治理。实现“最大限度地管理效率”，是资本家追求利润最大化的必要条件，也是社会主义社会治理目标和优势的体现。资本主义的优秀治理专家，是高效率治理的体现者和代表者。列宁指出，苏维埃“应当重新教育”和使用资产“阶级出身的人来从事管理”。其二是加快培养无产阶级的新型治理人员。通过学习和实践，选拔优秀人才从事社会治理。提高社会治理水平关键在于选拔优秀治理人才。列宁一直主张要按照“宁可数量少些，但要质量高些”的要求，把一些政治素质强、业务水平高的治理人员吸收到国家治理机构。在“通过试验大量地吸收专家”的同时，“我们的任务”是培养和选拔能胜任“新的管理工作”的“新的专家”。工农群众要完全胜任社会治理工作，还是需要坚持长期的学习教育和治理实践，提高文化素质和治理本领。工人阶级并非因具有先进性，就天生具备“管理的本领”②。学习和实践是工农群众由外行变为内行的唯一途径。所以工农群众首要的治理任务，就是“学习”③。社会实践是科学理论和正确思想的来源；缺少社会实践检验，思想认识和理论必定无法长青。提高社会治理水平，关键是投身于生动的治理实践，不断进行专业实践，并能运用规律指导实践。

---

① 列宁专题文集（论社会主义）［M］. 北京：人民出版社，2009：390.

② 列宁全集（第38卷）［M］. 北京：人民出版社，1986：282.

③ 列宁专题文集（论社会主义）［M］. 北京：人民出版社，2009：368.

2. 直接参与和间接参与相结合，实现集中领导的民主化治理

苏维埃纲领明确规定，劳动群众有权利参与治理国家和社会事务。在实际治理中，由于各种因素的影响制约，广大劳动群众还无法直接参与，只能采取民主集中制形式，选出先进代表进行间接治理。

劳动群众的参与治理是不断探索与成熟的过程。从十月革命胜利到1918年3月俄共（布）七大召开之前，受马克思恩格斯的影响，列宁认为每个劳动者都可以直接参与治理国家，“如果说资本主义时代国家的建设者是几千人或几万人”的话，那么社会主义国家则是“几千万人积极地、直接地、实际地参加国家管理”①。在社会主义国家里，全体劳动者直接参加国家和社会治理不仅是必要的，也是可能的。因为苏维埃共和国的社会主义性质决定了全体劳动群众可以直接参与治理。另外，资本主义的高度发展也创造了条件，“人人都识字”，“受了训练并养成了遵守纪律的习惯”，“计算和监督”等技能“简化到了极点”，治理程序或“手续”变得“非常简单”，以致“任何一个识字的人都能胜任”②。基于这些判断，列宁乐观地认为劳动群众是能够直接参与的，是能够通过巴黎公社式的直接民主形式实现的。

随着对俄国国情认识和治理实践的深入，特别是在俄共（布）七大召开后，列宁发现苏维埃社会治理并非当初想象得那么简单，简单到几乎每个劳动者都能直接参与。现阶段俄国并不具备发达资本主义国家经济文化水平，而且短期内也无法达到。因此，1919年1月，在全俄工会第二次代表大会上，他承认劳动群众在短期内还不能直接治理。因为他们不具备直接参与能力。因为“工人同样保留着许多资本主义社会的传统心理”。如果让这些“还没有变成新人”的工农群众马上从事治理，则是“十足的空想”③。所以列宁很快摒弃了这一设想，转而提出，现阶段苏维埃社会治理还不能“通过劳动者”而必须“通过无产阶级先进阶层来为劳动者实行管理”④，通过无产阶级政党代表人民和人民监督相结合的间接民主形式，实行党领导的人民代表制进行间接治理。这种形式将会在很长时期内存在。不过，列宁认为，这只是一种过渡，是处于“资本主义和共产主义之间”的“过渡时期”⑤ 的治理。这种

① 列宁全集（第35卷）［M］. 北京：人民出版社，1985：439-440.

② 列宁专题文集（论社会主义）［M］. 北京：人民出版社，2009：40-41.

③ 列宁全集（第35卷）［M］. 北京：人民出版社，1985：438.

④ 列宁选集（第3卷）［M］. 北京：人民出版社，1995：770.

⑤ 列宁专题文集（论社会主义）［M］. 北京：人民出版社，2009：154.

过渡是社会治理的初级形式向高级形式的过渡。将来，随着治理意识、水平和文化程度的提升，劳动群众“直接治理”的目标终会实现。

当然，不能回避一个问题：民主化治理和集中化治理是无法分割的。民主集中制原是列宁提出的政党建设的组织原则，后来运用到国家建设和社会治理领域。这是对马克思主义社会治理思想的丰富和发展。列宁以为，就治理体制而言，苏维埃初期实行的是民主集中制，民主集中制包括集中和民主两个方面。社会治理的集中，是指治理社会事务要有统一的思想、统一的法纪和统一的目标等。社会治理的民主是集中领导和决策下的民主。在社会主义条件下，群众有权“选举”“了解”“检查”和“撤换”领导者和管理者，但不能说这是“不要明确规定领导者的责任”①。对于经民主选举的领导者，劳动群众“必须自愿地执行这个领导者的个人命令”②，必须在“统一意志”下“共同工作”。集中是民主的条件，但集中要以民主为前提。“真正民主意义上的集中制的前提”是“全国各个村社在国家生活、社会生活和经济生活方面有采取各种形式的完全自由”，能够尊重“地方的特点”“地方的首创性、主动精神”以及多样化的“途径、方式和方法”③。列宁肯定了巴黎公社在这方面的成功做法。他认为，巴黎公社是将劳动者“首创精神、主动性”和“集中制互相结合起来的伟大榜样”④。接着，列宁对苏维埃社会治理没有运用好民主集中制进行剖析。虽然“苏维埃走的也是这条道路”，但没有与社会主义更好地融合，“还有些‘胆怯’”“没有放开手脚”“没有‘渗透’到建立社会主义秩序”⑤。所以在今后的国家建设与社会治理中，要做到基于民主的“统一意志的精神”与统一领导下“民主精神”⑥ 的统一。

3. 国家利益和个人利益相结合，实现利益导向、高效协作的效能化治理

社会治理是调整人与人之间社会关系的范畴。重视对社会利益的需求及回应，是马克思主义社会治理一贯坚持的态度。在人类社会中，社会关系和生产关系总是以利益形式表现出来。任何利益关系调整都可能引起社会矛盾和冲突。列宁运用马克思主义利益分析方法，分析了当时俄国社会利益格局、

① 列宁全集（第 34 卷）［M］. 北京：人民出版社，1985：144.

② 列宁论苏维埃俄国社会主义经济建设［M］. 北京：人民出版社，1979：203.

③ 列宁全集（第 34 卷）［M］. 北京：人民出版社，1985：140.

④ 列宁全集（第 33 卷）［M］. 北京：人民出版社，1957：209.

⑤ 列宁专题文集（论社会主义）［M］. 北京：人民出版社，2009：60.

⑥ 列宁论苏维埃俄国社会主义经济建设［M］. 北京：人民出版社，1979：194.

治理主体利益关系、利益需求及实现，实现了社会治理利益转向。列宁创造性地将“从个人利益上关心”的经济原则和经济方法运用到社会治理领域，并使其中很多方面以经济化形式运作。这是列宁对马克思主义社会治理思想的历史贡献。

一方面，劳动群众利益最大化是提高社会治理效能的根本目标。社会治理效能是指治理的产出与投入之比。力求以最小投入，获取最大产出效益，是社会治理的追求目标，也是列宁提倡的治理原则。在苏维埃社会主义国家，社会治理效能最大化首先是追求劳动群众的最大利益，表现为人民群众利益最大化。“只有我们正确地表达人民的想法，我们才能管理。”① 战时共产主义政策损害了农民个人的合理利益，甚至剥夺了农民生存所需的基本口粮，严重挫伤了农民积极性和认同感。后来在回顾、总结经验教训时，列宁意识到，战时共产主义政策之所以难以为继，除了与当时经济发展规律有悖以外，一个重要原因是忽视了劳动群众的利益需求。鉴于此，列宁强调，苏维埃社会治理要同时着眼于“国家方面”和“小农户方面”② 的利益。因为在小农经济为主的苏俄，农民问题和农业危机是突出的社会问题。“处理好与农民的关系”，解决农民利益问题，是缓解社会关系、解决社会矛盾的突破点。他在《粮食税》一文中指出，要尊重农民利益的合理需求，在制定政策时，应该“以同农民个人利益的结合为基础”③。对于劳动报酬的社会分配，要做到粮食等生活资料分配上的事实平等；消费资料的分配不能单纯地实行平均主义，既要体现“优先照顾”的“重点制”④，又要依“靠同个人利益的结合”⑤。或者说，把个人消费资料分配“平均”同“重点”相结合，引入激励手段，实行奖励制度。为了提高社会治理效能和劳动群众积极性，做到国家利益和个人利益相结合，实行物质和精神的双重激励原则，采取“授予劳动红旗勋章并发给奖金”⑥ 等多种管理方式。

另一方面，管理机构协作有效化是社会治理高效的重要保证。治理效能影响党在劳动群众中的形象。列宁认为，社会治理机构协同是提高治理效能

---

① 列宁专题文集（论社会主义）［M］．北京：人民出版社，2009：340.
② 同上，197.
③ 同上，258.
④ 列宁全集（第40卷）［M］．北京：人民出版社，1986：303.
⑤ 列宁专题文集（论社会主义）［M］．北京：人民出版社，2009：247.
⑥ 列宁全集（第42卷）［M］．北京：人民出版社，1987：361.

的重要条件。无产阶级管理机关是为人民谋利益的“廉价政府”，可是实际中的管理机构和资源配置却不够合理，职能界限模糊，遇事扯皮推诿，治理效率低下。因此，列宁强调要克服困难，加大力度“改善、精简、革新”国家管理机关和“非军事的管理机关”。他指出，提高管理机构协同效率，提高国家机构治理效能，首先要精简管理机构及人员、压缩开支，厉行节约，本着“宁可少些，但要好些”的原则，采取“缓慢、艰难和非常的办法”和“多次检查”① 等措施，从整体上提高苏维埃社会治理效能。责任制是提高治理效能的重要方法。列宁多次强调要坚持管理责任制。“提高苏维埃工作人员和苏维埃机关的责任心和独立负责精神”②，把“一定的人对所管的一定的工作完全负责”作为“管理的基本原则”③，把民主程序和责任制结合起来。“被选举出来的领导人员”要对整个机构“工作负责”，并“实行一长制”④ 的管理。社会治理问题要通过集体讨论，同时也要明确个人责任。“任何时候，在任何情况下”，“集体管理”都要和“个人责任”相结合。“借口集体管理而无个人负责，是最危险的祸害”⑤。

4. 民主立法和统一立法相结合，实现规范有序的法治化治理

列宁是基于无产阶级专政理论来论述民主和法制建设的。他认为，社会主义国家“是新型民主的（对无产者和一般穷人是民主的）和新型专政的（对资产阶级是专政的）国家”⑥。在共产主义过渡时期，无产阶级专政、民主和法制是高度统一的。其中，法制是对人民民主和对敌人专政的重要保障。十月革命以后，列宁更加重视法制建设，“随着政权的基本任务由武力镇压转向管理工作”，其基本手段就“由就地枪决转向法庭审判”，“法院正是吸引全体贫民参加国家管理的机关”⑦。列宁指出社会主义法制具有革命性、专政性，强调有必要用革命法制来规范专政机关的治理行为。此外，俄共（布）面对的社会问题，如社会资料占有和分配不公、一定范围内的阶级斗争、资产阶级法权的遗留痕迹、群众落后的民主法治意识等，均需要依靠法律制度来解决。随着国家和平建设的展开，民主法制建设愈发显得重要和迫切。“政

① 列宁专题文集（论社会主义）［M］．北京：人民出版社，2009：370.

② 同上，396.

③ 列宁全集（第50卷）［M］．北京：人民出版社，1988：37.

④ 列宁全集（第38卷）［M］．北京：人民出版社，1986：247.

⑤ 列宁专题文集（论无产阶级政党）［M］．北京：人民出版社，2009：347.

⑥ 列宁全集（第31卷）［M］．北京：人民出版社，1985：33.

⑦ 列宁专题文集（论社会主义）［M］．北京：人民出版社，2009：104-105.

权愈趋向稳固，民事流转愈发展”，完善和“加强革命法制”① 就愈发重要。因此，国家和社会治理应纳入民主化法治化轨道，实现民主治理和依法治理。

一方面，坚持民主立法，以民主促进社会治理法治化。无产阶级国家之所以能够实现社会治理民主化，劳动群众都能参与治理，根本原因在于社会主义制度的民主性质，在于民主能体现在广大劳动群众身上。社会治理职能的执行过程，就是运用公权力体现法律意志、维护社会民主的过程。在这个过程中，如果没有民主科学的权力运行机制，法律意志就很有可能发生“异化”，背离民主轨道。在社会主义国家里，“民主的组织原则，其最高级形式就是……群众……能参加国家法律的讨论”和“执行”②。无产阶级“新政权颁布了符合广大人民群众要求和希望的法律”，对于社会治理民主法治化建设具有“里程碑”的意义。新政权通过制定和实施法律，惩处侵害人民利益的不法行为，保障和维护人民权利。首先，无产阶级取得治理权是实行民主治理的前提。“一切伟大的革命”总是“力求获得政治权利”和“国家管理权”③。无产阶级民主制，是人类历史上首次真正实现了全体人民“管理国家”，是社会治理民主法治化中的“伟大的革命”。其次，取得治理权是为了实行真正的民主治理。列宁认为，在国家和社会事务治理中，人民群众享有的知情权、选举权、罢免权和决策权应该在法律制度中明文规定。如果忽视或藐视这些权利，“就是不让表达人民的革命意志，也就是篡夺了人民的权利。”④ 最后，人民监督权是社会治理民主的重要保障。人民享有检查权和监督权，是防止权力异化、实现治理民主的重要措施。列宁认为，国家有必要建立人民群众参与的自下而上的监督系统，“使所有的人都来执行监督和监察的职能”⑤，从而全面控制治理权力运行过程，避免社会治理官僚化。在这方面，列宁有过很多探索。例如，在《苏维埃政权的当前任务》《给代表大会的信》《怎样改组工农检察院》《宁肯少些、但要好些》等文章中，他集中探讨了监督主体、监督重点和监督范围、监督形式和渠道等内容：要形成由工会、党外会议、信访、媒体等多种形式和渠道构成的监督网络；人民监督权至上、群众掌握最高监督权，是群众监督主体地位的体现；人民监督权的范

① 列宁全集（第42卷）［M］．北京：人民出版社，1987：353.
② 列宁全集（第34卷）［M］．北京：人民出版社，1985：143.
③ 列宁全集（第33卷）［M］．北京：人民出版社，1985：286.
④ 同上，107.
⑤ 列宁选集（第3卷）［M］．北京：人民出版社，1995：210.

围要“涉及所有一切国家机构”①；监督重点要实现党和国家的基层机关到最高机关的转变，等等。

另一方面，坚持统一立法，以法制保障社会治理民主化。统一的法制体系是社会治理民主的重要保障。在《论“双重”领导和法制》一文中，列宁强调，应该制定“全俄统一的法制，甚至是全苏维埃共和国联邦统一的法制”②。他认为，在无产阶级开始建设国家、治理社会后，要开展统一的建章立制工作，做到有法可依。在取得圣彼得堡战斗胜利的当天，列宁一连制定了《和平法令》等四个规章和法令。苏维埃国家成立后，列宁亲自领导制定和通过了1918年《苏俄宪法》和1924年《宪法》。此外，还颁布了《苏俄民法典》《苏俄劳动法典》和《苏俄婚姻、家庭和监护法典》等一系列法典，初步构建了较为完整的社会主义法律体系，为科学民主治理国家、进行社会主义建设和治理奠定了法制基础。

为了确保科学制定和实施这些法律制度，发挥其应有作用，列宁提出两条原则：一是要善于吸收和借鉴旧社会法制的合理成分。沙俄时期旧的法律制度虽然是为少数剥削阶级利益服务的，是为了镇压工人阶级和农奴、巩固其统治需要，但并非一无是处、没有科学成分。比如，旧法制中的“保护劳动人民利益”等条款，不仅要继续纳入社会主义法律中，还要强化和提升其法律地位，上升到国家意志和利益高度。更有甚者，列宁提出，只要是西欧国家法律或文献规定的维护劳动群众利益的内容，《苏俄民法典》要尽量采纳，以此体现和保障人民群众的国家主人地位。二是坚持法律制定和修改的与时俱进。法律制度是建立在经济基础之上并为其服务的上层建筑。不同历史时期，生产力水平不同，历史任务不同，相应的法律制度也不同。因此，法律制度内容并非一劳永逸、永远不变。随着社会经济发展，国家建设和社会治理难免会出现新问题和新矛盾，这时，“修改法令是必要的，因为……是新的困难不断促使我们进行修改。”③

值得注意的是，列宁强调，苏维埃拥有“立法权和对执行法律的监督权”，行使着“直接执行法律的职能”，但终会走向“由全体劳动居民人人来履行立法和管理国家的职能”④。社会主义法律，体现人民群众的整体意志，

① 列宁专题文集（论社会主义）［M］．北京：人民出版社，2009：374.

② 列宁全集（第43卷）［M］．北京：人民出版社，1987：195.

③ 列宁全集（第34卷）［M］．北京：人民出版社，1985：469.

④ 同上，448.

维护人民群众而非少数特权阶层的根本利益。特权主义是民主的大敌，是民主化道路中的羁绊。在国家和社会治理中，要反对治理特权，发扬民主形式；通过保障人民民主权利的形式用来制约和规范公共权力，积极拓展群众参与治理的民主渠道，通过民主立法维护群众参与治理权利。当然，列宁关于俄国化马克思主义社会治理理论的内容还包括许多具体民生领域，如：通过构建国家保险为主，社会组织和企业保险为辅的社会保障体系，解决基层群众的疾病、伤残、养老和生育等社会问题。

第三节 我国社会治理创新的基本特征

一、我国社会治理创新理论来源的多维特征

作为我国社会治理创新的理论来源，马克思主义社会治理思想是一种粗线条勾勒，内容宏观而超前，且有些提法已不适应当今社会治理。俄国化马克思主义社会治理理论是在特定历史条件下针对俄国实际的，但仍具有与时俱进的理论品格和世界意义的立场观点方法。分析其性质特征，有助于理解及把握其思想内核和价值意义。

（一）科学性与前瞻性的统一

1. 科学性

第一，运用唯物辩证的认识方法论。

一是坚持“实事求是”的管理认识论。“物质决定意识，意识反映物质”的观点是马克思主义唯物认识论的基石。列宁坚持将唯物认识方法论运用于苏维埃俄国社会治理理论与实践。《唯物主义和经验批判主义》等论著中蕴含着丰富深刻的创造性论断，如实践观点是首要的基本的观点、人具有主观能动性、坚持从物质到精神的认识路线等。马克思主义认为，认识是由现象到本质，由认识到实践“不断深化，以至无穷”① 的发展过程。“实事求是”，要求“根据当时形势的特点提出自己的策略和最近的任务”②，要求结合具体实际制定和调整治理政策。改革既是治理活动，又是治理创新的动力。列宁

① 列宁全集（第55卷）[M]．北京：人民出版社，1990：213.

② 列宁全集（第29卷）[M]．北京：人民出版社，1985：44.

认为，俄国是“用革命手段来实行某种过渡”、但“实力显然不足”[①] 的国家。所以俄国社会治理要从实际出发，“建立在事实的基础上”[②]，做好实地调查研究，“缓慢地、审慎地、逐渐地前进”[③]，制定符合实际的建设方针和治理措施。一是坚持“对立统一”的治理辩证法。马克思主义重视唯物辩证法在社会治理中的运用，“马克思主义中有决定意义的东西”是“革命辩证法”[④]。要“抓住辩证法的核心”，就必须理解“关于对立面的统一的学说”[⑤]，即辩证法的核心是对立统一。唯物辩证法是马克思主义社会治理思想及其俄国化的思维依据和方法论工具。对立统一是事物发展的动力。要辨清主要矛盾和次要矛盾、矛盾的主要方面和次要方面等基本要素。列宁认为，在整个历史事变的链条里，一定存在关键环节或主要矛盾。因此，把握社会治理的发展脉络时，首先找到“抓住整个链条”上的关键环节或主要矛盾，“准备过渡到下一个环节”[⑥] 或主要矛盾。社会主义社会治理矛盾分为对抗性和非对抗性两种。在对其区分、转化和解决中，要放大和强化统一性方面的作用，通过量变达到部分质变。“列宁创造性地把渐进性这个概念应用于社会的根本的、质的改造”，这种“‘非爆发’式的转变也是质变的一种形式”。[⑦] 列宁关于社会治理对立统一矛盾观，关于社会主义社会治理不同性质矛盾的划分等，是对马克思主义社会治理思想唯物辩证法的伟大创造。

第二，坚持与时俱进的科学创新。

一是理论性与实践性相统一的与时俱进。马克思恩格斯对未来社会治理没有给出具体描述，但予以特别强调，“原理的实际运用”，“要以当时的历史条件为转移”[⑧]。真理是相对的、有条件的，没有绝对的终极真理。任何思想和观点都以社会客观事实为依据，缺乏社会实践的思想和观点是没有价值的。“我所在的党没有提出任何一劳永逸的现成方案”[⑨]。恩格斯强调，我们能够

① 列宁专题文集（论社会主义）［M］. 北京：人民出版社，2009：295.
② 列宁全集（第29卷）［M］. 北京：人民出版社，1985：17.
③ 列宁全集（第42卷）［M］. 北京：人民出版社，1987：247.
④ 列宁全集（第43卷）［M］. 北京：人民出版社，1987：369.
⑤ 列宁全集（第55卷）［M］. 北京：人民出版社，1990：192.
⑥ 列宁专题文集（论社会主义）［M］. 北京：人民出版社，2009：292.
⑦ 参见马绍孟等. 列宁哲学的理论和实践［M］. 北京：人大出版社，1998.
⑧ 马克思恩格斯选集（第1卷）［M］. 北京：人民出版社，1995：248.
⑨ 马克思恩格斯全集（第36卷）［M］. 北京：人民出版社，1974：419.

"认识到什么程度"，取决于我们所处的时代"条件达到什么程度"①。理论应依据实践而建构。"实践比世界上所有理论争论都更为重要"②。只有扎根并随实践发展而发展的社会治理理论才能成为长青之树，发挥出理论应有的活力和生命力。人是具有能动性的思维主体。其实践特征，还表现在对主体自身的超越。马克思主义社会治理思想不是"固步自封、僵化不变的学说"③。它具有开创性，需要群众首创精神，需要学习和利用人类社会治理中的一切积极因素，从而不断实现超越和发展。正如列宁在《唯物主义和经验批判主义》中所言："对恩格斯的唯物主义的'形式'的修正……是马克思主义所必然要求的。"④ 不管是俄国革命质变，还是社会治理创新，"如果旧的规定不合用，那就应该改变，以适应变化了的形势的需要"⑤。在列宁看来，理论和实践相统一的与时俱进性，要求社会治理者勇于摆脱传统固有观念与模式的羁绊，敢于"在实践中对各种管理制度和整顿纪律的各种规定进行试验"⑥和持续创新。列宁关于管理组织形式要随实际情况而定的观点，折射出现代社会治理理论权变观色彩和内涵，体现了他对马克思主义社会治理思想认识的高度，以及对既有理论的超越勇气。

二是民族性与国际性相统一的与时俱进。在"每个国家通过具体的途径来完成统一的国际任务"时，还要了解本"民族的特点和特征"⑦。马克思主义认为，要坚持一般性和特殊性的统一，坚持共同规律和民族特点的统一。过于强调哪一方面，都会脱离实际。马克思主义社会治理思想的民族化要从具体实际出发。完全照抄照搬经典著作中的一般原理，易犯教条主义错误。苏维埃俄国不具备马克思恩格斯所指的资本主义高度成熟、生产力高度发展的历史条件。而且，俄国呈现出非完全东方或西方的地域文明，属于小生产经济主导、政治专制特征明显的半亚细亚国家。这是列宁对俄国社会发展阶段和民族特点的科学判断，也是他提出走具有俄国特色社会治理之路的基本依据。他视民族性为社会治理的立足之本，又不排斥社会治理的开放性特征。

---

① 马克思恩格斯选集（第4卷）［M］. 北京：人民出版社，1995：337-338.
② 列宁全集（第43卷）［M］. 北京：人民出版社，1987：280.
③ 列宁选集（第2卷）［M］. 北京：人民出版社，1972：309.
④ 列宁全集（第18卷）［M］. 北京：人民出版社，1988：263-264.
⑤ 列宁全集（第35卷）［M］. 北京：人民出版社，1985：224.
⑥ 列宁全集（第34卷）［M］. 北京：人民出版社，1985：355.
⑦ 列宁全集（第39卷）［M］. 北京：人民出版社，1986：71.

列宁十分注意吸收外来事物的有益成分。“苏维埃政权+普鲁士的铁路秩序+美国的技术和托拉斯组织+美国的国民教育等等等等++=总和=社会主义”①，足以说明俄国化马克思主义社会治理理论的国际性和民族性是统一的。总之，从说服群众武装斗争，到组织群众治理俄国；从巩固苏维埃政权的战时共产主义，到顺应民意、适应国情和发展经济的新经济政策；从直接治理和控制的治理形式，到间接和直接治理相结合的调控方式，无不闪耀着列宁与时俱进的思想光芒和务实作风。即使是“有卓见的社会主义者”，也无法“根据某种预定的指示一下子就制定出新社会的组织形式”。不仅如此，他们“有时甚至在一个短时期内要几次改组国民经济各种部门进行管理的形式、规章和机构”②。正是这种与时俱进的品质，马克思主义社会治理思想及其俄国化才具有世界性和民族性的意义，并能不断开拓、发展与创新。

第三，遵循社会发展规律的历史进路。

随着社会生产力发展，马克思主义社会治理思想的发展呈现了原初的“社会自治”，国家主导、社会制约，高度的社会自治等历史脉络。第一阶段，原初状态的“社会自治”。早在原始社会初期，就存在着最初级的“社会治理”。由于生产力水平低下，人们必须借助集体力量才能获取生存资料。人们之间利益矛盾和冲突较少，氏族内部公共事务协调与治理，主要依靠部族首领威望和习俗禁忌，而不需要专门治理机构，“社会”本身就可以承担。第二阶段，国家主导、社会制约的社会治理。在阶级社会，由于社会分层和利益分化，各种利益冲突和矛盾开始加剧，加之社会自身发育不成熟，没有足够能力“保护自己的共同利益”③。这就需要国家介入。国家本质是阶级统治的工具。目的是通过社会治理来维持政治统治。国家主导的社会治理不但受社会的制约，还存在阶级局限。马克思否认黑格尔“国家决定市民社会”的观点，指出了是社会决定国家、而非国家决定社会。社会治理内容和方式源于社会，受社会的影响和制约。或者说，经济结构和社会现实是社会治理的决定因素。第三阶段，未来高度的真正的社会自治。在未来社会，国家将会消亡，社会财富的增加，使社会力量增强并走向成熟。等到社会有能力自治、要求收回权力时，国家便失去了存在理由。但社会治理作为人类实践活动，

---

① 列宁全集（第34卷）[M]．北京：人民出版社，1985：520.

② 列宁选集（第3卷）[M]．北京：人民出版社，2012：544.

③ 马克思恩格斯文集（第4卷）[M]．北京：人民出版社，2009：308.

并不会因此而消失；相反，会更加强化社会的主体地位，迈向更高的治理形态——高度的社会自治。

2. 前瞻性

未来社会将“会发生怎样的变化呢”？有什么样“社会职能保留下来”①？只能留待后来解答了。虽然马克思主义经典作家们没有也不可能对未来社会治理做出完整的具体阐述，但在其许多著作文本和书信中，仍然大量散落着对未来社会治理的超前描述，具有明显的前瞻性特征。

一是共产主义社会治理必然取代资本主义社会治理。资本主义必然灭亡，共产主义必然胜利。资本主义制度有无法避免的缺陷和弊端。资本主义社会治理必然被更加进步、更为合理的共产主义社会治理取代。马克思主义经典作家们认为，真正意义上的社会治理应该是民主的、科学的。资本主义社会治理是属于极少数统治阶级的社会治理，是穿着“民主”外衣的社会治理，根本不可能实现科学化民主化。只有推翻资本主义制度，实现国家政权性质转变，建立无产阶级国家，才能根本实现真正意义的社会治理。以此为依据，马克思恩格斯对未来社会治理进行了规律性认识和预测，提出了一些宝贵的思想和观点。虽然这些思想和观点有待于将来的实践验证，但其指导价值是必须被肯定的。

二是共产主义社会治理将构建联合自主治理的社会自治模式。马克思主义认为，人的自主性是社会自主治理和高度自治的前提。资本主义社会是阶级剥削和压迫的虚假共同体；人的自主性只是少数资本家的自主性，对于劳动群众来说，则全然异化为一种“桎梏”。在资本主义社会，本该受工人支配的劳动却变成控制工人的异化力量。对于工人来说，劳动不再是挖掘潜能和实现价值的自愿劳动，而是备受摧残的被动劳动。由于资本和劳动的分离，劳动变为一种强制性手段，促使了人的社会本质的背离，从而愈发显得畸形和残酷。基于上述认识和分析，马克思恩格斯将未来社会治理描绘成联合自主治理和自由劳动的共同体。“真正的自由劳动”，是吸引人的劳动，是“具有社会的性质”②，是个人自我实现的方式。这里的联合自主治理，是建立在联合劳动和公有制基础上，体现劳动者在生产资料面前人人平等。在“真正的共同体”中，生产资料公有制改变了生产资料的性质，去除了其中的阶级

① 马克思恩格斯文集（第3卷）［M］. 北京：人民出版社，2009：444-445.

② 马克思恩格斯全集（第32卷）［M］. 北京：人民出版社，1998：296.

性质，回归到社会性质。公有制的生产资料是一种社会力量和社会集体的产物。其支配只有通过自由联合活动，通过自由人联合体才能实现。那时，由于消除了以往社会中人被支配和控制的现象，人人都可以自主治理社会事务、自主进行劳动分配和自主调控社会运行，马克思主义追求的社会理想——社会自治将最终实现。

三是共产主义社会治理将促进人的自由全面发展。共产主义社会治理的最终价值是实现人的自由全面发展。这是马克思主义的基本观点。马克思关怀的是人类的自由，他的眼界一开始就是总体自由的眼界。[①] 马克思认为，在共产主义社会，每个人都可以“在任何部门内发展”，都“有可能随自己的兴趣”扮演各种社会角色，而不会总是“猎人、渔夫、牧人或批判者”[②] 等社会角色。共产主义社会是以生产资料公有制为基础、“把个人的自由发展和运动的条件置于他们的控制之下”的“一种联合”[③]。这为所有成员共同参与治理提供了可能。这种自由联合体“生产力的大大提高”，社会治理人力资本全面提升，使所有社会成员“有足够的自由时间来参加社会的理论和实际的公共事务”。社会将由“把不同社会职能当作互相交替的活动方式的全面发展的个人，来代替只是承担一种社会局部职能的局部个人”[④]。每个人都有条件、有机会加强学习，提高治理能力，平等参与进来，实现自身的自由全面发展。

（二）革命性与批判性的统一

1. 革命性

一是彻底改造反动本质和批判汲取科学养分的同时进行。马克思主义经典作家们并非一味地批判与否定资本主义社会治理，而是同时强调对其的继承性。这种继承性是在彻底改造资本主义反动本性基础上的继承。马克思是这样解释的，无产阶级取得政权后，在“旧政权的纯属压迫性质的机关予以铲除”的同时，将保留其中的“合理职能”[⑤]。资本主义社会治理并非全然糟粕、一无是处。相反，无产阶级社会治理要善于吸收和借鉴其中的营养成分。

---

① 参见［美］杜娜叶夫斯卡娅．马克思主义与自由［M］．傅小平译，沈阳：辽宁教育出版社，1998.

② 马克思恩格斯文集（第1卷）［M］．北京：人民出版社，2009：537.

③ 马克思恩格斯选集（第1卷）［M］．北京：人民出版社，1995：121.

④ 马克思恩格斯选集（第2卷）［M］．北京：人民出版社，1995：213.

⑤ 马克思恩格斯选集（第3卷）［M］．北京：人民出版社，1995：2-3.

资产阶级“民主共和国甚至是无产阶级专政的特殊形式”[①]。在实行民主共和制的资本主义国家里，工人阶级是有可能通过和平方式而非暴力手段掌握国家政权的。可见，无产阶级是可以吸收利用资本主义社会管理的合理性职能。“共产主义是从资本主义生长出来的，只有用资本主义遗留下来的东西，才能建成共产主义”[②]。列宁是将马克思主义社会治理思想运用到社会主义实践的第一人，实现了马克思主义社会治理思想的俄国化发展，以及真正由理论到实践的历史转变，为社会主义社会治理批判、吸收和借鉴提供了理论验证和实践范例。

二是革命夺取政权和民主普选治理国家的同步进行。马克思恩格斯并非仅研究理论，还将理论置于实际并指导实践。巴黎公社就是马克思恩格斯社会治理思想的具体实践。无产阶级“通过公社的政治组织形式”[③]，有力推动了社会治理实践发展。这也从反面佐证：在1848年的法国选举中，假如“那些在法国人中占绝大多数的名义上的所有者即农民指定为法国命运的裁定人”[④]，而他们同时又被“资产阶级和渴望复辟的大土地所有者来统辖”[⑤]时，那么普选带来的就不是政治革命和社会民主进步，而是历史的停滞和倒退。列宁具有坚定的革命立场。受巴黎公社影响，列宁开始曾“主张全体社会成员直接参与管理”，但遭遇现实挑战和很大阻力。他及时调整政策和做法，借助普选制形式，转向人民群众的间接参与。但是社会主义普选制与资本主义普选制有着本质区别。建立在私有制基础上的资本主义普选制，是资产阶级和少数人的普选平等，“不过是形式”和“空头支票”[⑥]而已。人民群众要获得普选平等权，就“应当掌握全部权力”，“通过普遍、直接、平等和无记名投票的选举产生”[⑦]自己的代表。而且真正实现民主平等，除了无产阶级普选制以外，“没有别的道路可走”。可见，在社会治理实践中，马克思主义经典作家们能够不断反思、修正和完善，彰显了鲜明的革命实践性。

---

① 马克思恩格斯选集（第4卷）［M］．北京：人民出版社，1995：412.

② 列宁论苏维埃俄国社会主义经济建设［M］．北京：人民出版社，1979：136.

③ 马克思恩格斯选集（第3卷）［M］．北京：人民出版社，1995：99.

④ 马克思恩格斯选集（第1卷）［M］．北京：人民出版社，1995：383.

⑤ 同上，395.

⑥ 列宁全集（第37卷）［M］．北京：人民出版社，1986：73.

⑦ 列宁全集（第11卷）［M］．北京：人民出版社，1987：177.

2. 批判性

对资本主义社会治理的批判，是马克思主义社会治理思想的形成条件。

一是批判了资本主义社会治理价值取向的狭隘性。马克思恩格斯列宁认为，资本主义社会治理代表着资产阶级利益，对于群众而言，是有剥削性和压迫性的。资产阶级总是想方设法通过治理等手段，表现出“天然尊长”的虚伪面目，“把群众现在所处的屈从地位作为不容变更的常规”①，并“利用”这样所谓的“社会事实”继续“维持”群众被剥削、被治理的现有秩序，从而显示出人人平等的治理样态。资产阶级及其政党重视社会治理。他们深知，如果对社会公共事务治理不力，会影响社会秩序和自身安全，甚至动摇统治基础。因此，在面对社会风险和公共危害时，资产阶级首先会从自身利益出发。恩格斯例证了城市公共卫生的管理和治理。在英国，资产阶级意识到，为了防止“霍乱、伤寒、天花以及其他流行病”危害自身健康和生命，就要加强治理、“改善自己城市的卫生状况”②。可见，资产阶级社会治理价值取向的唯资本家利益化，具有一定狭隘性。

二是批判了资本主义社会治理的逆规律性。资本主义社会治理是为资产阶级利益服务的。这是由其私有制性质决定的。基于机器大工业的资本主义生产方式要求生产和治理过程社会化，而社会（市场）组织内部治理的有序性和整个社会治理的无序性的矛盾是无法克服的。资本主义社会治理只能在其“生而具有的矛盾的这两种表现形式中运动着”，“恶性循环”③ 着，无法摆脱被资本支配的地位。实现剩余价值最大化是资本家的经济目标，也是资本主义社会治理方式的永恒任务。资本家为了追求最大利润，通过合理的治理方式使工厂内部生产井然有序，表现出生产和治理的有序性。但这种方式容易夹杂个人倾向，出现“生产过剩”的盲目生产，导致整个社会生产的无政府状态和整个社会治理的无序化。这种生产并非真的过剩，而是由于工人阶级支付能力有限，造成生产和消费脱节、社会财富浪费和社会生产受阻甚至破坏。社会的“冲突成了不可避免”。在社会冲突面前，资本主义社会治理显得无能为力，出现社会混乱等潜在风险。资产阶级只能在资本关系可能限度内调整治理措施，由国家出面，将生产资料社会化和国有化。可见，马克

① 马克思恩格斯文集（第3卷）［M］. 北京：人民出版社，2009：219.
② 马克思恩格斯选集（第4卷）［M］. 北京：人民出版社，1995：421.
③ 马克思恩格斯文集（第3卷）［M］. 北京：人民出版社，2009：554.

思主义经典作家们从资本主义经济缺陷入手，指出了其社会治理方式的逆规律性，且终将被共产主义社会治理方式取代。

三是批判了资本主义社会治理实质的剥削压迫性。经济剥削性是资本主义社会治理的本质特征。资本主义社会治理，是为了剥削工人阶级、获取更多剩余价值，是一种强制性治理、剥削性治理。恩格斯指出，资产阶级国家“是资本剥削雇佣劳动的工具”，相应地，“资本家的管理……是剥削一种社会劳动过程的职能”①。为了价值增值最大化，资本家往往通过高效治理对工人及其劳动甚至其社会关系严格管控。起初，资本家“通过延长工作日”获取绝对剩余价值，但这种管理形式剥夺了工人“道德上和身体上的正常发展和活动的条件”，使“劳动力”出现“萎缩”“未老先衰和死亡”，导致了人力资本效率降低或消失。为了提升劳动力水平，资本家不得不在非生产领域加大投入。这又增加了治理成本。于是，资本家通过提升机器化水平获得等同甚至更多的相对剩余价值。当然，无论采取何种形式，实质都是无偿剥削工人劳动。在这种情况下，工人阶级“不是肯定自己，而是否定自己”，不是发挥劳动能力，而是被役于管理的剥削压迫。经济剥削的政治表现必然是政治压迫。资本主义社会治理总是“维护占有者阶级对生产者阶级的压迫和剥削的权力”，其政治压迫性暴露无遗。作为资产阶级特权的体现，资本主义社会治理被少数统治者垄断和把持；绝大多数劳动人民根本无法参与其中，而只能成为被政治压迫的治理对象。

四是批判了资本主义社会治理目标的异化。从目标来看，资本主义社会治理维护的是资产阶级利益和统治地位。马克思认为，治理和“组织新社会”的任务，总是“由资产者来完成”。资产阶级将社会治理等作为基础职能，来巩固其政治统治。在利益受损时，他们就会动用警察、监狱和军队等强制力量加强社会管控。为了减缓社会各阶级（主要是资产阶级和无产阶级）之间的矛盾，资产阶级会采取提高收入、加强社会保障等措施。工农阶层的社会生活状况虽然得以改善，甚至有的成为管理阶层，但并未影响阶级统治基础。表面上，工农群众享有治理权利；实际上，资产阶级维护自身统治的真实目的被掩盖。马克思还批判了资产阶级是从社会治理而非国家阶级本质方面来寻找社会问题的产生根源。列宁认为，国家的本性就是暴力，即通过暴力维持阶级统治。资产阶级国家的暴力本性被一层温柔的民主面纱所笼罩，对外

① 马克思恩格斯文集（第5卷）［M］. 北京：人民出版社，2009：384.

宣称是全民的代表和化身，具有很大的虚伪性和欺骗性。无产阶级只有通过暴力革命，推翻资产阶级政权和现有秩序，才能还原社会及其治理的本来面目。

（三）阶级性与全人类性的统一

马克思主义认为，在阶级社会，社会治理具有一定的阶级性。但社会治理阶级性又会随着国家性质的变化而变化。国家消亡之时，便是阶级性消失之日。社会治理阶级性消亡之日，就是全人类性开始之时。全人类性是阶级性的最终归宿，是阶级差别消失、国家消亡的必然表现，是共产主义社会治理的永恒特性。社会管理的阶级性质是指在价值取向上，社会治理维护统治阶级利益，并决定于其阶级属性。社会治理阶级性总是体现和决定于国家的阶级本质。所以，统治阶级往往以国家的代表者和维护者自称。迄今为止，经济社会秩序稳定需要国家履行双重职能角色：当国家在政治统治时，代表的是统治阶级；在治理社会公共事务时，却以整个社会的代表身份出现。统治阶级往往以“社会的名义占有生产资料”① 进行社会治理。因此，国家在行使社会治理职能时，反映的是统治阶级意志，从而体现了一定的阶级性。

马克思主义社会治理思想及其俄国化具有阶级性，是无产阶级的社会治理。在建立无产阶级政权之后，国家的阶级性质发生了根本转变。社会治理机构由无产阶级掌控，社会治理主体“大多数自然都是工人或公认的工人阶级代表”，而工人阶级维护的是全体劳动人民的利益，“工人阶级的利益”和“人民的利益”是“最高的法律”②。要想摆脱“资产阶级权利的狭隘眼界”，祛除资本主义社会治理陈旧落后的痕迹，就必须是无产阶级、进而是全体人民从事社会治理。

在共产主义社会，马克思主义社会治理思想服务于整个人类，体现了鲜明的全人类性。这种全人类性的实质是由全体人民群众自主治理社会、实现社会自治。“生机勃勃的创造性的社会主义是由人民群众自己创立的”③。未来社会治理必定是使用人民“可以接受”“可以理解”的方式治理社会，“让广大群众，全体居民都来检验我们的道路”④，检验我们的社会治理道路。随着社会发展，阶级差别终将消失，由此产生的经济、政治和社会等一切不平

① 列宁选集（第3卷）[M]．北京：人民出版社，1995：124.
② 列宁全集（第33卷）[M]．北京：人民出版社，1985：189.
③ 同上，53.
④ 列宁专题文集（论社会主义）[M]．北京：人民出版社，2009：397.

等也将消失，社会治理将完全祛除阶级性而仅剩留全人类性。作为一种科学世界观、方法论，马克思主义社会治理思想具有世界意义，能够影响和指导整个人类社会的建设、治理和发展，通过一切社会阶级、包括无产阶级的消亡而实现全人类的彻底解放。

二、我国社会治理创新的重要特征

马克思主义是探索和反映人类社会、自然界和人类思维的一般规律的科学。马克思主义之所以能够与不同国家或民族实际结合起来，并指导各国具体实践，就在于它具有开放性、科学性和世界性。我国社会治理创新发展既体现了马克思主义社会治理思想的整体性、开放性和实践性，也彰显了鲜明的马克思主义方法论特征。

（一）整体性特征

我国社会治理创新坚持以经济建设为中心“五位一体”的整体布局观。马克思主义认为，理论体系及其发展的整体性，在于它具有统一的科学世界观和方法论基础，肩负统一的历史任务，形成了一系列既承继又相对独立的观点。我国社会治理创新理论承继及其成果，一脉相承、与时俱进和开拓创新，坚持马克思主义世界观和方法论，系统阐明了“什么是中国特色社会主义社会治理、怎么建设中国特色社会主义社会治理”的主题，以及道路、任务、动力、内外部条件等。这是对其整体性特征的总体判断。

新中国成立后，在社会主义建设、改革和治理探索中，中国共产党人逐渐确立了“把我国建设成为富强民主文明和谐美丽的社会主义现代化强国”的奋斗目标，确立了“五位一体”的总体布局和“四个全面”的战略布局，凸显了我国社会治理创新发展的整体性特征。党的十六大报告深化了对其整体性目标的认识，社会治理要促进“中国特色社会主义经济、政治、文化全面发展的目标”实现，融入了社会“和谐”元素。党的十七大报告提出了“增强发展协调性”的更高要求。党的十八大报告强调了中国特色社会主义社会治理理论体系的全面性、整体性特征。党的十九大报告在整体性构建社会治理体系、建设“美好”社会等方面提出了明确要求：打造以人民为中心的“共建共治共享”的总体格局，形成法治、德治和自治的综合手段，完善涵盖公共安全、社会治安防控、社会心理服务、社区治理等中国特色社会治理体系。总之，在我国社会治理创新发展的整体推进中，要处理好“重轻农”的关系，兼顾国家、集体和个人之间的利益；要考虑到各种任务各个方面的“综合平衡”，坚持“两手抓两手都要硬”原则；要考虑社会整体的可持续发展，“使经济建设与资源、环境相协调”；要统筹兼顾，全面协调发展；在新时代背景下，有重点、整体性布局中国特色社会主义社会治理，等等。这种整体性旨在强调整体把握政治、经济、文化、社会等子系统内部及其之间的内在统一性、相互制约性，以及在实践方法上要统筹兼顾、综合管理和辨证施治，实现整体推进、系统承继和协调发展。

（二）开放性特征

我国社会治理创新是关于计划经济时期、改革开放之后和新时代以来三个历史时期社会治理的成果及其发展，具有鲜明的开放性。从横向看，每个发展阶段的理论成果都是因其开放性而形成、独立成篇；就纵向而言，不同发展阶段的理论成果又因具有开放性而得以承继、创新超越。

在新民主主义革命、社会主义改造和建设的半个多世纪里，在根据地的治理探索、延安局部执政和全国范围内的建设实践中，毛泽东等人结合中国实际，对我国社会治理创新发展进行了艰辛探索，提出了许多适合中国国情实际的理论观点：运用对立统一规律把握社会矛盾是社会治理的哲学任务；两类不同性质矛盾的治理方法不同；调动一切积极因素，处理好国内民族、阶级、党派、中央与地方等关系；社会治理要经历不发达和发达的发展阶段；社会治理目标是加强社会控制、稳定社会秩序；要坚持统筹兼顾、适当安排的原则，等等。邓小平阐述了中国特色社会治理之路：治理道路——中国特色道路，治理阶段——社会主义初级阶段，根本任务——发展社会生产力，治理动力——改革，外部条件——和平与发展的外部环境，政治保证——四项基本原则，党的领导和依靠力量——党的核心领导和工人、农民、知识分子及其他爱国力量，治理步骤——“三步走”战略安排，治理目标——实现社会主义现代化国家，等等。江泽民指出，加强社会治理，“首先要抓好党的建设和管理”，要“学会在新形势下正确处理人民内部矛盾”；人民群众依法参与，实现依法治理和以德治理的结合；依法治理宗教事务，等等。胡锦涛高度重视社会建设和治理，提出“社会管理创新”的重要命题，并专门对社会管理进行科学的理论设计和全面布置：从时代背景和重要意义出发，提出了社会管理创新的总要求和总格局；就基本内容、突破口、价值目标、功能作用、制度机制等进行详细论述；指出社会管理创新的本质、核心、重点和涉及领域，等等。习近平围绕中国特色社会主义的主线，涵盖经济、政治、文化、社会和生态等领域，涉及治国理政、内政外交和军事国防等方面，形成了习近平新时代中国特色社会主义思想。“共建共治共享”社会治理理论作为其中的重要组成部分，围绕改善民生，以人民为中心，在社会治理创新的形成原因、内容要素、本质核心、方式特征、价值和途径等展开了阐述，形成了具有开放性的科学理论体系。

（三）实践性特征

实践性是我国社会治理创新发展的突出特征。全部社会生活在本质上是实践的。马克思阐明了实践批判的世界改造意义。人的“思维的真理性”和客观性，“应该在实践中证明”。但凡理论中一些不为人知的“神秘东西，都能在人的实践中……得到合理的解决”①。这就告诉我们，实践是检验理论（思维的产物）的真理性的依据和标准。实践过程是客观物质性与主观能动性的统一过程。理论创立过程也是这样。理论来源于实践，最终服务于实践。我国社会治理创新发展，具有“理论离不开实践”这一鲜明的实践性特征。它既是中国特色社会主义社会治理理论体系不断丰富、完善过程，也是人民群众有序参与、维护权益的积极实践。

中国马克思主义者注重社会治理的实事求是与开拓创新。首先，将马克思主义实践观点作为发展基点。是从本本中寻找答案，还是依据中国实际，曾一度严重干扰着中国革命和建设实践进程。对此，毛泽东指出，“要把马、恩、列、斯的方法用到中国来……用马克思主义的立场、方法来解决中国问题”②。邓小平强调，“不是靠本本，而是靠实践”③。其次，在现实指导和实践方法上，要实事求是，掌握科学方法，注重治理实效。“要切实解决问题，要踏踏实实工作。一句话，就是要落在实处。”④ 习近平指出，正确认识社会治理创新的实践性特征，就要正视当前不平衡不充分的发展还不足以满足人民美好生活需要的矛盾现实，就要以问题为导向，以“解决中国问题”为目的，将马克思主义社会治理思想和中国治理实践结合起来，走中国特色社会治理道路。最后，实践性特征还体现在不断发展和创新上。推进我国社会治理创新发展，运用马克思主义方法，从实际出发，勇于创造，不断产出创新

① 马克思恩格斯全集（第3卷）［M］. 北京：人民出版社，1960：8.
② 毛泽东文集（第2卷）［M］. 北京：人民出版社，1993：408.
③ 邓小平文选（第3卷）［M］. 北京：人民出版社，1993：382.
④ 邓小平文选（第2卷）［M］. 北京：人民出版社，1994：99-100.

性成果。要“有一点闯的精神”“一点‘冒’的精神”[1]，“在中国创造出一些新的东西”[2]。具备敢闯敢试的实践精神非常必要，但走出“一条好路”“一条新路”，并非仅靠勇气，还要讲究战略策略。边实践边总结，“摸着石头过河”，“对的就坚持，不对的赶快改”[3]。在实践中推进社会治理创新发展。从新中国成立人民翻身成为国家和社会治理的主人，到中国特色社会主义的全面发展，充分证明了我国社会治理创新发展具有鲜明的现实实践性。

---

① 邓小平文选（第3卷）［M］. 北京：人民出版社，1993：372.
② 毛泽东文集（第2卷）［M］. 北京：人民出版社，1993：408.
③ 邓小平文选（第3卷）［M］. 北京：人民出版社，1993：372.

第二章

我国社会治理创新的动因分析

在人类社会领域，一切事物的产生和发展“都不是没有自觉的意图，没有预期的目的的”①。我国社会治理创新发展亦是如此。在不同的历史时期，形成的理论成果，均有着不同的复杂的因由。

第一节　我国社会治理创新的文化动因

我国社会治理创新首先归因于马克思主义社会治理思想与中国传统治理文化的内在契合。传统文化是一个国家或民族文明传承和创新发展的重要基点。在历史长河中，一个国家或民族不仅有着独特的传统文化和特殊矛盾，还会遇到所有国家或民族共有的人类文明和一般矛盾。同样，一种文化既有独特的民族性和本土性，还有共识性和交融性等特征。最终，这些特征都将最终都会依托或落脚于价值的判断和认同上。因此，外来文化和本土文化具有共同的价值判断、价值选择和价值目标，才能互相融合、生根和结果。马克思主义社会治理思想与中国传统治理文化的价值契合，是我国社会治理创新发展的文化动因。

中国传统文化源远流长、博大精深，是对世界文明有重大贡献的社会文化体系，具有民族性，是以汉族为主体，多民族共同融合与创造的思想文化形态；具有整体的历史传承性，是全面渗透各领域、系统传承数千年的传统文化体系；具有开放的现实性，是与外来优秀文化相遇，能够形成强大合力的社会文化体系。中国传统文化重视人的践履，坚持以和为贵、合作共赢，形成了人、社会和自然界统一的整体观念。马克思主义是体现人类社会文明、反映社会发展规律的科学，是包容各种文化、兼容并蓄的开放性先进文化。

---

① 马克思恩格斯文集（第4卷）[M]．北京：人民出版社，1965：302.

马克思恩格斯指出，马克思主义是“研究使用的方法”①。列宁找到了俄国和马克思主义的文化交集，推进了马克思主义的俄国化发展，建立起世界上第一个社会主义国家。马克思主义与中国传统文化能够结合，绝非简单的“兼收并蓄”，而是融合与创新的过程。毛泽东在谈到这个问题时指出，马克思主义与中国传统文化相结合，“绝非是向中国传统文化的复归”②。绝不是简单的“兼收并蓄”，而是对中国传统管理文化“取其精华，去其糟粕”的批判、继承和创新过程。邓小平进一步强调，马克思主义“不是教条，而是行动的指南”③，是发展中国特色社会主义社会治理的行动指南。马克思主义社会治理思想与中国传统治理文化是我国社会治理创新发展的基本原则和宝贵经验。在这个问题上，江泽民也明确与马克思主义教条化分清立场，“不能停留在对马克思主义的某些原则、某些本本的教条式理解上”④。要具体分析具体运用马克思主义社会治理思想中的一些观点和论述，结合中国社会治理的传统文化与现实情况，持续推进我国社会治理创新发展。邓小平历史性地开拓了中国特色社会主义社会治理发展道路，实现了我国社会治理创新发展的历史突破。江泽民、胡锦涛等中国共产党人着手我国社会治理创新发展理论体系和实践系统的探索与构建，成功开创了中国特色社会主义社会治理创新发展新局面。习近平提出了创新社会治理，实现了我国社会治理创新发展的理论升华和实践推进，将马克思主义社会治理中国化推向了新时代。

马克思主义的观点方法与中国传统文化中的人本理念、辩证法、整体观和大同理想观等高度一致。事实证明，马克思主义社会治理思想与中国传统治理文化相结合，是我国社会治理创新的重要遵循和宝贵经验。需要注意的是，在强调中国传统治理文化的现代延续和发展时，我们不能弱化马克思主义社会治理思想在中国近现代社会治理发展中的重要地位。毛泽东强调，“马克思主义的历史主义者”应当清醒认识到，“今天的中国是历史的中国的一个发展”这一客观事实，“不应当割断历史”、摒弃中国传统治理文化。而要“总结”“承继”好“从孔夫子到孙中山”整个历史时期的这“份珍贵的遗产”⑤。我国社会治理创新理论是对中国传统治理文化的批判吸收，但又不是

① 马克思恩格斯全集（第39卷）［M］．北京：人民出版社，1974：406.

② 沈杰．略论马克思主义中国化的哲学内涵及其时代思考［J］．理论观察，2011（6）．

③ 邓小平文选（第3卷）［M］．北京：人民出版社，1993：146.

④ 江泽民文选（第1卷）［M］．北京：人民出版社，2006：246.

⑤ 毛泽东选集（第2卷）［M］．北京：人民出版社，1991：534.

简单的延续和继承。它的中国特色、思想风格和民族形态为优秀传统治理文化所赋予，但体现的却是马克思主义的理论形态和立场、观点及方法。没有马克思主义社会治理思想，就没有我国社会治理创新理论。如果说，马克思主义社会治理思想与中国传统治理文化的深度契合，使我国社会治理创新有了思想文化基础，那么，与中国治理实践相结合，则是持续推进我国社会治理创新的文化动力。或者说，马克思主义社会治理思想与中国传统治理文化的理论链接点是社会治理创新理论的文化动因。

第二节 我国社会治理创新的实践动因

我国社会治理创新发展也是中国经济社会建设和发展实践驱动的结果。实践需要是理论形成和发展的推动力。“理论在一个国家实现的程度，总是取决于理论满足这个国家的需要的程度。”① 我国社会治理创新发展之所以可能，归因于中国经济社会建设和发展的实践需求。鸦片战争后的“两半”中国，积贫羸弱、风雨飘摇。一些先进人士前仆后继，苦苦探索着中华民族救亡图存之道。无论是农民主张“均田地”的太平天国运动、封建贵族“保皇派”的戊戌变法，还是资产阶级知识分子“仿效西方民主”的辛亥革命，都未能使中国走上国富民强的道路。无论是农民阶级的小农社会主义思想、地主阶级的改良主义，还是资产阶级的民主主义思想，都未能给中国人民指明复兴方向。从鸦片战争到五四运动期间，“中国人没有什么思想武器可以抗御帝国主义”，“封建主义的思想武器”与西方的“思想武器和政治方案”，也都“宣告破产”② 了。无数次变革实践的失败，说明封建制度的“老路”，西方资本主义的“邪路”都走不通。

十月革命胜利后，马克思主义传播到了中国。实现民族独立和人民解放、国家富强和人民富裕，成了中国马克思主义者要完成的实践任务。随着中国民族工业的兴起，工人阶级及其革命实践迅猛发展。这种发展，不仅体现在数量上，更主要体现在革命意志力、思想觉悟、组织程度和战斗力上。在五四运动中，作为独立的政治力量，工人阶级第一次走上了历史舞台。不断发

① 马克思恩格斯选集（第1卷）［M］. 北京：人民出版社，2012：11.

② 毛泽东选集（第4卷）［M］. 北京：人民出版社，1991：1514.

展壮大的工人阶级同马克思主义迅速结合，形成了马克思主义中国化。诚如毛泽东所言，正是“同中国人民革命的实践发生了联系”，马克思主义及其中国化才“发生了这样大的作用”①。正是因为中国社会历史发展实践，才使马克思主义社会治理中国化和我国社会治理创新发展具有顽强生命力和历史合法性。

在社会主义改造、建设和改革中，毛泽东、邓小平等中国马克思主义者，坚持马克思主义理论的指导，积极探索社会建设与治理实践难题的解决之道，形成了适合中国国情、具有中国特色和适应现实实践的社会治理理论，推动了我国社会治理创新的不断发展。具体来说，毛泽东在新民主主义革命、社会主义改造和建设实践中，确立了社会主义制度，第一次使人民站了起来，成了国家治理的主人。但是，新中国成立初期社会治理面临着一系列亟须解决的实践课题，如各种反动势力仍在相当范围内大量存在，旧中国遗留的社会失衡与失序问题仍很严重，各项社会事业和群众民生工程仍然处于落后状态，以及由此产生新的社会矛盾。毛泽东坚持以马克思主义社会治理思想为指导，根据中国国情，积极探索社会治理实践难题的解决之道，形成了革命、改造、建设、治理和发展既相融合又相协调的实践道路，在改造旧有思想、强化马克思主义信仰、提高群众生活福利水平、开展具体民生实践等方面，取得了根本性的伟大胜利。社会主义社会治理实践的成功，离不开民族化本土化理论的指导。“文革”结束后，面对国内经济社会的“拨乱反正”和“全面整顿”，面对社会治理工作重心的严重偏移，邓小平坚持解放思想，实事求是，提出社会主义社会治理实践要坚持“调整、改革、整顿、提高”的“八字方针”②。他提出，要坚持改革开放，在明晰社会主义本质的基础上，探索中国特色社会主义社会治理道路，实现人民共同富裕的治理目标，从而适应了中国特色社会主义社会治理实践的需要。面对世情、党情和社情的变化，面对国内经济社会的转型，中国特色社会主义社会治理理论和实践必须做出相应调整和完善。江泽民坚持与时俱进，提出在“三个代表”重要思想指导下中华民族的强国之策和治理之道。胡锦涛立足时代前沿和治理实践，明确提出要“加强和创新社会管理”，构建中国特色社会主义社会管理体系，

---

① 毛泽东选集（第4卷）［M］．北京：人民出版社，1991：1515.

② 参见当代中国研究所．中华人民共和国史稿（第四卷）［M］．北京：人民出版社，2012.

实现社会治理实践的全面、协调和可持续发展。重视加强和创新社会管理，构建社会主义和谐社会，是我国社会治理创新坚持以人为本的必然反映、坚持科学发展的内在要求。

如何进行社会主义国家的社会治理、实现从传统社会管理向现代社会治理的转变，是党面临的全新的重大课题。党的十八大以来，习近平等中国马克思主义者，在实现中华民族复兴之梦征途上，在坚持全面改革开放实践中，提出了加强和创新社会治理，实现了社会治理理论升华和开拓。在党的十九大报告中，习近平系统阐述了“共建共治共享”社会治理理论。我国社会治理理论与实践进入了新时代，迎来了历史性的创新和发展。

第三节 我国社会治理创新的现实动因

我国社会治理创新发展是解决新时代社会治理问题的现实需要。作为实践发展过程，我国社会治理创新发展具有时间上的可持续性，离不开理论的指导和创新。作为理论创新过程，我国社会治理创新发展体现了空间上的拓展性，必须以社会问题为导向，深植于社会现实土壤。

社会治理现实问题的出现与解决，促进着社会治理理论不断创新发展。随着全面改革开放逐渐进入了“深水区”，社会治理现实矛盾和问题日益凸显。一是思想领域发生重大变化，意识形态整合难度加大。“改革开放，发展社会主义市场经济”直接“带来了社会领域和思想领域的深刻变化”①。这种变化体现在意识形态领域的多元化样态。在市场经济条件下，各种思潮和观念相互碰撞、交锋，影响人们的思想。尤其是具有迷惑性的西方价值观、仍未根除的封建“官本”思想，冲击着马克思主义意识形态建设。二是经济社会领域发展不平衡，出现民生建设短板。多年来的经济先行发展战略，使一些地方政府盲目追求经济指标，社会问题较为突出。例如，城乡差距、地区差距等进一步扩大，新的贫困阶层的出现，老龄化现象，流动人口的管理与社会保障，教育、就业、医疗、住房、养老和安全等社会问题。

对于社会主义初级阶段的社会治理而言，我国社会治理创新发展既不能继续沿袭传统老路，也不能完全被西方化。因此，实现社会治理创新的理论

① 江泽民文选（第3卷）[M]．北京：人民出版社，2006：327.

建构，推进和完善中国特色社会治理理论和实践开拓，是需要重点解决的。

首先，完善社会主义市场经济体制的现实需要。只有更新理念、改进方法，致力于解决社会难题和完善社会主义市场体制，才能促进我国社会治理创新发展。市场是社会资源整合和市场资源配置的最有效、最合理手段。由于市场存在盲目性等特点，容易导致资源管理和社会分配的失衡，因此，需要及时采取相应的社会治理措施和经济矫正手段，以应对和克服"市场失灵"带来的负面影响。其次，解决社会主要矛盾的现实需要。当前，我国仍处于并将长期处于社会主义初级阶段的国情现实，人民对美好生活需要与不平衡不充分发展的矛盾现实，需要社会治理不断创新发展。如何坚持经济为中心的"五位一体"总体布局的平衡发展，构建符合新时代要求和社会现实的治理模式，切实解决好涉及群众利益的社会问题，从源头上化解矛盾，维护社会公平正义和和谐稳定，是民众关心、政府面对的现实问题。最后，实现社会治理创新实践的现实需要。社会治理现实实践是检验我国社会治理创新的唯一标准和发展源泉。社会治理具体实践虽然细小繁杂，却最能贴近社会实际。在社会治理中，人民群众是具有选择智慧的现实主体，能够主动选择有利自身的治理模式。群众路线是指导社会治理实践的根本方法。坚持群众路线有助于实现"造福群众"的治理目标。可见，正视主要矛盾的社会现实，解决群众的现实需要，是我国社会治理创新发展的现实成因。

以上是从总体上分析了我国社会治理创新发展的成因。由于其原因的极其复杂性，同历史时期相适应的每一种理论成果，均有着不同的时代背景、历史原因和现实依据，因此还需要分别对每一时期社会治理创新理论成果或理论体系的形成原因进行分析。在以下章节中，笔者将以三种理论成果或理论体系的形成阶段为历史分期，分别进行具体的成因分析。

第三章

计划经济时期的“政府‘一元’管控”社会治理

新中国成立后，毛泽东等中国马克思主义者，依据马克思主义社会治理思想，借鉴苏联社会治理经验，结合中国治理实际，开始对适合中国国情的社会主义社会治理进行了理论构建和实践探索，取得了丰富的理论成果和实践经验，形成了许多卓有成效的社会治理经典案例，如以《论十大关系》和《关于正确处理人民内部矛盾的问题》等为代表的理论成果。关于社会主义社会治理经典案例有：通过“移风易俗的社会改造”，营造新型社会风尚；① 实施“龙须沟整治工程”，重视改善社会民生②；开展“学雷锋运动”，提高社会道德素质水平；③ 开展“学习解放军运动”，提升政治思想工作水平；④推广“枫桥经验”，探索地方治理特色模式，等等。这些成功案例或实践是计划经济时期“政府‘一元’管控”社会治理理论的直接的实践来源和宝贵探索。由于受到各种因素的干扰，有些运动出现了某些偏差，但总体上，这些运动或案例对探索社会主义社会治理影响深远。

总之，在我国社会治理创新发展过程中，无论是在治理实践中进行理论创新，还是用理论构建指导治理实践，计划经济时期“政府‘一元’管控”社会治理理论与实践都具有极其重要的地位和作用。

---

① 参见当代中国研究所．中华人民共和国史稿（第一卷）［M］．北京：人民出版社，2012.

② 北京龙须沟是贫困群众的聚居之地，因天坛等地大面积雨水、污水的排入，导致卫生条件极其恶劣，严重影响群众的身心健康，成了当时较为突出的社会矛盾。1950年，北京市人民政府坚持党的领导，重视改善和发展社会民生事业，充分利用社会主义社会管理制度的优越性，在半年时间里清理了龙须沟并将其改为暗沟，修建了道路、水电设施，彻底改变了龙须沟的落后面貌。因此，北京龙须沟整治工程也成了新中国成立之初成功的社会管理和治理的经典案例。参见当代中国研究所．中华人民共和国史稿（第一卷）［M］．北京：人民出版社，2012.

③ 参见当代中国研究所．中华人民共和国史稿（第二卷）［M］．北京：人民出版社，2012.

④ 同上。

第一节　对符合中国国情的社会建设与治理道路的探索需要

如何治理国家和社会公共事务问题，是无产阶级取得政权后面临的一个新任务。虽然马克思主义经典作家们关于社会治理的理论论述，对于社会主义国家的社会治理具有普遍的指导价值，也给新中国的社会治理创新发展提供了理论基础和方向指导。新中国的社会治理创新发展有着自身的特殊国情和现实情况。也就是说，新中国社会治理创新发展是具有理论与实践基础、适应当时国情现状、符合社会建设客观规律的必然趋势和历史结果。

一、国内外社会主义建设与治理探索中的得失与范例

新中国社会建设与治理的国内外环境严峻复杂。“二战”以后，世界形成了美苏两极争霸、资本主义和社会主义互相对立的两大阵营。从20世纪50年代开始，资本主义国家面临着工人罢工、种族歧视等诸多社会问题。现实迫使资本主义国家对社会政策等进行大幅调整。国际社会主义运动方兴未艾、发展迅速，影响力不断攀升。社会主义国家具有较强的赶超意识，与资本主义国家展开竞争，而且相互攀比发展速度。受其影响，中国提出“超英赶美”和先于苏联、跑步进入共产主义的口号。20世纪70年代以后，资本主义国家政策逐步调整到位，进入了相对稳定的发展时期。摆脱殖民统治的发展中国家开始重视国内经济发展和社会管控。由于大多数社会主义国家是在殖民地基础上建立的，在社会建设和治理方面既无现成答案，又无实践经验，加上国际形势的背景特征，只能借鉴“苏联模式”，从而形成了高度集权的计划型社会治理体制。1956年2月，在苏共二十大上，以赫鲁晓夫批判斯大林的错误和个人崇拜为开端，社会主义阵营内出现了反社会主义的思潮。东欧社会主义国家由于照搬“苏联模式”，片面发展重工业，忽视群众生活改善和民生治理，人民群众不满情绪日益加重，加上反共反社会主义势力的呐喊助威，发生了诸如“波兰事件”和“匈牙利事件”等政治骚乱和社会动荡。在这种背景下，如何以苏为鉴，走适合自己的社会治理之路，是党和政府不得不慎重考虑的问题。

毛泽东等中国马克思主义者坚持实事求是精神，正确判断了国际形势及

其演变，对国情基础和发展规律有了科学认识。新中国成立后经历了社会主义革命时期。这一时期社会治理首要任务就是要稳定社会秩序、恢复和发展国民经济。三年整顿之后，国内社会秩序得到全面恢复，人民生活得到初步改善。改造时期，正确区分两类矛盾性质、处理人民内部矛盾已是社会治理的主要任务。之所以这么提，目的是"巩固我们的新制度，建设我们的新国家"①。建设时期，正确处理"十大关系"成为社会治理的重中之重。这十大关系，既对立统一又环环紧扣，涉及产业结构、工业布局、经济体制、管理体制等宏观规划。毛泽东对"十大关系"的总结和论述，对社会主义社会治理的长远发展具有重要作用。经过社会主义革命和改造，我国完成了经济社会事业和社会主义社会治理的原始积累，进入了社会主义建设时期。发展生产力，满足人民日益增长的物质文化需要，成了社会主义建设与治理的主要任务。党和政府准确认识到这一变化，在实行计划经济基础上，逐步建立起一套包括单位制、人民公社制、户籍制、阶级分类制以及高度一元化的集体主义意识形态在内的社会管理体系。② 单位成了最基本的城市社会组织单元，人民公社和合作社成了农村的基层治理组织。这些基层组织集经济、文化、社会功能甚至政治功能为一身，掌握绝大部分的社会资源，在发展生产和流通的同时，还履行社会治理职能。国家通过这些组织实行计划调控与治理，一方面，促进了社会资源的全国性流动，使社会资源效能达到最大化，维护了社会稳定和发展。另一方面，出现了社会资源分配不及时而导致部分地区或部门的资源短缺。"它在消灭旧的社会不平等的同时，又制造出一定程度的经济、政治、社会地位的新的不平等"③。随着所有制结构的调整，这些基层组织行政化越来越强，而社会组织的民间性和社会性愈加疏离。

新中国社会治理虽然在探索中走过弯路，经历过曲折，但也不乏经典案例，探索成果斐然。如前所述，20世纪60年代，国内探索开展的许多社会治理成功案例，既为完善计划经济时期"政府'一元'管控"社会治理理论提供了实践素材，同时又是其生动实践和现实运用。其中以"枫桥经验"为代表的治理案例最为经典。在实践中逐渐形成的"枫桥经验"，是在"党的领导下依靠群众就地解决矛盾问题"行之有效的社会治理模式。也就是说，党和

① 毛泽东文集（第7卷）[M]．北京：人民出版社，1999：216.
② 参见李友梅．中国社会生活的变迁［M］．北京：中国大百科全书出版社，2008.
③ 参见当代中国研究所．中华人民共和国史稿（第一卷）［M］．北京：人民出版社，2012.

政府依据当时历史条件和地方实际，从群众利益出发，敢于创新，因地而治，形成了党的领导、依靠群众和依法治理相统一的社会治理格局。

总之，基于对国内外社会主义建设与治理成就与不足的分析，基于我国社会治理的成功实践，毛泽东等中国马克思主义者经过慎重思考、重新探索和积极创新，构建了“政府‘一元’管控”的社会治理理论，推进了我国社会治理的创新发展。

二、新中国成立之初国情条件的现实需要

治理国家与社会公共事务是新中国成立后的新任务。中国社会主义社会治理发生在马克思主义经典作家们鲜有谈及的东方国家中，如何根据中国实际进行社会建设和治理，是毛泽东等中国马克思主义者面临的紧迫任务。新中国的国情非常复杂，如生产力水平低、经济文化落后、社会发展失衡等。认清中国国情，是中国革命的首要问题，同样，也是中国社会主义社会建设和治理的首要问题。

（一）错综复杂的政治社会形势

新中国成立时，社会主义制度虽然已经建立，但是国内外各种反社会主义势力仍然“够大够多”；国内还有很多影响社会秩序的旧社会残留痕迹；旧中国遗留的娼妓制度和赌博烟毒等社会顽症痼疾对人民身心健康还存在影响；国民党残留势力和一些土匪恶霸相互勾结，威胁着新生的人民政权安全，一些封建性质的民间行会如会道门等，无视政府法令，利用封建迷信等手段麻痹和迷惑群众的思想和心理，扰乱和危害社会治安，等等。迅速有效解决这些政治威胁和社会失序问题，为新中国社会主义社会治理提供健康稳定的社会环境，成了首当其冲的任务。

（二）“一穷二白”的经济发展基础

新中国经济社会发展十分落后，小农经济和自然经济居于主导地位，生产力水平极其低下，经济发展布局极不平衡。因多年战争破坏，国民经济濒于崩溃。可以说，新中国社会主义社会治理的基础是“一穷二白”。“‘穷’，就是没有多少工业，农业也不发达。‘白’就是一张白纸，文化水平、科学水平都不高。”① 具体来说，工农业结构不合理，经济发展特别是农业生产能力

① 毛泽东文集（第7卷）［M］．北京：人民出版社，1999：44.

不足，小农生产组织数量大且分散，小农和个体私营经济占国民经济总产值的90%以上。几近空白或零基础的工业急需发展。在抗战之前，全国“工业和农业在国民经济中的比重”分别是“现代性的工业占百分之十左右，农业和手工业占百分之九十左右”。这是革命胜利前后“相当长的时期内一切问题的基本出发点”①。相比于西方国家，我国石油产量落后约100多年，钢铁产量落后约70年，发电总量落后约40年。以重工业为例，1952年的重工业产值仅为122亿元，约占工业总产值35.5%；人均产值则更低，约为21.2元（按照当时汇率兑换约合8美元）。生产部门不齐全，设备和工艺落后，没形成基本的生产体系。农业，落后于西方发达国家70多年。农村约有1.2亿亩土地受灾。农业设备稀缺，就连拖拉机这种基本农业设备才有401台（印度当时有7500台）。在文化教育方面，群众文化水平普遍低下，文盲半文盲比例达80%以上。全国教育状况较差，无法满足群众教育需求，许多偏远地区甚至没有开展中小学教育。科学技术十分落后，群众的知识接受和再生能力很低，无法承担科学治理和决策等工作。就此，毛泽东提醒全党，我国的建设能力不容乐观，连“一辆汽车、一架飞机、一辆坦克、一辆拖拉机都不能造”②。因此，摆脱落后现状，赶超发达国家成了当时国内社会的强烈吁求。

（三）“多事之秋”的社会样态

新中国成立初期，国内人口总数达到4.5亿以上，但分布不平衡。城镇居民很少。1949年，城镇常住人口仅为5765万。绝大多数人生活在农村，占全国人口总数的89.4%。由于农田受灾，约有4000万农民等待接济。而城市有400万待业人员，还有旧社会留下的数百万公务人员需要重新安排工作。在一段时间内，因为战争和失业等原因，“许多人对我们不满”：不仅有“民族资产阶级”“失业的知识分子和失业的工人”“小手工业者”，还有一些“没有实行土地改革”的“农民也有意见”③。国内各种社会关系紧张、敏感，潜藏着一定的社会风险。随着工业化和经济结构调整加快，原本紧张的社会矛盾在短时间内集中爆发。党的执政建设和治理能力面临着重大挑战。

三、中国优秀传统治理文化影响及其与马克思主义的历史链接

“政府‘一元’管控”社会治理理论，既是我国社会治理创新发展的理

① 毛泽东选集（第4卷）[M]．北京：人民出版社，1991：1430.

② 毛泽东文集（第6卷）[M]．北京：人民出版社，1999：329.

③ 同上，74.

论成果，又是对中国传统社会治理文化的现代发展。可以说，我国“政府‘一元’管控”社会治理是用中国传统治理文化诠释的马克思主义社会治理，是马克思主义社会治理思想在中国传统治理文化土壤里生长、成熟的理论果实。

（一）中国优秀传统治理文化的影响

中国是世界唯一没有出现文明断裂的国家。中国传统文化蕴含的治理思想十分丰富。作为通晓中国历史文化的思想家、理论家，毛泽东的思想发蒙于传统思想文化。1902年，他开始读私塾，接受传统的儒家思想教育，而后长年研读古代文献，可谓感情至深、功底深厚；后来受西方先进思想的影响，走上了马克思主义道路。正如他所言，“我的学习，第一阶段是在私塾里学孔子，第二阶段进学校学资本主义，后来客观形势使我和我周围的人转向马克思主义。”①

“政府‘一元’管控”社会治理理论是对中国“传统文化批判与继承的结果，融汇了传统文化的有机内容”②，是追求现代文化的理论样态。它既具有马克思主义的性质，又具有中国形式和中国特征，是“在理论形态上是以马克思主义为基础，而在文化特性上则是植根于中国文化历史传统与现实的土壤，体现了民族思想的一种内在延续和发展”③。

一是传统文化中的“礼法共治”思想。素以礼仪之邦著称的中华民族，历来重视礼法对社会秩序的维护作用。春秋战国时期，天下诸侯争霸，导致“礼崩乐坏”，礼仪规范和制度规范破坏严重。为此，孔子提出要“礼治”国家和社会，国家和社会治理应立足于道德教化和品行修养，把“礼”作为规范人的日常行为的基本准则，以“礼”治理，达成善治。同“礼治”相对应，中国传统文化重视“法治”治理手段。法家号召民众将法令作为日常生活行为规范，认为法令法规应在国家与社会治理中发挥作用。儒学倡导以“礼”为源头，构建家训、族规和国法为一体的社会法治体系。《左传·隐公十一年》记载：“礼，经国家，定社稷，序民人，利后嗣者也。”礼，是因德性修养力量，要求人的行为符合社会预期。而“法”则以强制力量要求和规制人们自觉遵守社会秩序，所以，要“以法治国”④。为了“重建政治社会的

① 陈晋．毛泽东与文艺传统［M］．北京：东方出版社，2014：2.
② 王凤贤．毛泽东与中国传统文化［M］．合肥．安徽人民出版社，1996：2.
③ 同上，11.
④ 韩非子．赵沛注说．开封：河南大学出版社，2008：99.

新秩序”，孔子“有意于制作一代礼法”①。可见，中国传统文化十分注重礼法共治的社会治理思想。

二是传统文化中的“以民为本”思想。民本思想在我国由来已久，可追溯到殷周时期。最先明确表述“以人为本”的则在《管子·霸言》中：“夫霸王之所始也，以人为本。本理则国固，本乱则国危。”② 孔子提出要仁政于人民，孟子则提出“民贵君轻”的观点。西汉贾谊汲取秦朝灭亡的教训，提出：“闻之于政也，民无不为本也。国以为本，君以为本，吏以为本。”在中国近现代，孙中山希望建立“民有、民治、民享”的三民主义国家。但是，直到社会主义新中国，中国传统文化中“民本”思想才具有了真正的科学意义。

三是传统文化中的“大同社会”思想。实现人类理想社会是社会建设与治理的目标。理想社会是一个历史范畴。不同时代，不同阶级，对其理解和追求不同。共产主义社会是无产阶级的理想社会。乌托邦是空想社会主义对未来理想社会的设计。而“大同”社会则是中国古代对理想社会的向往。何为大同？孔子在《礼记·礼运》中这样解释：“大道之行，天下为公”是“大同”；“老有所终、壮有所用，幼有所长，矜寡孤独废疾者皆有所养”，也是“大同”应有之义；“是故谋闭而不兴，盗窃乱贼而不作，故外户而不闭，是谓大同”③。尽管中国传统文化对“大同”社会的表述不一，但从老子的“小国寡民”、庄子的“至德之世”，到孔子的“天下仁爱”；从孟子“世人均有相扶”的仁政社会，到墨子“老幼都有所依”的兼爱社会，基本内容都是反对阶级剥削和社会压迫，实现人人平等、财富公有和天下为公。随着世事变迁和时代发展，“大同”社会思想愈发被国人重视。特别在中国近现代，孙中山将“孔子所希望之大同世界”④ 作为民主革命者的奋斗目标。传统“大同”社会思想对毛泽东影响很大。早在青年时期，他就设想了实现大同社会的“新村计划”。由于缺乏现代治理知识和经验，青年时期的毛泽东对社会治理的认识难以避免掺杂着传统大同思想中的某些空想成分。⑤

（二）马克思主义的影响及其与中国优秀传统治理文化的历史链接

马克思主义和中国优秀传统治理文化之间的历史碰撞和现实姻缘并非偶

---

① 韦政通．孔子［M］．台北：东大图书公司，1996：36-37.

② 管子［M］．梁运华校点．沈阳：辽宁出版社，1997. 83.

③ 五经四书［M］．陈襄民等译．郑州：中州古籍出版社，2000：1334.

④ 孙文．孙中山选集［M］．北京：人民出版社，1956：844.

⑤ 参见张忠良．毛泽东人学思想［M］．西安：陕西人民出版社，1993.

然、意外，而是一种内在的客观必然联系，是理论的开放性和现实需要的一种契合。中国传统社会治理文化突出专制，缺乏民主精神和科学精神。而近代西方治理理论重在体现人本理念和民主精神。这是二者能够获得历史姻缘的内在依据。不能否认，“政府‘一元’管控”社会治理理论孕育产生的“母体”和土壤是中国优秀传统治理文化，但其并非土生土长、单一地形成于传统治理文化，而是兼容并蓄、经受各种思想学说的袭扰，最终形成马克思主义与优秀传统文化的有机统一体。1911 年之前，毛泽东接受的主要是中国传统文化的教育，尤其是传统儒学等“旧学”或“中学”的教育。1917 年以后，他学习和接受了来自西方的马克思主义。也就是说，在大约 18 岁至 24 岁这个思想最容易被影响的年龄段，伴随着西方文化思想和国内社会思潮大量涌现，毛泽东的思想受到了这些“西学”“新学”的影响和浸侵。1919 年，以新文化运动为标志，中国传统封建文化被猛烈批判，且进入了中西方文化激烈冲突的阶段。旧学、新学和西学相互交织、相互斗争和相互融合及发展，影响着青年时期毛泽东的思想形成。在这一时期，毛泽东的“思想是自由主义、民主改良主义、空想社会主义等思想的大杂烩”①。但恰是这一时期多元文化思想的交织和铺垫，使得毛泽东日后走出中国传统文化的单一视野、接受西方先进文化和科学思想成为可能。后来，马克思主义在十月革命中的成功实践，极大影响了李大钊、毛泽东等先进知识分子。在经历中西思想的艰难比较和学习后，中国先进知识分子最终选择了马克思主义。在纷繁复杂的思想文化领域，作为西方各种先进学说的集大成者，作为一种最科学最先进的思想，马克思主义因其强烈的革命性和改造精神，一经传入中国，就迅速与中国传统文化融合，形成了一种巨大的理论和实践力量，有力推动了中国社会的现代转型和巨大发展。

第二节　计划经济时期“政府‘一元’管控”社会治理的理论内容

计划经济时期“政府‘一元’管控”社会治理理论萌芽于革命根据地的局部执政时期，形成和发展于社会主义改造和建设时期。新中国成立后，毛

① ［美］埃德加·斯诺．红星照耀中国［M］．董乐山译．北京：新华出版社，1984：129.

泽东等中国马克思主义者系统阐述了社会治理的认识起点、民生重点、方法模式、价值导向、风险防范、战略目标、领导核心和依靠力量等，逐渐形成了计划经济时期“政府‘一元’管控”社会治理理论，成了我国社会治理创新发展的逻辑起点和理论基础。本节主要探究社会主义改造和建设时期“政府‘一元’管控”社会治理理论的主要内容。

一、重视对社会利益关系和矛盾关系的治理

重视对社会利益关系和社会矛盾关系的治理是我国计划经济时期“政府‘一元’管控”社会治理理论与实践的逻辑起点。毛泽东肯定了社会管理与治理的重要性和必要性。他指出，如果我们不会管理经济和治理社会，就无法妥善处理好各种经济和社会关系、及时化解社会矛盾，刚刚成立的新中国“就要被敌人打倒，就要陷于灭亡”。他强调，即使一万年以后，我们仍然需要管理与治理。管理与治理问题就是处理人与人之间的关系问题。在社会主义“所有制问题基本解决以后，最重要的问题是管理问题”，即“人与人的关系问题”①。在他看来，社会管理与治理甚至影响新中国的命运和前途。在建立社会主义公有制后，社会关系和公共事务的治理成了党和政府工作的重中之重。生产资料所有制具有相对稳定性，而处于所有制中的人与人的关系却是永远的变量。社会主义公有制使人与人之间的平等合作关系成为可能。但是，这种关系要处于平衡和常态化发展，还需要有相应的完整的社会治理系统跟进。

（一）对社会利益关系的协调和治理

从实质上看，社会治理过程实际上就是处理各种社会利益关系的过程。因此，社会治理要“团结民族资产阶级、民主党派、民主人士和知识分子”，使他们中的“绝大多数人不反对我们”。② 毛泽东既反对管理者利用特权侵贪他人利益和公共利益，也不主张因公共利益而牺牲个人利益。他认为，维护社会各阶级阶层的利益是社会治理的着力点。要防止各种社会利益关系的失衡，处理好公私利益关系。“公和私是对立的统一，不能有公无私，也不能有私无公”，而是要“先公后私”“公私兼顾”。“个人是集体的一分子，集体利

---

① 毛泽东文集（第8卷）［M］. 北京：人民出版社，1999：134.
② 毛泽东文集（第6卷）［M］. 北京：人民出版社，1999：75-76.

益增加了，个人利益也随着改善了。”① 毛泽东在《论十大关系》中提到要兼顾国家、生产单位和生产者个人的三方利益，其实就是提出了社会治理的一个原则：要处理好国家、社会和个人的利益关系，探讨三者关系机理、放大耦合功能、实现治理效能最大化。所以，他强调要调动“一切积极的因素”，通过科学的社会治理，协调社会各方利益，打造公平、和谐的社会治理局面和管理秩序。

（二）对社会矛盾关系的认识和治理

厘清社会矛盾关系是社会治理的首要前提。因此，正确认识社会主义社会矛盾，成了新中国社会治理的逻辑起点和全新问题。

首先，社会主义国家仍然存在着社会矛盾。矛盾无时不有，无处不在。这是马克思主义关于矛盾普遍性的基本结论。“矛盾是永远存在的”，“没有矛盾就没有世界”，那种认为“一到了社会主义社会，国家就十分美好”、就没有任何矛盾的看法，“其实是一种迷信”②。1957 年，毛泽东指出，虽然我们正“团结一致地进行着伟大的社会主义建设”，但“并不是说在我们的社会里已经没有任何的矛盾了”③。与以往社会一样，社会主义社会仍然存在着包括生产力和生产关系的基本矛盾等诸多矛盾。毛泽东深刻揭示了社会矛盾的普遍性，即社会矛盾不仅存在于资本主义社会，也会一直存在于社会主义社会。这是矛盾发展的一种历史应然和必然。马克思主义认为，矛盾是社会发展的动力，社会的基本矛盾在社会所有矛盾关系中具有支配性地位。据有关党史文献，“社会的基本矛盾”概念首次出现在 1937 年的《矛盾论》中，资本主义“社会的基本矛盾在于生产的社会性和占有制的私人性之间的矛盾”。1957 年，面对苏联学术界关于社会主义社会是否还有基本矛盾的理论之争，毛泽东准确道出了其中问题所在：斯大林没有认清社会主义社会的基本矛盾，没有将其“当作全面性的问题提出来”。

其次，明晰了各种社会矛盾及其性质。在《十大关系》一文中，毛泽东具体分析了当时社会主义社会十种社会关系的性质、类型及处理方法。“这十种关系，都是矛盾。”不仅如此，社会主义社会还存在着独具“特色”的矛

---

① 毛泽东文集（第 8 卷）［M］. 北京：人民出版社，1999：134.

② 毛泽东文集（第 7 卷）［M］. 北京：人民出版社，1999：66.

③ 同上，204.

盾，即"敌我之间的矛盾和人民内部的矛盾"①。前者"对抗性的矛盾"②，后者则以非对抗性矛盾为主。社会主义改造完成后，两类不同性质矛盾的地位发生了变化，基于根本利益一致的人民内部矛盾成了社会治理的主要对象。

最后，提出了解决社会矛盾的措施。"管治结合"是社会主义社会治理的基本手段和措施。"我们的任务，是要正确处理这些矛盾。"两类不同性质的矛盾，"解决的方法也不同"③。敌我矛盾是"敌我问题"，主要采用专政治理。对于"是非问题"的人民内部矛盾，只能靠民主和说服教育。我国现阶段社会主要矛盾实质是人民内部的利益矛盾，其外在表现为非对抗性质的社会冲突。在传统社会管理中，政府是组织者、管理者，人民群众是被施于管理的对象。因此，政府与群众之间矛盾是人民内部矛盾的主要部分。毛泽东对此予以了分析，"人民政府……同人民群众之间也有一定的矛盾"，这种矛盾虽然只是非对抗性质的"是非问题"，是"真正代表人民利益""为人民服务的政府"④ 与人民之间的内部矛盾，但是如果治理方式不当，可能会使矛盾性质发生质变，"也可能发生对抗"⑤。所以如何避免"内部矛盾"转化为"敌我矛盾"，是社会主义社会治理创新应注意的问题。

二、对社会民生问题的关注与治理

对社会民生问题的关注与治理是"政府'一元'管控"社会治理理论创新与实践创新的着力点。"把衣、食、住、用、行五个字安排好，这是六亿五千万人民安定不安定的问题。"⑥ 民生建设关乎社会稳定和党的执政地位，是社会治理中的"一件大事"。早在革命根据地的局部执政时期，党就意识到社会治理工作要围绕人民群众的具体民生，治理政策措施要体现深切的民生关怀，如工人需要就业，农民要有"看得见的好处"，手工业者要有生存出路，民族资本家要有利润收入等。1949 年 3 月，在七届二中全会上，毛泽东指出，在同敌人"坚决的斗争"同时，我们要"一步一步学会管理城市"和"建设事业"，从"接管城市的第一天起"，所有工作，包括社会管理与治理工作，

---

① 毛泽东文集（第 7 卷）[M]．北京：人民出版社，1999：204.
② 同上，205.
③ 同上，206.
④ 同上，205-206.
⑤ 同上，211.
⑥ 毛泽东文集（第 8 卷）[M]．北京：人民出版社，1999：78.

都要“围绕着生产建设这一个中心”，使“人民的生活有所改善”①，这是我们能否在城市立足、维持政权稳定的重要前提。

（一）就业是民生之本

我们党十分重视人民群众的生存和就业问题。面对旧中国遗留的失业问题，以及新中国经济结构调整产生的新失业人群，毛泽东明确指出，要积极寻找就业对策，将全民纳入统筹，全面负责安排。对于失业者的管理安排，要“双管齐下，采取扩大就业和实行社会救济并举的办法”②，“不轻议迁移，不轻议裁员……多余人员设法安插到需要人的岗位上去”③。对于城镇需要就业的人群，就“要合理地调整工商业，使工厂开工”。1950 年 6 月，毛泽东在七届三中全会上指出，我们要“有步骤地帮助失业者就业”，做好“失业工人和失业知识分子的救济工作”④。对于农村地区，则要大力发展农业合作社，解决更多劳动力就业。“总而言之，全国六亿人口，我们统统管着。”⑤在毛泽东直接关心下，党和政府制定了一系列就业制度和管理政策，采取了以工代赈和教育培训等多种就业措施，就业效果十分显著。据统计，从 1950 年至 1952 年的“三年中，有 220 万人重新获得了就业机会”⑥，而且，就业规模和范围不断扩大，人民群众生存和发展利益得到切实保障。

（二）发展民族的、科学的大众的文化教育

发展大众教育，提高群众文化素质，是新中国成立初期社会治理的迫切任务。1949 年，在第一次全国教育工作会议上，毛泽东明确了新中国文化教育的主要任务是，提高人民知识文化水平，培养国家建设、管理与治理人才。1955 年，他再次强调，群众文化知识水平低已成为新中国社会发展和治理的制约因素，而“社会主义的建设又不能等到消灭了文盲以后才去开始进行”⑦。因此，文化教育事业发展迫在眉睫。首先，从宏观上进行总体规划、除旧迎新。教育整体规划应利用旧有的教育资源和设施，扩大普通群众的教育受益面。在“有计划、有步骤地改革旧的教育制度、教育内容”的同时，

---

① 毛泽东选集（第 4 卷）[M]．北京：人民出版社，1991：1428.
② 参见当代中国研究所．中华人民共和国史稿（第一卷）[M]．北京：人民出版社，2012.
③ 毛泽东文集（第 5 卷）[M]．北京：人民出版社，1996：335.
④ 同上，19.
⑤ 毛泽东文集（第 7 卷）[M]．北京：人民出版社，1999：187.
⑥ 参见当代中国研究所．中华人民共和国史稿（第一卷）[M]．北京：人民出版社，2012.
⑦ 毛泽东文集（第 6 卷）[M]．北京：人民出版社，1999：455.

"推行民主管理"和"建立起教育新秩序"①。其次，将农村大众教育作为重点。大众教育的重点在农村，农村教育首先应从扫除文盲开始，从大众普及做起。毛泽东亲自制订了七年的扫盲计划和1500-2000字的识字标准。对于因家庭贫困等困难无法入学的群众，要增加助学力度，"助学金应该加以调整"，两三年之后，就应该能实现"百分之七八十的农家子女能享受助学金"，基本解决家庭困难群众的子女上学问题。最后，从教育实际出发，采取一些特殊的教育做法，如创办速成学校和职业学校，设立各种文化扫盲班，推广速成识字法等。

（三）努力提高医疗卫生水平

医疗卫生状况关系到人民群众健康水平和生命安全，影响着社会心态和社会秩序。全国每年"因为缺乏卫生知识和卫生工作"导致的"损失"，要超过由于自然"灾荒所受的损失"，所以，我们"决不应该轻视卫生工作"②。1960年3月，在《把爱国卫生运动重新发动起来》一文中，毛泽东强调卫生工作对于提高"人民低弱的体质"和"环境清洁"③，以及学习、生产等方面的重要性。为了做好医疗卫生工作，他提出两点要求：一要坚持方针原则。"面向工农兵、预防为主、团结中西医、卫生工作与群众运动相结合"。二是突出工作重点。将"重点放到农村去"④，建构适合中国国情和农村实际的医疗模式。政府扶持与群众互助相结合的合作型医疗模式，解决了绝大多数群众的基本医疗需求，为发展中国家的医疗卫生事业提供了成功范本。

（四）加强社会保障体系建设

我们党重视社会福利、社会救济和社会保险等社会保障体系建设。毛泽东认为，工人的"劳动条件和集体福利"要随着"劳动生产率提高"而"逐步有所改进"。城市可以有各种服务、设施和补贴等单位福利；农村可以提供义务教育、生活帮扶和医疗康复等公社福利，农民可以留存一定比例的管理费用等公益金，"公益金是为了农民的福利"，使用"公益金也要有个控制"⑤。尊重群众生存权，是社会治理的基本态度。1949年12月苏北地区发生自然灾害，毛泽东亲自指示调拨粮食救济灾民；1950年6月，毛泽东在七

---

① 参见当代中国研究所．中华人民共和国史稿（第一卷）［M］．北京：人民出版社，2012.
② 毛泽东文集（第6卷）［M］．北京：人民出版社，1999：176.
③ 毛泽东文集（第8卷）［M］．北京：人民出版社，1999：150.
④ 毛泽东著作专题摘编（下）［M］．北京：中央文献出版，2003：1656.
⑤ 毛泽东文集（第7卷）［M］．北京：人民出版社，1999：30.

届三中全会上强调要做好社会救济工作；1952年苏浙地区农民因庄稼歉收造成的生活困难，毛泽东要求华东局按规定比率征粮，减轻农民负担。毛泽东强调，做好社会救济工作，要进行调查研究，掌握整体情况，制定合理的救济原则和具体措施。要认真细致地统计新中国成立前“失业工人究竟有多少”，并尽量都列为“应当救济”① 的范围。不管什么原因，只要是人民群众中的一员，都应享有国家救济的权利。“对那些全家没有人就业的，还要救济，总以不饿死人为原则”②。对于无法及时就业和丧失劳动能力的，政府有责任实行社会救济。对于孤老残疾等特殊群体，政府要制定救助办法，无偿提供生活资料、满足疾病医治等需求。关于社会保险。从1951年开始，政府颁布了社会保险政策和条例，从规章制度上保障了人民群众的利益。比如，《中华人民共和国劳动保险条例》（1951）和《关于改进公费医疗管理问题的通知》（1965）等规章制度。

改善民生是为了维护良好的社会秩序、营造良好的社会环境。毛泽东特别对政府治理部门和人员提出要积极清除旧社会遗毒，同时号召群众转变“大吃大喝、不善持家”等不良风气，共同净化社会风气和营造新社会风尚。

三、在党的领导下群众主体的治理参与

党的领导下的群众参与，体现了社会治理的领导核心和依靠力量。

其一，社会治理要在党“中央的强有力的领导”下进行。“党是阶级斗争的工具，政府也是工具，党的中央委员会、党的领导机关”和管理机关，都应该“当作工具来看”③。党委、政府和公务人员，要坚持“管理就是服务”的理念，自觉成为服务群众的工具。党之所以能够领导社会治理工作，是由党的历史使命和建党原则决定的，是由党的群众观点和群众路线决定的。中国共产党以“为民族、为人民谋利益”为己任，没有自己的“私利”。在社会治理工作中，党员干部要做人民公仆，“以普通劳动者的姿态出现”④，将解决群众“切实利益问题”和“生活问题”作为最高治理原则，做到“向人民负责和向党的领导机构负责”⑤的统一。

---

① 建国以来毛泽东文稿（第1册）[M]．北京：中央文献出版社 1987：503.
② 毛泽东文集（第7卷）[M]．北京：人民出版社，1999：187.
③ 毛泽东文集（第3卷）[M]．北京：人民出版社，1996：373.
④ 毛泽东文集（第7卷）[M]．北京：人民出版社，1999：378.
⑤ 毛泽东选集（第3卷）[M]．北京：人民出版社，1991：1095.

其二，党要依靠人民群众和社会团体进行社会治理。在谈到党和政府对社会治理的主导作用时，毛泽东也十分重视社会团体和群众的治理参与。他认为，如果仅靠党的管理干部，而不依靠或疏于群众，社会主义建设与治理是无法进行的。因为，社会主义事业是广大人民群众的事业，"百分之九十不是党员做的，而是非党员做的"。做好社会治理工作，需要全社会共同努力，需要"各个部门都要负责任"。一是需要群众自觉、积极的治理参与。"凡是需要群众参加的工作，如果没有群众的自觉和自愿，就会流于徒有形式而失败。"① 作为执政者和领导者，党要引导人民群众有序参与社会治理，坚持走群众路线。作为国家的主人和治理主体，"人民自己必须管理上层建筑"②。人民群众要发扬首创精神，努力学好管理知识，提高治理能力和水平，能够胜任新中国的社会治理工作。二是需要借助一定的社会载体和形式。毛泽东非常关注社会团体在社会治理中的凝聚作用和整合作用。他认为，整合社会力量、放大治理效应的有效途径和最佳方式，就是借助各种社会团体的形式，将广大群众组织起来。③ 因此，要有计划地将各行各业的群众"组成为一个大公社"，并作为"我国社会的基本单位"。这种社会治理机构的建制有利于民情和管理指令的上传下达。毛泽东认为，借助社会组织的形式将人民群众组织起来，可以将个人力量形成合力，集思广益，群智群力，提高社会治理效果。"社会团体和各地群众"是完全"能够想出很多好的办法"④ 的。在这种思想影响下，城市建立了街道政府和居民委员会，后来形成了单位制的社会组织形式。农村则通过人民公社和合作社等基层组织，将全国分散的农民组织起来，形成一个具有统一指令和共同行动的整体组织。

民主是人民群众治理参与的根本途径。民主是一条"新路"，是保证人民群众治理参与权益的重要保障。在毛泽东看来，政府的社会治理工作实际上是群众工作。因此，必须要面向群众，造福群众。毛泽东关于社会团体和群众参与治理的思想为当前社会治理格局的形成提供了科学依据。

---

① 毛泽东选集（第3卷）[M]．北京：人民出版社，1991：1012.

② 毛泽东．读苏联社会主义经济学批注和谈话（上册）[M]．北京：当代中国出版社，1998：275.

③ 参见毛泽东选集（第5卷）[M]．北京：人民出版社，1977：9-10.

④ 毛泽东文集（第7卷）[M]．北京：人民出版社，1999：228.

四、"全面规划、统筹兼顾"的"革命式"治理

一方面，遵循全面规划和统筹兼顾的治理方针。社会治理的全面规划，是指在社会公共事务治理中，按照事先研究和制定的整体目标，通过整合和运用社会资源、社会力量等形式，达成稳定的社会秩序、和谐的社会样态和健康的社会发展。建设和治理"一个强大的社会主义国家"，"必须有全国的统一计划和统一纪律"①。此外，还需要"综合平衡"，这也十分重要。统一计划是综合平衡的前提条件，综合平衡是统一计划的必然结果。"统一计划"是党领导下的"全面的规划"②。社会治理规划是社会发展规划的组成部分，需要进行全面的科学规划。这个全面规划要在党的统一领导下，结合经济社会发展状况，做到统筹兼顾，适当安排。社会主义社会治理正是遵循"统筹兼顾、适当安排"的方针。"统筹兼顾，是指对于六亿人口的统筹兼顾。"③一切发展、建设和治理规划都要以此为出发点。另一方面，采取革命化的治理方式。社会治理的开展需要一定的物质、思想和政治条件。新中国成立之初面对的是内忧外患相互交织、社会事业百废待兴的局面。政治上，国内外反动势力相互勾结，妄图颠覆新生人民政权，政治社会形势复杂严峻；经济上，物资匮乏、物价飞涨，国民经济处于崩溃边缘；思想上，因物质利益影响，党员干部理想信念、革命纯洁性和信仰坚定性受到了冲击。对此，我们党认为，要在社会治理中继续运用革命思维和手段，同国内外反动势力作斗争，为即将开展的经济社会建设创造良好环境。党和政府通过"三大改造"和革命化管理措施，稳定了国内物价和经济局面，为建设国家和治理社会奠定了物质基础或经济条件。通过"革命传统和理想信念教育"④，发扬无私奉献、不怕牺牲的革命精神，并将其迸发出的热情带进社会治理中。

在社会治理中倡导革命精神，离不开思想政治工作，离不开作为治理主体的人的思想认同和心理认同。解决思想问题，只能靠说服，不能靠压服；只能靠劝导，不能靠压制。作为党的优势之一，思想政治工作能够帮助群众树立科学价值观，协调好国家、集体和个人的关系。所以，这一优势也应体

① 毛泽东选集（第5卷）[M]．北京：人民出版社，1977：276.

② 同上，189.

③ 毛泽东著作选读（下册）[M]．北京：人民出版社，1986：782-783.

④ 参见当代中国研究所．中华人民共和国史稿（第二卷）[M]．北京：人民出版社，2012.

现在社会治理中。在社会主义条件下，社会公共事务就是人民内部的社会关系事务，处理这种关系和事务首先要使群众从思想和心理上接受。“掌握思想教育是我们第一等的业务”和治理工作的“中心环节”。正是充分运用了思想政治工作优势，1956 年到 1966 年的十年间，社会治理中出现了如“树立标兵”“典型引路”① 等很多好方法。思想政治工作是党的优良传统，是社会治理工作的生命线。它不仅是革命成功的重要原因，也是建设和治理社会主义社会的必要条件。因此，做好社会治理工作，需“要加强政治工作”②，并将“思想政治教育工作制度化”③。

社会主义社会治理的最终目标是实现四个现代化、建设伟大社会主义国家。早在青少年时代，毛泽东就立志建立一个富强国家。在革命即将胜利之际，他开始考虑社会主义建设和治理问题。党和政府下一个目标就是“使中国由农业国变为工业国”④。在七届二中全会上，他指出，要“把中国建设成一个伟大的社会主义国家”⑤。随着国内外形势变化和社会主义建设推进，这一目标任务更加具体和完善：实现工业、农业和科学文化和国防现代化。这是我们党在从“夺取革命政权”“建立社会主义制度”到“社会主义建设”时期历史任务的战略转型，也是党在全国执政后社会治理的战略目标。

五、将社会公平与治理高效统一起来

社会主义国家的社会治理应该坚持“社会公平、治理高效”的原则，坚持治理公平与效能相统一的评价标准和价值导向。

第一，关于社会公平。建立人人平等的社会，是毛泽东一生的理想目标。他的社会公平观主要内容有：一是教育平等是社会平等的基础内容。学校教育是大众教育的主要阵地，教育公平首先是学校教育公平。毛泽东在给周恩来的信中写道：“干部子弟学校，第一步应划一待遇，不得再分等级；第二步，废除这种贵族学校，与人民子弟合一。”⑥ 二是干群平等是社会平等的重要内容。实现干群平等，要从干部和群众两方面着手：管理干部要做好人民

① 参见当代中国研究所．中华人民共和国史稿（第二卷）［M］．北京：人民出版社，2012.
② 毛泽东选集（第 5 卷）［M］．北京：人民出版社，1977：329.
③ 参见当代中国研究所．中华人民共和国史稿（第二卷）［M］．北京：人民出版社，2012.
④ 毛泽东选集（第 3 卷）［M］．北京：人民出版社，1991：1081.
⑤ 毛泽东选集（第 4 卷）［M］．北京：人民出版社，1991：1437.
⑥ 毛泽东文集（第 6 卷）［M］．北京：人民出版社，1999：232.

公仆，不能“摆老爷架子，不摆官僚架子”①，在群众面前，“要以一个普通劳动者的姿态出现”②。要重视普通民众的增收问题。工资等收入要重点“加在工人方面”，以缩小干群的收入差距。三是男女平等是社会公平的最高要求。男女平等是对男女关系封建观的彻底否定，是对社会治理主体关系的创造性发展。在社会主义社会治理中，“妇女是一种伟大的人力资源”。所以要“实现妇女解放”，使妇女享受同“男子一样的平等权利”③。同时，“要发动妇女参加社会劳动”，并“实行男女同工同酬的原则”④。在社会治理权利方面，应更多地让妇女参与治理，适当增加妇女代表的比例，“将来女同志的比例至少要和男同志一样”，甚至可以“超过了男同志”⑤。通过一系列管理措施，到1952年，全国女职工人数已达到184.8万人，比1949年净增加124.8万人。⑥ 而且，在同年的基层选举中，“女代表占百分之十七”⑦。四是，实现社会平等，归根结底是要消灭社会分工。社会分工是导致社会差别的根源。很大程度上，社会主义社会还存在着工农差别、城乡差别和脑体差别等不平等现象，这是不合理的，应通过制度建设等途径尽快消灭。

第二，关于治理效能。治理的投入与产出比例，是衡量治理效能的重要标志。提高社会治理效能，首先就是降低治理成本。精简管理机构和人员、节俭搞治理是降低治理成本的重要举措。社会治理机构和人员是“越少越好”。可是，现实中“国家机构庞大，部门很多，许多人员蹲在机关里头没有事做”⑧。机构臃肿，人浮于事，增加了社会治理成本。马克思恩格斯曾指出，无产阶级应该本着节俭高效原则建立“廉价政府”。我们党将这一原则与中国治理实际相结合，并作为评价新中国社会治理效率的基本尺度。1934年1月，在江西瑞金召开的全国第二次工农代表大会上，毛泽东指出，革命根据地所有党员干部和管理人员要认识到“贪污和浪费是极大的犯罪”，在工作中都须坚持“节省的方针”。在《勤俭办社》一文按语中，他再次强调，“什么事情都应当执行勤俭的原则”，都要本着“节约的原则”。社会治理工作“特

① 毛泽东文集（第7卷）［M］．北京：人民出版社，1999：287.
② 同上，355.
③ 参见当代中国研究所．中华人民共和国史稿（第一卷）［M］．北京：人民出版社，2012.
④ 毛泽东文集（第6卷）［M］．北京：人民出版社，1999：458.
⑤ 毛泽东文集（第7卷）［M］．北京：人民出版社，1999：151.
⑥ 转引自罗琼．当代中国妇女［M］．北京：当代中国出版社，1994：42.
⑦ 毛泽东文集（第7卷）［M］．北京：人民出版社，1999：151.
⑧ 毛泽东选集（第5卷）［M］．北京：人民出版社，1977：357.

别要提倡勤俭，特别要注意节约”①。此后，在七届三中全会和《论十大关系》中，毛泽东又分别指出，完成“国家机构所需经费的大量节减”② 以及“精简国家机构、减少军政费用”“适当扩大地方管理权限”③等任务，必将会“提高工作效率和转移社会风气”，社会主义建设与治理“全局都将迅速进步”。这些论述是对马克思主义“廉价”治理原则的继承发展，是我国社会治理机构坚持减员增效原则的开端。

六、加强社会控制与突发事件应急治理

基于对社会稳定的考虑，我们党非常重视社会治理风险防范及治理。第一，重视对社会突发事件的及时预警。“‘凡事预则立，不预则废’，没有事先计划和准备，就不能获得战争的胜利。”④ 社会主义社会治理也是如此，同样需要一套完善的预警系统。在社会突发事件预警管理中，首先有应付突发事件的思想准备。要从最棘手最困难情况、可能会产生最坏影响出发，细致周详地考虑问题，做好最坏打算和最充足准备。“对于少数人闹事，应当采取积极态度”，“要准备着”。既“有精神准备”，也要有物质准备，这样“才不致陷于被动”。要做“准备出大事”的打算。对于“事情的发展”，有时“要放在最坏的基础上来设想”⑤。一旦发生突发事件，就可以镇定从容地对待，社会风险管理与治理就能有序进行。此外，还要有预先的理论准备。要从社会主义建设整体大局出发，研究这些突发事件形成的内在机理怎样？如何面对这些突发事件？导致这些突发事件的原因？建立怎样的有效预警、化解机制和危机治理体系？要未雨绸缪，把事情想在前面，把问题考虑周全，把社会治理工作做的全面细致深入，争取社会治理领域的主动权、掌控权。第二，重视对社会突发事件的有效化解。毛泽东分析了社会突发事件的原因及治理措施。原因主要有两种：一种是管理者的官僚主义，另一种是思想政治教育力度不够。“发生闹事的更重要的因素，还是领导上的官僚主义……闹事的另一个原因是对于工人、学生缺乏思想政治教育”⑥。在治理措施和解决途径

① 毛泽东选集（第5卷）［M］. 北京：人民出版社，1977：249.
② 毛泽东文集（第6卷）［M］. 北京：人民出版社，1999：447.
③ 参见当代中国研究所. 中华人民共和国史稿（第一卷）［M］. 北京：人民出版社，2012.
④ 毛泽东选集（第2卷）［M］. 北京：人民出版社，1991：495.
⑤ 毛泽东选集（第5卷）［M］. 北京：人民出版社，1977：352.
⑥ 毛泽东文集（第7卷）［M］. 北京：人民出版社，1999：236.

上，要“克服官僚主义”和“加强思想政治教育，恰当地处理各种矛盾”①。官僚主义影响党和政府的形象，造成党群、干群对立，引发社会矛盾和社会风险。“这个危险是存在的。如果脱离群众，不去解决群众的问题，农民就要打扁担，工人就要上街示威，学生就要闹事。”② 这样一来，社会控制功能就会失调，社会管理方法就会失效。此外，还应从改善人民生活水平、加强社会主义民主建设等方面预防突发事件、解决社会冲突。

第三节 奠基与开创：“政府‘一元’管控”社会治理的重要意义

以毛泽东为代表的共产党人，栉风沐雨，砥砺前行，对革命时期根据地局部执政的社会治理进行了初步探索，对新中国改造和建设时期社会治理进行了全面实践和认真总结，取得了丰硕成果。计划经济时期“政府‘一元’管控”社会治理是特殊历史条件下的产物，开辟了一条社会主义性质的“中国式”社会治理道路，在我国社会治理创新发展史上具有极其重要的历史地位。

一、以“中国方式”系统解读了马克思主义社会治理理论

第一，创造性运用和发展“实事求是”观和能动反映论，对马克思主义社会治理理论遵循社会发展规律进行解读。

一方面，社会客观规律是社会治理创新的行动遵循。人类社会发展是认识、遵循和运用社会客观规律的过程。1941 年，毛泽东指出：坚持实事求是，就是从“客观存在着的一切事物”或“实际情况”中研究和总结其“规律性”，即“事变的内部联系”，以此“作为我们行动的向导”③ 和社会治理创新的活动指南。实事求是，是党指导社会治理创新等一切工作的思想路线，是计划经济时期“政府‘一元’管控”社会治理的精髓。一切社会治理创新活动行为都要坚持实事求是，从实际出发，“从实践出发”，“逐步地克服盲目

① 毛泽东文集（第 7 卷）［M］. 北京：人民出版社，1999：237.
② 毛泽东选集（第 5 卷）［M］. 北京：人民出版社，1977：324-325.
③ 毛泽东选集（第 3 卷）［M］. 北京：人民出版社，1991：801.

性、认识客观规律”①。实践是检验真理的唯一标准，是认识社会治理创新规律的唯一途径。“社会实践”的“过程是无穷的”，且“一次又一次地向前”，相应地，“人们对于客观现实的认识”的“过程也是无穷的”，且“也就一次又一次的深化”。作为一种科学认识，马克思主义“在实践中不断地开辟认识真理的道路”②，马克思主义社会治理理论在实践中不断深化和完善。认识社会治理创新规律是一个复杂的无穷的深化过程。在社会治理创新实践中，需要不断总结经验、提炼技术，需要不断完善治理理论进而指导治理实践，使社会治理创新工作卓有成效和不断发展。另一方面，认识社会客观规律的目的是能动地改造和治理社会。用“对于客观规律性的认识去能动地改造世界”③，是人类活动行为的主要目的。毛泽东坚持唯物主义的认识路线，肯定思维与存在的同一性，认为主体通过实践活动能够认识和改造客体。“在马克思主义哲学发展史上，毛泽东第一次把马克思主义认识论概括为能动反映论”④。这种能动反映论最突出“最重要的方面是能动性”⑤，是具有“社会实践”⑥ 性的“能动的过程”⑦。而且这种“认识的能动作用”经历了两次飞跃：第一次飞跃是“从感性的认识到理性的认识”，第二次飞跃、也是更为重要的飞跃是“从理性的认识到革命的实践”⑧。可见，源于实践的感性认识，还要经过实践再次上升为更高层次的理性认识。从这个角度看，社会治理正是经过这样的实践过程而最终实现了理论创新。现实生活中，社会治理创新的阶段性完成，并非意味着认识活动的结束，而是将业已形成的创新理论继续运用到治理实践中，并在实践中检验、修改和完善，继而调整和改变现存不合理的社会秩序，达到改造社会现实的目的。至此，辩证唯物主义和历史唯物主义实现了统一，形成了马克思主义社会治理世界观方法论。这是毛泽东对马克思主义社会治理哲学方法论的重要贡献。

第二，创造性运用和发展社会基本矛盾规律，对马克思主义社会治理要

---

① 毛泽东文集（第8卷）［M］．北京：人民出版社，1999：300.

② 毛泽东选集（第1卷）［M］．北京：人民出版社，1991：295-296.

③ 同上，292.

④ 宋一秀．毛泽东哲学思想精髓［M］．北京：北大出版社，1993：162.

⑤ 中共中央文献研究室编．毛泽东哲学批注集［M］．北京：中央文献出版社，1988：311.

⑥ 毛泽东选集（第1卷）［M］．北京：人民出版社，1991：295.

⑦ 中共中央文献研究室编．毛泽东哲学批注集［M］．北京：中央文献出版社，1988：15.

⑧ 毛泽东选集（第1卷）［M］．北京：人民出版社，1991：292.

以发展生产为中心辩证施“治”进行解读。

围绕“物质经济发展”进行社会治理。马克思主义认为，经济状况和社会生产是人类社会历史创造、发展和治理的决定性因素。“经济的前提和条件归根到底是决定性的”①。随着科学社会主义发展，无论是第一个社会主义国家苏联，还是“二战”后诞生的一批社会主义国家，它们的经济社会发展的现实境遇，如生产力水平低下、经济发展落后等都大致相同。因此，这些社会主义国家都必须以发展生产和经济建设为工作中心。只有这样，作为上层建筑的社会建设和治理才能成为必要和可能。新中国成立之时社会事业百废待兴，人民生活水平之低为社会主义国家之罕见。在这种情况下，毛泽东指出，在革命胜利后，社会治理等各项工作要围绕和服务于物质生产和人民生活。相比政权的夺取，这项新任务更为艰巨和伟大。

第三，创造性运用和发展“对立统一”的辩证方法，对马克思主义社会治理的矛盾系统论进行解读。

对立统一规律是唯物辩证法的实质和核心，是马克思主义中最具有理论活力和实践力量的元素之一。列宁结合俄国实际，成功把马克思主义唯物辩证法运用到了苏维埃社会建设和治理中。与列宁一样，毛泽东也十分钟情于辩证法的理论阐述和实际运用。事物之所以能够发展，就“在于事物内部的矛盾性”②。毛泽东肯定了辩证法的核心就是对立统一的学说。从革命时期“集中优势兵力，各个歼灭敌人”，到改造时期的“一化三改”，再到建设时期社会基本矛盾和主要矛盾的提出，都闪耀着辩证法的思想光芒。对对立统一规律进行系统阐述和经典概括，是毛泽东对唯物辩证法的突出贡献之一。从这个方面看，社会治理创新实质是在把握社会发展规律的基础上，按照唯物辩证法协调各种社会关系、处理各种社会矛盾。1956 年，在社会主义建设全面展开前夕，毛泽东郑重提出全党都要注重运用辩证法，按照辩证法对待社会矛盾和进行社会治理。“要照辩证法办事”，“全党都要学习辩证法，提倡照辩证法办事”③。毛泽东强调的按辩证法办事，也包括依据辩证法来办社会治理领域的事情，依据辩证法研究和进行社会治理创新。唯物认识论和辩证法在区分两类性质的社会矛盾，特别是处理人民内部矛盾时，体现得尤为充

---

① 马克思恩格斯选集（第 4 卷）［M］. 北京：人民出版社，1995：47-48.

② 毛泽东选集（第 1 卷）［M］. 北京：人民出版社，1991：301.

③ 毛泽东文集（第 7 卷）［M］. 北京：人民出版社，1999：200.

分。毛泽东认为，社会矛盾性质不同，处理办法也不同：对抗性的敌我矛盾，要用阶级的方法；而非对抗性的人民内部矛盾，必须用民主的方法，应遵循这类矛盾的辩证发展规律，立足于团结，进行有限度的批评，从而解决矛盾和达到更好地团结。要正视社会矛盾，有能力分清主次矛盾，善于统筹兼顾、辩证对待和正确化解。要明辨不同性质的矛盾，善于用阶级方法或"团结—批评—团结"辩证方法处理矛盾。

第四，创造性发展和运用"群众路线"的根本方法，对马克思主义社会治理的群众史观进行解读。

群众路线是马克思主义群众观点与党的群众工作实际的结合产物，是党领导社会主义社会治理形成的特色方法，是计划经济时期"政府'一元'管控"社会治理的活的灵魂。社会治理的群众路线，就是秉承群众观点，维护群众利益，稳定社会秩序。密切联系群众是党的政治优势，也是社会优势和组织管理优势。社会治理创新要坚持群众路线，毛泽东曾生动地比喻道："党群关系好比鱼水关系"①。一方面，群众工作是社会治理创新的重要渠道。社会主义社会治理是人民群众的社会治理，社会治理工作实质就是坚持人民主体地位的群众工作。马克思主义认为，无产阶级专政国家实行的是人民治理。马克思恩格斯提出了人民治理国家和社会的观点。列宁强调应将社会公共事务交给所有劳动阶级治理。毛泽东结合中国治理实际，指出"劳动者管理国家""管理文化教育"是社会主义"劳动者最大的权利，最根本的权利"②。广大劳动者享受社会治理权利，是社会主义国家主人翁的表现。劳动群众是社会主义社会建设者和管理者。"要办什么事，要决定什么大计，就非问问工农群众不可"③。革命时期，党依靠群众取得了胜利。社会主义事业是人民的事业，党在建设时期仍要紧密联系群众。建设和治理好社会主义要有党的领导，但也离不开人民群众。人民当家做主是社会主义制度的鲜明特征，社会主义社会治理理应尊重人民群众的主体地位。广大群众只有参与到国家和社会治理活动中，才能体现自身利益和治理主体地位。因此，社会治理创新要坚持"从群众中来，到群众中去"④。这样，社会主义社会治理才真正具有实际意义。另一方面，坚持社会治理的群众史观和群众路线，最终目标是实现

---

① 建国以来毛泽东文稿（第6卷）[M]. 北京：中央文献出版社，1992：547.

② 毛泽东文集（第8卷）[M]. 北京：人民出版社，1999：129.

③ 毛泽东选集（第5卷）[M]. 北京：人民出版社，1977：454.

④ 毛泽东选集（第3卷）[M]. 北京：人民出版社，1991：899.

人民群众的全面发展。德智体全面发展是人的全面发展的重要标志。培养德智体全面发展的人才，可以通过教育和生产劳动相结合的途径。实际上，毛泽东“教育和生产相统一”的观点由来已久。五四时期，他曾主张学校要实现工读兼行计划，强调要重视体力劳动。他曾多次论及教育和生产劳动的结合问题。毛泽东指出，社会主义社会治理创新要实现人的全面发展，在借助革命手段解除民族压迫和封建压迫之后，就要开始解决具体的人的个性发展问题。“保障广大人民能够自由发展其在共同生活中的个性”①，全面发展人的德育、智育和体育，有助于人的个性发展。

二、开创了马克思主义社会治理中国化的历史先河

计划经济时期“政府‘一元’管控”社会治理坚持以人民群众为本，涵盖了社会治理的总体目标、性质特征、主要内容、价值导向、制度法规、风险防范等方面，对新中国成立初期社会治理进行了整体设计和系统筹划，为迅速恢复国民经济、巩固社会主义制度奠定了基础，开创了马克思主义社会治理中国化的历史先河。

第一，社会主义社会治理工作就是人民群众的工作。社会治理要立足群众，从基层建设做起，坚持党的核心领导，发挥政府的主导作用和社会组织的参与力量，注意处理好人民内部矛盾，切实维护好人民群众利益。这种具有鲜明的中国元素的社会治理，是为有着特殊国情的新中国量身定制，适应了当时中国经济社会发展要求。

第二，探索适合中国国情的国家治理和社会治理道路，是毛泽东等共产党人要解决的历史任务。毛泽东是新中国社会主义社会建设和治理的奠基者和拓荒者。如果说，马克思恩格斯是对国家与社会治理进行理论创设的话，那么，毛泽东则做到了“马列主义的普遍真理同中国的实际相结合”②，全面开启了马克思主义社会治理理论中国化进程和实践创新。

第三，民主革命时期，党的治理范围主要在较为分散的解放区和根据地，而且绝大多数均地处农村，这与我们今天所讲的社会治理有很大不同。这一时期，党的社会治理工作主要是以解放区和革命根据地为依托，以赢得革命胜利为价值取向，以军队治理为主要方式，带有明显的政社合一、军地兼顾、

---

① 毛泽东选集（第3卷）［M］．北京：人民出版社，1991：1058.
② 毛泽东文集（第8卷）［M］．北京：人民出版社，1999：237.

军政指令等特点。随着革命形势的发展，一些保障军队供给的工厂和企业陆续出现，民主治理对于发展生产和政治社会稳定的重要性逐渐显现。在此过程中，毛泽东等共产党人探索出了具有鲜明政治性的社会治理民主新路，这其实是我国社会主义社会治理的思想来源和道路起点。

第四，根据地和新中国成立后的社会治理是在党领导下的社会治理，党的领导能力和治理水平如何，关系到党是否能站稳脚跟、赢得民心、取得革命和执政合法性。1937 年 10 月，毛泽东指出，要“建立全中国的强固的共产党”，“使我们的干部不但能治党，而且能治国”，就必须“懂得向全中国与全世界人民讲话，并为他们做事”，必须“有远大的政治眼光与政治家的风度”①。1949 年 3 月，在七届二中全会上，毛泽东宣布，党以乡村为重点的工作时期已经结束，并开始了城市领导乡村的过渡时期。新中国成立后，中国共产党实现了在全国范围内对国家和社会的治理。“党的工作重心由乡村转移到城市”，党和政府要“用极大的努力去学会管理城市和建设城市”②，学会领导和管理经济、文化和社会等各项工作。各级管理干部在不放松农村工作的同时，要重视探索城市管理与治理和社会事务的知识和技能，下大力气学好建设、管理与治理城市。历经革命实践磨炼的中国共产党，成就了改天换地的丰功伟业，第一次成了中国社会主义社会治理的领导者，第一次使人民成了中国社会主义社会治理的主人。

第五，人民民主是群众治理参与的重要体现，是社会主义社会治理优越性的重要标志。毛泽东认为，要体现社会治理民主，就是要让人民群众参与社会治理。1950 年 6 月，在政协一届二次会议闭幕式上，毛泽东指出，要“用民主的方法……让他们参与政治活动”③。社会主义社会治理，要与革命年代一样，密切联系人民群众，引导人民群众积极参与。没有群众广泛参与，社会治理民主只能是一句空话。这些观点为当前社会治理重视民主建设、坚持群众路线奠定了基调。

第六，1956 年，我国社会主义改造基本结束、社会主义制度得到巩固。毛泽东提出，要及时实现从革命和斗争到建设和治理的转变，“以苏为鉴”，依据中国国情，探索中国自己的社会治理之路。毛泽东提出的很多观点和看

① 毛泽东文集（第 2 卷）[M]．北京：人民出版社，1993：59-60.
② 毛泽东选集（第 4 卷）[M]．北京：人民出版社，1991：1427.
③ 毛泽东文集（第 7 卷）[M]．北京：人民出版社，1999：212.

法主要集中体现在《关于正确处理人民内部矛盾的问题》《矛盾论》《实践论》《不要四面出击》《论十大关系》等文章中。

第七，1957 年，毛泽东指出，在社会主义建设中，通过科学的社会治理，能够协调社会关系、化解人民内部矛盾，为建设伟大的社会主义现代化国家，营造出充满活力、稳定和谐的政治环境和社会氛围。这是党和国家在社会建设和治理中的价值追求，是新中国社会治理目标任务的首次顶层设计，从此，我国社会主义社会治理创新有了明晰思路和发展方向。

总之，毛泽东等共产党人将马克思主义社会治理与中国治理实际相结合，汲取了中国传统治理文化中的精华，借鉴和总结了国内外其他国家执政经验和社会治理的经验教训，形成了具有丰富内容的“政府‘一元’管控”社会治理理论。毛泽东重视从经济条件和物质基础、政权政治和精神思想等方面加强社会治理，稳定社会秩序。毛泽东强调对社会治理中各种矛盾和关系的把握和处理，提出了一些富有特色的治理理念和治理方法。比如，注重整体系统治理思维和发展辩证的治理方法，对社会各阶层利益统筹兼顾，全面规划。毛泽东重视党委、政府、社会团体和群众等主体作用发挥和职能角色界定，主张柔性治理创新和硬性治理创新的统一，加强思想政治教育和制度法规建设等。

三、为中国特色社会主义社会治理体系奠定了理论基础

毛泽东等中国马克思主义者创设的“政府‘一元’管控”社会治理理论中的许多思想观点，对构建中国特色社会主义社会治理体系具有重要价值：提出了四个现代化的社会理想，为中国梦提供了理论依据；提出营造民主和集中、纪律和自由相统一的政治局面和社会环境，为构建社会主义和谐社会提供了重要启示；坚持党“中央的强有力的领导”，处理好“央地”政府的关系，重视发挥社会组织和群众的力量，为社会治理格局的形成打下了基础；坚持以群众利益为出发点，大力发展教育、就业、医疗卫生，社会救济和社会保障等民生事业，成了当前社会治理创新的核心和基础内容；提出两类性质社会矛盾和正确处理人民内部矛盾的学说，明确了社会治理在协调社会关系、化解社会矛盾和解决社会问题等方面的作用；坚持统筹兼顾、适当安排，加强思想政治教育，为当前社会治理创新提供了科学方法论指导；关于人人平等、社会风险防范和制度法规建设等思想，为当前社会治理的价值导向和

内容体系提供了指导等。

（一）社会治理的思想理念基础

重视加强社会治理的马克思主义意识形态功能，是毛泽东的基本理论态度。意识形态建设和治理是社会治理的重要内容，是增强社会成员政治认同和凝聚力的基本手段，也是检验政党治理水平的重要标准。由于种种原因，旧社会意识形态并不会随着旧政权倒台而立刻消失，还将在一定程度上和范围内产生负面影响；多元化价值取向和多样化思想观念仍然十分复杂，需要加强引导、治理和调控；国外敌对势力由军事侵略为主转向了“和平演变”意识形态斗争为主。针对这些情况，毛泽东提出要将马克思主义意识形态建设和治理作为社会主义社会治理的重大理论和现实问题，并采取措施加强马克思主义在意识形态领域领导权和主动权，以此凝聚民心、增强社会治理力度及效果。

（二）社会治理的方针原则基础

不同历史时期，党领导社会治理的变革方式和手段也不同。在革命时期，我们党通过革命手段实现政权变革。在建设时期，则更多强调统筹兼顾，采用符合治理规律的循序渐进方式，采用化解社会矛盾的民主协调方式，采用稳步过渡的和平赎买方式等。这些独创性的中国方式，都是可供当前社会治理创新借鉴的成功做法。一是社会治理要遵循规律，循序渐进。毛泽东极其重视对社会治理内在规律的认识和把握。他指出，中国共产党没有在全国范围内执政和治理的经验，因此需要认真探究建设和治理社会主义社会的规律，及时总结这方面经验教训。二是社会治理要统筹兼顾、适当安排。统筹兼顾、适当安排是党在长期革命和建设实践中的经验总结。“统筹兼顾、适当安排”的方针是由政权建设和经济建设中的“三三制”“军民兼顾”和“公私兼顾”演变而来，它起初主要是经济领域中的治理模式，后来衍伸到了其他社会公共事业，如粮食、灾难、就业、教育等。毛泽东认为，在战争时期，要处理好革命成功和休养民力的关系，战争负担不宜过度损伤民力；在改造时期，要处理好公私经济的关系，允许私有经济成分的适度存在，不过度剥夺资本家的利益；在建设时期，要兼顾好全国六亿人口的整体利益，兼顾工人、农民等社会各阶层的利益，统筹好国家、集体和个人的利益关系，结合地方实际，做到最大范围的民主协商和适当安排等。“统筹兼顾、适当安排”实质是保证总体协调发展、承认社会利益差别、体现区域发展特色的科学治理；是顾全大局、合理整合和公平分配社会资源的科学治理；是全面部署，与经济、军事、政治和文化建设结合的科学治理。统筹兼顾、适当安排的方针原则，为创新社会治理要求和布局确立了基调，是毛泽东对中国特色社会主义社会治理体系的突出贡献。

（三）社会治理的方式方法基础

社会治理的方式方法渗透在社会领域全过程和各方面，直接体现了管理者的工作态度和工作效果。1943 年 6 月，毛泽东要求社会治理要体现辩证法，按辩证法治理。“共产党人无论进行何项工作”，但“一般和个别相结合”“领导和群众相结合”这“两个方法是必须采用的”①。1955 年 10 月，在论述如何加强党的领导时，他说，党领导社会治理的方式方法有很多种，一是通过开会的方式解决问题。“一年开几次会，或者大会或者小会，解决当前发生的问题。”二是从个别事例找出一般方法。“如果有问题”，就可以采取“解剖”个别“麻雀”的方法，“从个别中看出普遍性”。三是通过新闻媒介方式。“选择恰当的人，办好刊物，改善刊物，迅速交流经验。”四是其他方式，如“发简报”“打电报、打电话、出去巡视”等，这些“也是很重要的领导方法”②。社会治理要以普遍的方法指导个别方法，也要从个别的方法总结普遍的方法。要坚持党对社会治理的领导权，也要重视群众参与和民主监督。此外，精神激励也是社会治理的重要方式。毛泽东指出，社会治理要以革命理想信念教育和思想政治教育方式为主，以党员干部的带头作用和革命楷模的精神力量为促进手段，尊重群众意愿，设定合理目标，激发群众的积极性和创造性。③

（四）社会治理的道路目标基础

一是走中国自己的社会治理道路。新中国成立初期，苏联社会主义社会治理模式一度成了我国社会治理的借鉴样板。从社会治理的性质、原则到方式方法，到处都有苏联模式的痕迹。通过以苏为师，我国引进和掌握了一些先进的治理技术和经验及治理方法，如社会治理形式要多样化，社会治理要结合具体国情、保护和发展生产力等。但是苏联模式也有一些弊端，如国民经济社会各部门的比例失调现象。对此，1959 年 12 月，毛泽东指出，中国和苏联虽然有许多共同之处，如“都有相当数量的无产阶级，都有大量的农民

---

① 毛泽东选集（第 3 卷）［M］．北京：人民出版社，1991：897.

② 毛泽东选集（第 5 卷）［M］．北京：人民出版社，1977：206.

③ 参见彭国甫．毛泽东邓小平行政管理思想研究［M］．北京：人民出版社，2008：239-240.

群众，都是大国"① 等，但也要看到中国有许多不同于苏联的具体情况。"研究个别社会，就是要找出个别社会的特殊规律。"② 这样才有利于探索总结社会治理的一般性和普遍性。因此，毛泽东强调对一切国家先进的方法、经验和长处要有分析有批判地学，不能照抄照搬，而是要调查研究，结合中国国情。可见，这些认识和论述为确立社会治理的中国道路和"中国模式"有很大帮助。二是确立了"建设伟大的社会主义现代化国家"的目标。近代以来，国弱民辱、饱受欺凌之痛伴随着毛泽东的成长时期，实现国强民富成了他的毕生追求。在经历了"富强国家""先进的工业国"等目标的认识阶段之后，他最终确立了社会主义"四个"现代化、伟大的社会主义国家的建设目标。这符合当时中国国情特征和发展实际，给当前创新社会治理指明了发展方向。

① 毛泽东文集（第8卷）［M］．北京：人民出版社，1999：113.
② 同上，106.

第四章

改革开放之后的“多方协作共管”社会治理

党的十一届三中全会以后，以邓小平为代表的中国共产党人，继承和发展了计划经济时期“政府‘一元’管控”社会治理理论，坚持解放思想、实事求是，使我国社会治理创新重新回到了以经济为中心的现代化治理发展道路。此后，以江泽民、胡锦涛为代表的中国共产党人，继续坚持解放思想和实事求是，秉持马克思主义与时俱进和求真务实的理论品格和实践精神，逐渐形成了“多方协作共管”社会治理理论。改革开放之后的“多方协作共管”社会治理理论的形成，是社会治理创新发展过程中的重要里程碑，表明了我们党对社会治理创新发展逻辑的认识逐渐清晰，对我国社会治理创新发展具有重要的理论价值和实践意义。

第一节　经济社会转型中社会民生领域急需“补课”的问题倒逼

改革开放之后，在继承和发展计划经济时期“政府‘一元’管控”社会治理理论的基础上，我国“多方协作共管”社会治理理论经历了“制度管制”社会治理、“德法兼治”社会治理和“以人为本”社会治理等三个理论发展阶段，这三种理论成果的形成分别具有各自的特殊背景和形成条件。

一、时代主题转变、社会整顿与个人特质的动因

（一）国际环境：国际形势的迅速发展

首先，新的时代特征的需要。20 世纪上半叶，在马克思列宁主义指导下，世界社会主义运动取得了伟大胜利，出现了以美苏为首的资本主义和社会主义的对峙局面。两大阵营相互对立、制约，由于都拥有相当数量的核武器，谁都不敢擅自发动战争。世界和平力量在上升。但是，代表和平力量主要是

第三世界国家。这些国家极其需要和平稳定的外部环境发展经济，提高人民生活水平。随着全球经济一体化的深化，各国发展更加互相依赖，多极化趋势增强。鉴于此，邓小平认为世界范围内的大规模战争有可能避免，和平与发展将是今后相当长时期内的世界主题。“这两个问题关系全局，有全局性、战略性的意义。”① 时代主题的转变，决定了国家的主要任务由战争和革命到建设和发展的转变，由社会革命到社会建设和治理的转变。和平与发展时期的社会治理需要一种新的理论指导。

其次，新科技革命的迅猛发展。考察社会发展史，我们发现，每一次新的科技革命，都会促进经济社会的巨大发展，引发社会结构的深刻转型。第一次科技革命和产业革命将资本主义英国直接送入了“蒸汽时代”，使英国由封建农耕时代进入了机器大工业时代。蒸汽机的广泛应用，使社会生产力水平迅猛提高，极大地推动了经济社会发展，引起了社会领域及其阶级结构的深刻变化。英法德等国工人阶级开始作为一支独立力量登上历史前台，与资产阶级一道成了社会的两大阶级。这种阶级结构给社会治理的转型提出了重大考验。第二次科技革命和产业革命使人类社会由“机器时代”进入了“电气时代”。社会生产力得到了又一次飞跃，自动化、近代化开始成为时代标签。在这一阶段，先后爆发了两次世界大战，国际格局由资本主义一家独大发展到“资”“社”两大阵营。

我国“多方协作共管”社会治理理论主要形成于信息化时代。在第三次科技革命中，由于社会财富的迅猛增长，西方发达国家的社会矛盾尤其是阶级矛盾相对缓和，社会有了较长时间的稳定发展。特别是亚洲“四小龙”，由于信息科技的运用，社会经济得以高速发展，社会治理迈入了现代化行列。对我国来说，这次新技术革命既是严峻挑战，更是重大战略机遇。在现代社会，国际竞争力主要体现在人才的科技水平，而提高治理水平是挖掘科技人才潜力、实现社会资源效能最大化的有效途径。信息技术发展使国际间社会交往更加密切。掌握科学技术和先进治理水平的人才是在国际竞争中制胜的关键因素。为此，邓小平强调，科技和管理人员都必须向国外学习，向内行学习，多补些社会学和治理学方面的课，发挥社会主义的制度优势和后发优势。

最后，意识形态领域的“隐性”较量与“和平”演变。意识形态领域历

---

① 邓小平文选（第3卷）［M］．北京：人民出版社，1993：96.

来是资本主义和社会主义互相较量的“兵家必争之地”。所以，意识形态工作是党和政府必须抓好的一项重要工作。在经过军事对峙和政治经济封锁失效后，西方国家转而采用综合国力竞争的“热战”和意识形态领域的“演变”等隐性方式，通过各种“和平”途径灌输资产阶级意识形态和价值理念，志在打赢一场没有硝烟的战争。因此，加强社会主义意识形态治理，强化马克思主义价值观引领作用，是关系国家安全和党的执政的重大课题，是社会治理创新所要承担的重要任务。

（二）国内现状：国内社会秩序亟须全面整顿

社会主义改造完成后，新中国的社会治理创新经历了十年左右的艰苦探索和缓慢发展。这一时期我国社会治理领域既取得了一定的成就，同时也出现了一些失误。1975年，邓小平复出并主持中央日常工作，提出要全面整顿，各个领域都要抓整顿，其中包括社会建设和治理领域。整顿问题其实就是治理问题，通过整顿和治理，理论学习得到了加强，经济发展目标得到了明确，社会秩序得到了恢复，社会局面重新出现了协调、团结和安定。可以说，这次整顿是对社会各领域的治理进行的一次全面规范和强化。邓小平不仅重视经济建设和治理，还非常注重经济、政治、文化和社会等社会系统的综合治理和协调发展。社会改革进程的顺利推进，离不开科学的治理。马克思主义认为，人是一种社会性动物，人的活动具有群体性和社会性。因此，只要有人类活动的地方，就必然会存在治理行为活动。有的西方学者曾经以为“中国没有认识到国家最需要的是管理技能……等方面的知识”①。其实，邓小平早已就治理的重要性作出多次指示，“我们有一个最重要的问题需要解决，就是管理问题”②。1978年12月，他在中央工作会议闭幕式上再次指出，“尤其要注意研究和解决管理方法、管理制度、经济政策这三个方面的问题”③。邓小平主张大力发展教育，培养管理人才，学习国外先进治理，积极进行治理理论和实践研究，以此改变我国社会治理的落后状态。

（三）主观条件：敢于创新的理论智慧和个人特质

首先，集卓越的领导才能和高超的治理智慧于一身。实践哲学认为，治理是一种特殊的实践行为，是一门关于行动的哲学。治理智慧，主要体现在

---

① ［美］戴维·W. 张．邓小平领导下的中国［M］．北京：法律出版社，1991：130.

② 邓小平年谱（1975-1997）（上）［M］．北京：中央文献出版社，2007：288.

③ 邓小平文选（第2卷）［M］．北京：人民出版社，1994：149.

既有掌控全局、控制方向的领导才能，又有把握长远、深谙规律的治理能力。“总设计师”是卓越的领导才能和治理才能兼备的一种表达，是人民群众赋予邓小平的特殊美誉。毛泽东曾经把中央政治局喻为政治设计院。政治局是党的最高领导机构，所以“设计”也含有领导之意。但“设计”本意为规划、操作、执行，是治理和技术领域均可使用的概念。因此，“设计师”是一个同时具有领导者和管理者的特征的角色称谓。对于集聚领导智慧和治理智慧于一身的邓小平来说，被称为中国特色社会主义建设和改革开放“总设计师”完全合适。邓小平的治理智慧体现了时代治理精神和中国治理实际的统一，是“中国制造”的“管理远见”。充分寻求原则性和灵活性的统一，整体平衡和局部突破的统一，成了邓小平“制度管制”社会治理理论思维的鲜明特点。作为领导者，邓小平具有战略眼光和创新精神，是能够掌控大格局、把握大方向和开辟新时代的伟大领导人物。他高瞻远瞩、坚持原则、掌控全局的领导才能是国人公认的；他具有世界眼光，能够把握世界形势和时代脉搏，作出世界主题转变为和平与发展的判断；他具有世界胸怀，具有“放眼一切方面”和“团结各方面”① 的领导素质和能力；他深谙中国国情，判断中国仍处于并将长期处于社会主义初级阶段，提出这一阶段的根本任务仍然是发展生产力；他熟悉近现代中国对发展道路的艰难抉择，主张走中国特色社会主义道路；他坚持实事求是，从社会本质入手，弄清了社会主义本质及主题；他凭借巨大理论勇气，提出“一国两制”构想，在祖国统一问题上实现了质的跨越，等等。作为管理者，邓小平具有务实慎重的处事风格、事必躬亲的做事风格和富有成效的行事风格。1949 年，他在西南局工作期间，在较短时间内恢复和稳定了西南地区的社会秩序，表现出较高的组织协调能力和全面的治理才能。1956 年，邓小平当选为党的中央总书记，再次成了党内“大管家”。1975 年，他开始对社会全面整顿，国内形势明显好转，显示了超乎寻常的治理才华。1977 年 7 月，他主动提出主抓科技和教育，找到了建设现代化的突破口。1978 年 12 月，以十一届三中全会为标志，我国实际上掀开了实现中华民族复兴之梦的历史篇章。在改革开放征程中，邓小平总是能抓住重点，打开局面，并富有成效，体现出敢想、敢做、会做的治理魄力，展现出沉稳冷静、举重若轻、有所为有所不为的治理风格。例如，他的“猫论”生动形象地反映了其注重实效的特点；他的“摸论”和“不争论”体现了一个管理

① 邓小平文选（第 3 卷）［M］. 北京：人民出版社，1993：300.

者特有的谨慎和务实特点；被喻为“窗口”和“试验场”的经济特区的设立，体现了他善于以局部突破推进整体改革的哲学思维等。邓小平的领导才能，是与他善于治理的才能分不开的。在战略设计上，他喜欢“‘另起炉灶’，创设一个新的开端”，提出建设社会主义现代化国家。在战术运用上，他提出“三步走”的具体方案。这种领导的“知”和治理的“行”相统一的特点，正是邓小平的卓越领导才能和高超治理智慧的生动写照。

其次，善于使用唯物辩证法进行治理。邓小平一向以真懂熟知和善于运用马列主义、毛泽东思想而为世人所知，是一个“善于用辩证法办事”的“难得人才”。在每次重大历史时期，邓小平总能纵览世界全局，用时代眼光观察和解决问题。他坚持实事求是，因地制宜，不脱离理论指导和实践检验，做到了马克思主义理论在中国的灵活运用：既继承马克思主义基本原理，又不囿于教条；既坚持理论创新，又善于唯物辩证地解决实践问题。比如，用辩证唯物思想看待和把握毛泽东思想和毛泽东个人思想的历史定位；用实事求是的唯物辩证方法提高社会生产力和人民生活水平；用全面发展的世界眼光实行改革开放；用与时俱进的时代眼光突破人才瓶颈，建设现代化；用综合协调的两分法提出物质文明和精神文明协调建设；运用整体和局部相统一等哲学方法论提出建立经济特区和家庭联产责任制；运用矛盾对立统一原则，坚持原则坚定性和策略灵活性相结合，成功将列宁的和平共处原则由国与国之间运用到了一国之内，成功践行了“一国两制”伟大构想等。

邓小平按唯物辩证管理取得的重大理论和实践突破，为中国特色社会主义社会管理铺平了道路，向世人展示了实事求是的辩证唯物论，展现了英雄造时势和时势造英雄的历史辩证法。

最后，非凡的领导经历和丰富的治理经验。邓小平的治理风格及其“制度管制”思想是在他长期革命生涯和独特政治经历中形成的。他经历了中国革命、建设和改革过程，积累了丰富的治理工作经验。他的富有传奇色彩的“三落三起”经历，正是中国社会主义运动宏大背景下的社会缩影。独特的个人经历磨炼了他的意志和信心，使他对中国国情、民情有了更深了解。“我熟悉我们党从开头到现在的历史，对许多重大事件的历史过程都比较了解。”①早在1920年，刚刚16岁的邓小平，随周恩来等人远涉重洋来到了法国，开始了长达5年的留学生涯。在那里，他接触到了马克思主义，加入了中国少

① 邓小平文选（第3卷）［M］. 北京：人民出版社，1993：272.

年共产党旅欧支部。1925年，邓小平到了莫斯科大学、中山大学，花了一年时间专门学习马列主义理论，打下了较为扎实的理论基础，树立起了为党和人民献身的共产主义理想信念。1927年底，邓小平回到国内，担任了中共中央秘书长，当时年仅23岁。1931年8月至1932年5月，邓小平任中共江西瑞金县委书记。在支持革命战争的同时，他积极搞经济建设和社会治理，全县出现一片生机勃勃的景象。1933年3月，邓小平由于反对“左”倾的错误领导，坚持毛泽东等人正确的军事主张，被撤销了县委书记。1933年6月，邓家祥比较欣赏邓小平的才华，让其主办《红星报》。1935年1月，邓小平重新担任中共中央秘书长。此为“一落一起”。1966年5月，邓小平被作为中国第二号“走资派”，被下放到江西南昌进行改造。在长达数年时间里，他亲身体验了基层民众的生存状况，对党和国家发展的经验教训、对中国治理体制进行了彻底地思考。1973年4月至1975年1月期间，邓小平担任中共中央副主席、国务院副总理和解放军总参谋长等职，主持政治局的日常工作。此为“二落二起”。1976年4月，邓小平再次被撤销党内外一切职务。不过这时，他因其卓越的工作能力和为民实干的精神赢得了人民的充分支持。1977年7月，在党的十届三中全会上，邓小平成为党中央领导集体的核心成员。此为“三落三起”。邓小平曾这样形容自己：如果为政治上东山再起的人设奥林匹克奖的话，我一定能得冠军。从小小的“油印博士”到东方社会主义大国的最高决策者，从独当一面的太行山、西南局的地方管理者到中央领导核心，这一转变过程为我国“多方协作共管”社会治理理论的第一个阶段性成果，即邓小平“制度管制”社会治理理论奠定了主观条件和实践基础。由此可见，邓小平“制度管制”社会治理理论的形成，是与邓小平优秀素质和高尚品质分不开的，与其长期的非凡的经历分不开的。他的独特的治理思维、崇高的精神境界、良好的平常心态、丰富的人生阅历、开阔的知识视野和曲折的革命生涯等，孕育出了邓小平“制度管制”社会治理理论，开创了中国特色社会主义社会治理理论体系，实现了我国社会治理创新的历史突破。

二、世纪之交的世情、社情和党情等重大变化的客观要求

任何科学的思想、理论和观点，都是时代的产物，都是社会现实实践的需要。不同的历史时期、发展阶段和国内外形势，构成了一种理论和思想的形成背景。世纪之交，我国“多方协作共管”社会治理理论何以能够继续发

展？回答这一重要课题，需要紧密结合国际国内新形势、生产力和经济发展新情况、群众对社会民生新要求和党员队伍新变化。① 或者说，要紧密结合国际宏观领域、国内社会领域和党所处环境、地位、任务和队伍构成的变化。正是在此背景下，在坚持“三个代表”重要思想、把握世情、社情和党情等变化基础上，我国“多方协作共管”社会治理理论的第二次阶段性成果，即江泽民“德法兼治”社会治理理论应运而生。

（一）世情的变化：世纪之交“深刻变化”的世界局势

“世界正在朝着多极化方向发展，经济全球化进程也正在加快，世界科学技术进步更是日新月异”②。这是我国“多方协作共管”社会治理创新发展的第二次阶段性成果——江泽民“德法兼治”社会治理理论形成的国际背景。20 世纪 80 年代末 90 年代初，国际共产主义运动暂时进入低潮。对中国来说，如何在西强我弱的国际环境中领导社会主义运动和发展自己，是一个全新的挑战。和平与发展的主题虽然没有改变，可是，全球格局却在悄然变化：国际经济竞争更加激烈，南北差距继续加大；大国关系经历着深刻调整，世界多极化趋势加强；各国的思想文化激烈碰撞，对立和交融并存；科技进步日新月异，信息技术深刻影响着人类社会。

首先，世界经济格局的深刻变化。“经济全球化是当今世界的一个基本经济特征”③。20 世纪 90 年代后，经济全球化开始加速，国家之间经济依赖不断加强，国际合作的迫切性愈加强烈，合作范围和内容持续扩大，我国经济发展和社会变革迎来了新的重大机遇。可是，世界经济旧秩序的影响仍然很大。一些国际性经济组织，如世贸组织、世界银行等仍被西方国家主导或掌控，全球经济规则及走向仍被跨国资本把持，“资本流向全球，利润流向西方”的现象继续存在，国家间竞争环境仍然不公平、不合理。

其次，世界政治格局的深刻变化。东欧剧变后，世界政治格局由两极对立转向了“一超多强”的态势。世界多极化与国际社会主义运动的曲折发展长期共存。美国借助强大的经济和军事力量，继续实行单边主义政策，同时，英国、俄罗斯、日本、欧盟、法国和中国等国对世界政治秩序的影响也越来越大。世界政治秩序总体平稳的背后，一些国家和地区的恐怖主义、跨国犯

---

① 参见江泽民文选（第 3 卷）［M］．北京：人民出版社，2006：31.
② 江泽民文选（第 3 卷）［M］．北京：人民出版社，2006：82.
③ 同上，159.

罪和宗教矛盾持续不断。霸权主义和强权政治出现了新形式。国际政治形势呈现出总体和平、局部动荡的态势。

再次，世界科技格局的深刻变化。世界格局的深刻变化，还体现在以信息技术为主要特征的高新科技领域。20 世纪 90 年代以来，“以信息技术为主要标志的科技进步日新月异”，直接导致“人类的经济社会生活”的“新的巨大变化”①。21 世纪之初，科技进步与创新成了世界经济社会发展的决定因素，最大贡献比例已近 80%。信息化水平成了衡量综合国力的重要指标，并渗透到了人类社会各个领域。科技知识的创新，给社会生产力和人们社会生活带来了深刻变化。与此同时，科技发展中的问题也较为突出，如科技发展的不平衡较为严重。西方国家占据科技主导和垄断地位，有着明显的科技优势。发展中国家居于科技劣势和从属地位，处于科技依附和信息贫困状态。世界科技环境竞争公平欠缺将长期存在。

最后，世界文化格局的深刻变化。在世界范围内，各种思想意识形态相互交织，各种文化思潮相互激荡和交锋，思想文化领域矛盾更加错综复杂，形成了多元化的思想文化格局。西方国家利用经济、信息等优势，宣扬西方价值观念，积极推行意识形态渗透和文化侵略。国外敌对势力对我国继续实行“西化”和“分化”的和平演变战略。我国思想文化领域和意识形态建设在借鉴西方文明有益成分的同时，难免会受到一些错误的、腐朽的思想文化冲击，思想文化领域面临着严峻考验。

（二）社情的变化：世纪之交“加速转型”的国内经济社会

改革是“一场深刻的社会变革”，引发了深刻的“利益调整、体制转换和观念更新”②。这一时期，“群众的具体利益又会有这样那样的差别”③。群众利益差别的多样化和扩大化，又引发诸多社会变化，导致人们的思想观念、生产方式、社会生活及交往方式发生广泛而重大变化。人们对幸福和谐的小康生活充满渴望，对完善社会公共服务体系、实现社会公平充满期望。这种多样化的社会样态，一方面丰富了人们的社会生活和精神文化生活，促进了人的发展和社会发展。另一方面加快了社会结构调整和社会阶层分化，带来了利益关系矛盾、价值观念冲突和群体性事件等不稳定因素，考验着党的领导

① 江泽民．论科学技术［M］．北京：中央文献出版社，2001：107.

② 江泽民文选（第 2 卷）［M］．北京：人民出版社，2006：259.

③ 江泽民文选（第 3 卷）［M］．北京：人民出版社，2006：17.

水平和治国能力。此外，非常规转型的社会容易出现治理权力与经济利益的异常联姻，导致各种利益主体的角色错位、职能不清和治理失控等诸多问题。改革过程中产生的一些社会治理问题，如经济、政治和文化建设不协调带来的社会建设难题，人、自然和社会不和谐产生的人口、资源、环境之间的矛盾，经济为中心战略导致的社会效率与公平选择的两难境地，等等，是党面临的新的执政课题和治理难题。

这一时期，社会治理虽然没有被单独提出，但作为政府的重要职能，却长期客观存在着。而且，社会治理被纳入了经济和行政治理范畴，没有从经济领域和政治领域剥离出来。随着市场经济发展，国内出现了许多新的社会活动领域和新的社会（市场）组织。这些组织在社会活动和资源配置中的作用愈发突出，社会活动领域朝着专业化、精细化方向发展，社会资源整合力度加大，效率增强。同时，这一变化也要求政府转变职能，改变社会治理的高度行政化，按照市场规律进行社会治理。传统的高度统一的“整体性社会”正被逐步分解为经济、政治和文化等相对独立领域。社会治理虽然仍服从和服务于经济领域，但其内容却扩展到物质、精神和政治等文明建设领域之中，并通过经济、政治和文化等多种形式表现出来。社会治理领域从经济领域、政治领域和文化领域分离的图景日益清晰。

（三）党情的变化：世纪之交“新的伟大变革”的党的建设

世纪之交，党处在了“掌握全国政权并长期执政”和“社会主义市场经济条件下领导国家建设”① 的新的历史时期。如何提高党的建设水平，维护最广大人民根本利益，完成“全面小康”的社会目标，已经成为党领导社会治理的重要内容。

中国的发展如何，关键在党。对于一个领导国家建设和社会治理的执政党而言，经济社会发展和执政地位巩固，是要解决好的两大任务。实现经济社会又好又快发展，取决于执政党的领导水平、建设和治理能力。而党要巩固执政地位，则关键在于党的先进性和群众基础。党的先进性，表现在党是先进生产力、先进文化和人民根本利益的代表者和实现者。作为工人阶级先锋队组织，党及其先进性必须有强大的阶级基础与群众基础，否则，党的领导力就会受到影响，执政地位就会失去认同性和合法性。在经历半个多世纪执政之后，党的干部队伍到了“新”“老”整体更替的关口。一大批年轻干

① 江泽民文选（第3卷）[M]．北京：人民出版社，2006：536-537.

部走上了领导岗位，他们大多具有先进治理理念和现代治理知识，能够更好地适应和进行现代社会的治理。但是也有一些年轻干部的理想信念不够坚定、理论功底不够扎实、历史认知不够系统，对社会现实的政治敏锐性和鉴别力不强等。另外，普通党员队伍构成也发生了重大变化。党的阶级基础和群众基础得到加强，但也带来许多新的问题，如党对社会领域领导的覆盖面，群众对党的政治认同、社会心态、社会地位、世界观价值观等变化明显。“在加强党的建设方面，我们需要研究解决的新情况新问题”“同新形势新任务不相适应的地方”“不符合甚至违背党和人民利益问题”等都“相当不少”①。三个“相当不少”正是党的建设面临的新问题新挑战的准确表述。党对自身建设的力度和效果，影响到党领导社会建设和治理能力，影响到对繁杂社会问题的治理能力。

三、党的十六大以后国内外“两新一旧”的社会形势所需

（一）国际领域的新变化

首先，国际经济领域的新变化。2002年至2012年的十年间，世界经济经历了从平稳发展到衰退、再到复苏的变化过程。2007年3月，处于破产边缘的美国新世纪金融公司因为被纽约证券交易所停牌，引发了全国性次贷危机。次年9月，雷曼公司的破产促使次贷危机旋即发展成金融风暴，进而形成世界性金融危机，导致全球经济增速大幅下滑，并陷入低谷。世界经济关系格局由此发生了变化：美国等发达国家的经济实力不如从前，而中国等新兴经济体（如金砖国家）的经济实力显著增强。之后，由于各国通力合作，全球经济开始止住衰退、呈现整体性复苏态势。但在复苏过程中，世界经济发展的不确定因素日渐增多，经济形势呈现出诸多新特点和风险：全球经济复苏势头不够强劲，各国经济复苏速度不够一致；各国经济复苏领域不够全面、态势不够稳定、政策不够统一等。

其次，国际政治领域的新变化。2008年金融危机削弱了美国在世界中的经济主导地位，其政治地位也因此受到影响。以“金砖四国”为代表的新兴经济体开始走到世界政治的前台。西方大国和新兴大国之间形成了此消彼长的态势，政治多极化愈发明显。更多新兴力量参与了世界游戏规则的制定，美国掌控全球秩序和称霸世界的野心被进一步遏制。

① 江泽民. 论“三个代表”[M]. 北京：中央文献出版社，2001：3.

最后，国际安全领域的新变化。在传统的政治军事等安全领域，由于民族主义、意识形态、宗教信仰等差异，政治冲突和军事较量仍旧持续。世界的军备增长和军备削减同时进行，并存共生。虽然美俄两国在2010年签订了新的核裁军条约，但核安全的全球布局没有根本改变。在非传统安全领域，恐怖主义、气候和能源政治等全球问题突出。这些问题需要各国政府的通力合作，需要采取非对抗的现代治理手段。在当前尚无有效的、具有约束力的国际合作框架情况下，国际安全领域仍有巨大的潜在风险。

上述国际各领域的新变化，极大影响了人们的社会生产方式和生活方式。特别是在经济领域，以改善能源结构及利用效率为特点的低碳经济成了世界经济新的增长点，建设低碳社会已经达成国际共识。这是人类社会发展观念的一次根本性变革，也是继农业文明和工业文明后的又一次社会进步。人类社会新的治理观念和治理模式呼之欲出。

（二）国内发展的阶段性新特征

党的十六大以来，我国经济社会结构发生了深刻性变迁，社会治理面临着许多阶段性新问题，呈现出许多阶段性新特征。这些新问题新特征，是在经济快速发展和社会深刻变革过程中形成的，是从实际出发创新社会治理的根本依据。一是，经济实力显著增强与现有经济结构失衡的并存。中国经济经过长期高速增长之后，经济总量已经位于世界前列，但我国生产力水平还不太高，经济结构失衡问题还未根本解决，供给结构和需求结构、结构性矛盾还需要认真解决。二是，社会主义市场经济体制基本完善与阻碍因素的并存。当前，我国建立起了符合现代经济规律的社会主义市场经济体制，为加快转变经济发展方式提供了保障。但是改革并非一蹴而就，一些制度机制性制约、新的社会矛盾还将逐渐显现。三是，人民群众生活水平总体小康与贫富差距的并存。人民群众物质生活水平的快速提高，是以经济建设为中心的民生红利和发展成果。21世纪之初，我国总体上达到小康水平的阶段目标已经实现。但是社会公平问题如贫富差距等仍然较为突出，由此又将会引发其他社会问题。四是，社会发展总体协调与区域差距的并存。在国家协调发展和城乡一体化等政策引导下，经济社会协调发展成绩显著，但由于历史原因和基础不同，城乡、地域等差距仍会持续较长时间，区域协调和整体推进的困难还非常大。五是，民主法制建设巨大进展与要求的差距并存。我国社会主义民主政治建设成就斐然，依法治国和以德治国基本方略正有序贯彻，其他领域治理体制也取得重要进展，但群众的民主法治意识和素质仍需提高，政府社会治理职能和公共服务意识还较为淡薄，继续深化改革的任务仍很艰巨。六是，社会主义文化的社会供给与群众满足的差距并存。作为一种软实力，文化是衡量人民群众幸福感和满足感的重要指标，是形成社会向心力和创新力的重要来源。我国社会主义文化建设日益繁荣、成果累累，但距离人民群众的社会文化需要还有较大差距，社会主义文化强国之路还有很长距离要走。七是，社会活力显著增强与社会课题不断出新的并存。我国社会建设和治理有了很大进步，基本公共服务体系不断完善，社会活力明显增强。但相比经济领域的发展，我国社会领域发展的“短板”现象还很突出，政府的社会治理职能“越位”和“缺位”现象依然存在，社会治理的“官本位”和“民缺位”现象仍未消除。人民群众就业、住房、医疗等民生压力较大，社会建设和治理面临着许多新课题、新考验。八是，发达国家的竞争优势明显与我国国际竞争力不强同时存在。“十一五”期间，通过产能结构调整等措施，我国的主要工业化产品已经位居世界前列，工业生产能力初具规模。但是能源、资源和环境的压力总体上仍未缓解，工业能耗占比高达70%，工业产品竞争力和自主创新能力不强，第三产业发展较为滞后。发达国家经济科技的比较优势还将长期存在，国内生态文明建设任务繁重，对统筹发展和对外开放、防范社会风险的要求更高。

（三）传统计划管理体制的历史旧痕迹仍然存在

正视并解决传统社会管理问题，是社会治理理论出场的推动力。我国“多方协作共管”社会治理理论正是如此。党的十六大明确将“改进社会管理”作为维护社会秩序、促进社会和谐的重要措施。党的十六届六中全会和党的十七大，以及此后党的重要会议和文件，对社会治理的认识不断深化和完善。2011年2月，胡锦涛对社会管理创新理论做了系统总结和明确诠释。至此，我国“多方协作共管”社会治理理论体系框架初具成形。在这一时期，社会主义社会治理实践有了长足发展，社会治理领域取得了突出成绩。但是，当前社会治理创新领域仍存在许多问题：物质生产力、社会建设程度和治理水平比较落后，还无法满足人民群众的物质文化需要和民生需求；城乡二元经济结构没有根本改变，地区差距和发展不平衡呈现扩大趋势，实现社会治理现代化还有很长道路；社会保障体系不完善，政府提供公共服务能力有待于提高；自然能源、社会资源和经济社会发展的矛盾愈加突出，社会矛盾错综复杂，社会治理的新困难不断出现；社会治理体制和机制不够健全，等等。这些问题除了是因为“社会深刻变革”，还有就是传统计划体制的“长期历史遗留”。“对这些问题用一句话可以概括为，还没有完全摆脱传统计划经济体制下的社会管理模式。”① 这种模式一味强调经济增长而疏于社会建设，社会治理存在官僚本位而缺乏服务意识。可见，计划管理模式的历史遗留问题仍是我国“多方协作共管”社会治理理论亟须解决的问题。

第二节 改革开放之后“多方协作共管”社会治理的理论构成

在《共产党宣言》等著作中，在科学社会主义等理论构建中，马克思恩格斯对社会治理的本质、内容、动力、特征、形式和主题等方面进行了诸多探索和论述，创立了马克思主义社会治理理论。邓小平、江泽民、胡锦涛等人则将马克思主义社会治理与中国社会治理实际结合起来，推动了我国社会治理创新发展，形成了改革开放之后“多方协作共管”社会治理理论，主要包括“制度管制”社会治理理论、“德法兼治”社会治理理论和“以人为本”社会治理理论等。

一、“制度管制”社会治理理论的主要内容

“制度管制”社会治理理论是马克思主义社会治理中国化的阶段性成果，是中国特色社会主义社会治理发展史上的重要里程碑，是中国共产党人集体智慧的结晶，是关于社会治理理论观念和活动的系统化总结。“管理两个字很重要，管理好不好大不一样。”② 其治理指导思想为：生产力发展是社会治理的决定因素；强调社会治理目标与效率的关系，重视共同富裕和效率优先之间关系的选择；坚持党委的核心领导，“充分发挥国家、地方、企业和劳动者个人四个方面的积极性”③，形成国家主导、社会多方参与的治理格局；群众生活水平是评价社会治理的价值标准；社会治理制度化建设，等等。

（一）维护中央权威，坚持和改善党委对社会治理的核心领导

坚持党委对社会治理的核心领导和中央权威，是我国社会治理创新的基本原则。坚持党委领导，并非是对社会治理具体事务的直接干预，而是在宪

---

① 十七大以来重要文献选编（下）［M］．北京：中央文献出版社，2013：148.
② 邓小平年谱（1975-1997）（上）［M］．北京：中央文献出版社，2007：272.
③ 邓小平文选（第2卷）［M］．北京：人民出版社，1994：145.

法和法律范围内，通过思想领导、组织领导和政策引导等实现总揽与协调。

首先，党委对社会治理的核心领导具有历史必然性。一是由党的宗旨决定的。服务人民大众、推动社会发展是党的奋斗目标。革命年代，党带领群众一边开展武装斗争，一边在根据地进行社会建设与治理。建设时期，党开始在全国范围内领导群众进行社会建设与治理。加强社会治理、"建设社会主义，没有共产党的领导是不可能的"①。二是历史的选择。这是党的百年历史的经验总结，是被实践反复证明的真理。历史选择了中国共产党，而不是别的政治力量，带领人民进行社会治理。只有通过党领导下的社会治理，中国社会才不会变成一盘散沙，"才能有一个稳定的社会主义中国"②。三是社会现实的需要。没有党的领导，就不会有现在的社会稳定和人民安康。改革开放之初，国内社会建设领域百废待兴，需要有能够掌控全局、统筹各方的核心领导力量。这个核心领导力量就是中国共产党。因为，中国共产党是全国范围内执政的唯一政党，它的经济社会资源整合力，它在思想共识、政治感召、组织协调等的突出优势，是其他任何政党或政治组织无法比拟的。

其次，党委对社会治理的核心领导，前提是党中央要有权威。1988 年 9 月，邓小平指出："党中央、国务院没有权威，局势就控制不住。"党中央拥有权威，就能使地方与其在社会治理上保持一致。党中央的社会治理权威首先"体现在中央说话能够算数"③。否则，党中央就会失去权威和威信，地方政府就容易违背中央政策，各自为政，自行治理。这样，治理难度会大为增加，复杂性会大大提高。社会治理不好，影响社会稳定，经济社会发展就无从谈起。此外，党中央的社会治理权威还体现在地方政府对治理政策指令的上传下达，"中央定了措施，各地各部门就要坚决执行，不但要迅速，而且要很有力，否则就治理不下来"④。

最后，党委对社会治理的核心领导，需要依靠专业管理干部来实现。邓小平认为，社会治理工作需要交给一批政治素质强、具备专业治理知识的干部去承担。他非常重视党员干部的专业化培训。1980 年 12 月，邓小平提出，应通过"制定完善的干部制度"，实现管理干部的"年轻化、知识化、专业

① 邓小平文选（第 3 卷）［M］. 北京：人民出版社，1993：208.
② 同上，357.
③ 同上，278.
④ 同上，277.

化”和“革命化”①。1987年10月党的十三大以后，以国家公务员制度和《公务员法》为重点的干部人事制度改革为标志，党员干部的培养、管理和发展走上了制度化法治化轨道，使党委对社会治理的核心领导有了法律制度保障。②

（二）政府要建立“自上而下的强有力的”社会治理工作系统

党的十一届三中以后，转变政府职能、激发社会活力，建立符合现时国情、适应改革开放的社会治理体制，是邓小平对这一时期的社会治理思考最多的问题。他指出，通过“建立各级政府自上而下的强有力的工作系统”③加强社会治理应从三个方面进行：

一是党政有别。这其实是要清楚党能否“善于领导”的问题。“党要善于领导，不能干预太多”，否则可能会“削弱党的领导”④。邓小平认为，党政越位是计划经济体制的特有现象，对社会治理有很多不良影响。他多次强调党政有别的重要性。1941年4月，邓小平在《党与抗日民主政权》一文中指出党政职能不清的严重危害。1980年8月，他直言我国现行的治理体制仍有许多问题，其中“党政不分、以党代政的问题”尤为突出。1986年9月，邓小平强调党要“善于领导，党政需要分开，这个问题要提上议事日程。”⑤以党领政、党政有别有利于加强中央的统一领导，有利于理顺党委领导和政府管理的权责范围。“党委的领导”是通过制定“路线、方针、政策”实现“政治上的领导”⑥，并指引社会治理方向。以党领政是为了强化党的政治领导和思想领导，是解决党如何领导问题的关键所在。邓小平还明晰了党委和政府的管理职能边界：党管的是党内纪律，政府管的是法律范围的问题。

二是权力下放。“第二个内容是权力下放，解决中央和地方的关系”及“地方各级”⑦之间的权力关系。现代治理科学认为，管理权限不清，只能导致治理低效甚至混乱。社会治理要权责明确，分地区、分行业、分部门进行统一规范的制度化运行。转变政府职能，要将过于集中的治理权力“有计划

---

① 邓小平文选（第2卷）［M］．北京：人民出版社，1994：361.
② 参见三中全会以来的重大决策［M］．北京：中央文献出版社，1994：60-61.
③ 邓小平文选（第2卷）［M］．北京：人民出版社，1994：339.
④ 邓小平文选（第3卷）［M］．北京：人民出版社，1993：163-164.
⑤ 同上，177.
⑥ 邓小平文选（第2卷）［M］．北京：人民出版社，1994：98.
⑦ 邓小平文选（第3卷）［M］．北京：人民出版社，1993：177.

地大胆下放",把一部分治理权力交给专门社会组织和专业管理人员,"扩大管理人员的权限。责任到人就要权力到人。"做到"各有各的责任,也各有各的权力,别人不能侵犯。"①通过合理分权,实行分级治理,各负其责,提高社会治理效能。邓小平认为,权力下放要避免走入误区,不能单纯地放权,而要扩大地方和基层的治理自主权,激发社会活力。

三是精简机构。"精简机构是一场革命",是提高政府社会治理效率的重要一环。精简机构"这个问题很大",涉及政府利益,"涉及几百万人",会遇到巨大阻力,但"不管怎样,对这场革命要坚定不移"。当然,要辩证地有重点地对待这一改革,管理人员的"出要解决好,更重要的是解决进"②。要撤销并转部分管理机构和人员,更要跟进社会现实需要,合理设置机构和及时引进人才。通过这场改革,"政府机构由过去的微观直接管理转变为宏观间接管理"③,由过去单一的行政指令转变为运用经济、法律和行政等综合管理手段,使政府的社会治理工作系统更加科学有效。

(三)社会治理是群众团体的经常性工作

邓小平较早注意到了社会治理是社团组织的常规性工作。群众团体的工作就是"发动、组织与教育群众",而且这些工作"应由群众团体自己去讨论和执行"④。1961 年 12 月,邓小平指出,社会事务治理应依靠群众组织,并作为经常性工作来抓。社会治理中很多工作,"如整顿社会治安、社会风气","普遍深入地宣传"等,都是"依靠各个群众组织的经常工作去做的"⑤。这段话包含了三层含义:社会治理是一项常规工作;这个常规工作要由社团组织来做;社团组织从事社会治理工作时要在党的领导之下。党和政府高度重视社团组织对社会治理的作用。改革开放以后,社团组织迅速发展起来。党和政府意识到了依法管理和监督社会团体的重要性,专门出台了《社会团体登记管理条例》,对社会团体实行了"双重管理体制",并在全国范围内对社团组织"复查登记"或"清理整顿",对其活动进行规范管理,以便在社会治理中更好地发挥作用。

作为社会治理的另一重要主体,居民委员会或村民委员会是基层群众参

---

① 邓小平文选(第 2 卷)[M].北京:人民出版社,1994:98.

② 同上,396-398、401.

③ 参见当代中国研究所.中华人民共和国史稿(第四卷)[M].北京:人民出版社,2012.

④ 邓小平文选(第 1 卷)[M].北京:人民出版社,1994:66、72-73.

⑤ 同上,293.

与社会治理的重要途径，也是在邓小平支持与关心下发展起来的社会自治组织。作为党委领导下的基层群众自治组织，居委会或者村委会的性质在我国1982年宪法中得到了确认，并在基层社区治理中发挥着独特作用。此外，中国的工会、妇联和共青团是带有官方性质的特殊主体，是联系党委、政府和群众的社团组织。由于这些社团组织是负责专门领域组织成员的管理和服务，各自发挥着利益协调和秩序维护的作用。因此，社会治理也需“要大力加强工会工作和妇联工作，大力加强共青团工作”①。

（四）重视人民群众在社会治理中的主体地位和作用

人民群众参与社会治理是社会民主和社会进步的重要体现。邓小平重视人民群众的治理权利主体地位和作用。20世纪50年代，邓小平曾提出人人都是管理的主人，鼓励每个人都要发挥主人翁精神，积极参与管理活动。他认为，社会管理主要是做好人的管理和服务，做好人民群众的工作。“所谓管理得好，主要是做好人的工作”，是“要提高管理能力”。“好多事故都是因为不会管理，不会做工作，不会做人的工作”②而引起的。邓小平创造性地提出了“领导就是服务”的论断。工人阶级政党要自觉地认定自己是为群众承担并完成一定“历史任务的一种工具”③。社会主义性质决定了人民群众是社会治理的权利主体。党的宗旨决定了其一切任务要依靠人民群众来完成。正是“有了广大的群众运动，才有真正的布尔什维克的党”④。因此，要保证人民群众的社会治理权利，社会主义社会治理必须坚持党的群众观点和群众路线。首先，人民群众的根本利益是社会主义社会治理的出发点和落脚点。邓小平坚持把造福群众作为社会治理的价值目标。社会治理者要做好人民群众的代表，维护人民群众的利益。其次，坚持社会治理群众观就是要解决群众的困难。“群众观点是我们的传家宝”，如果党组织“严重脱离群众”，“就一定要失败”。因此，社会治理群众观，就是通过各种方式“努力帮助群众解决一切能够解决的困难”⑤。最后，通过民主建设来维护人民群众的治理权利。“把权力下放给基层和人民”，让人民依法、充分行使治理权力，“就是最大的民

① 邓小平文选（第2卷）［M］. 北京：人民出版社，1994：369.
② 同上，81.
③ 邓小平文选（第1卷）［M］. 北京：人民出版社，1994：218.
④ 同上，21.
⑤ 邓小平文选（第2卷）［M］. 北京：人民出版社，1994：368.

主"①。邓小平十分清楚民主建设对群众治理参与的重要意义。1980年8月，他指出，要通过民主建设形式，使人民群众真正拥有治理国家和社会的权力。人民民主可以通过治理国家、地方基层政权和企事业单位等三个方面来体现，这是社会主义优越性的表现。总之，没有人民群众的广泛参与，就谈不上真正的治理民主。社会主义社会治理的核心理念是以人民群众为本位，以人民群众根本权益和利益为中心。社会主义社会治理要彰显民主性，就必须为社会服务、为人民服务。

（五）社会政治局面稳定是社会主义社会治理的前提和任务

邓小平非常关注政治的安定团结和社会稳定问题，并将其作为社会主义社会治理的首要任务。"中国的问题，压倒一切的是需要稳定。"②社会政治局面稳定是社会治理的前提条件，社会治理存在价值及其任务是维护社会政治局面稳定。邓小平反复强调社会政治局面稳定的重要性。如果国家政局不稳、社会混乱，就会给社会治理增添很大阻力，影响社会建设和发展。整顿的实质是管理和治理。20世纪70年代中期，他对各行各业进行大力整顿，对懒、散、软等社会问题进行全面治理，以便恢复社会政治局面稳定。"没有安定团结，就没有一切"③。而且"只有在安定团结的局面下搞建设才有出路"，社会治理同样如此。无论何时，只要政治稳定、社会安定，经济社会就能健康发展。反之，社会建设与治理就会陷入停滞甚至倒退。党的十一届三中全会后，面对改革开放即将展开，社会政治局面的稳定显得尤为重要。"调动人们的积极性来实现四个现代化，也有个条件，就是要实现安定团结这样一种社会政治局面"。只有"稳定才能搞建设"，只有稳定才能搞治理。如果"政治局面不稳定，没有纪律，没有秩序，什么事情都搞不成功。"④经济稳定是社会稳定和政治稳定的基础。经济因素是维护社会稳定、开展社会治理的物质保障。社会主义社会治理首先要以发展生产力、提高物质经济水平为根本任务，做到物质文明和精神文明两手抓。"各个方面需要综合平衡，不能单打一。"其次，加强社会控制。改革开放促使了社会关系和利益关系的不断调整，使社会治理面临着新的挑战。为此，邓小平强调，要加强社会控制与治

---

① 邓小平文选（第3卷）[M]．北京：人民出版社，1993：252.

② 同上，284.

③ 邓小平文选（第2卷）[M]．北京：人民出版社，1994：252.

④ 参见邓小平文选（第3卷）[M]．北京：人民出版社，1993：331.

理来稳定社会政治局面。“加强控制是为了稳定”①。当然，加强社会控制应该坚持原则，注意方式方法。一是“遵循社会主义法制的原则”，而非“过去搞政治运动的办法”；二是做好思想政治工作，使群众能“自觉地、积极地……同各种破坏安定团结的势力进行有效的斗争”②。最后，及时总结经验。“要根据本国的特点和经验稳步前进，每走一步都要总结经验”③，包括社会治理经验，不断促进经济发展、政治安定和社会进步。

（六）加强社会治理制度建设

制度建设是社会治理可持续发展的关键因素和根本保障。邓小平是真正强调制度系统化建设并付诸实践运作的第一人。主要内容有：

首先，社会管理与治理责任制度建设。“搞管理，应当有定额，有责任制，有考核。”④ 受列宁治理责任制思想的影响，邓小平一开始就强调，应从社会体制制度的高度来认识和进行社会治理。早在 1956 年 9 月党的八大上，他就提到“在任何一个组织中，不仅需要分工负责，而且需要有人总负责”，不然，“就不可能进行任何复杂的工作”⑤。同样，社会治理组织如果不实行责任制，就难以处理复杂的治理工作和其他工作。1975 年 8 月，面对社会领域中亟须治理整顿的问题，邓小平指出：“恢复和健全规章制度。关键是建立责任制”⑥。只有实行“分工负责”和“岗位责任制”，社会治理“才能有秩序，有效率”⑦。同年 12 月，针对一些管理机关责任制落实不到位现象，邓小平强调要加强责任制，实现权责统一。在一些国家管理机关中，“一个很大的问题就是无人负责”，这就容易出现“谁也不管”的后果，“所以急需建立严格的责任制”⑧。1978 年，他提出要“分级分工分人负责，加强管理机构和管理人员的权限和责任”⑨。1982 年宪法规定，一切国家机关实行工作责任制。就管理责任制的运作实施，邓小平做了具体部署：一要扩大管理人员的权限；二要善于选用人才，量才授予职责；三要职责明确，工作范围清晰。在选好

① 邓小平文选（第 3 卷）［M］．北京：人民出版社，1993：287.
② 邓小平文选（第 2 卷）［M］．北京：人民出版社，1994：371.
③ 邓小平年谱（1975-1997）（下）［M］．北京：中央文献出版社，2007：1208.
④ 邓小平年谱（1975-1997）（上）［M］．北京：中央文献出版社，2007：289.
⑤ 邓小平文选（第 1 卷）［M］．北京：人民出版社，1994：234.
⑥ 邓小平文选（第 2 卷）［M］．北京：人民出版社，1994：30.
⑦ 同上，97-98.
⑧ 同上，150-151.
⑨ 三中全会以来的重要文献选编（上）［M］．北京：人民出版社，1982：7.

管理人才后，就要授予他们相应的职权，明确他们的职责界限和工作范围，这是实行管理与治理责任制的必要条件。

其次，社会治理考核奖惩制度建设。与责任制直接相关的是考核奖惩治理制度。考核和奖惩制度是一种治理手段，而非目的。在社会治理工作中实行严格的考核和奖惩制度，是为了落实责任制、改变落后治理现状和提高治理效能。“要实行考核制度。考核必须是严格的、全面的，而且是经常的。各行各业都要这么做。”① 这里所说的各行各业包括社会治理领域。一是考核要严格。考核是否严格，影响着考核目的的实现。要科学制定考核标准，考核过程应客观公正。如果考核不严格公正，不仅无法公正评价被考核者，而且容易引发社会矛盾。二是考核要全面。考核是包括德、能、勤、绩等方面的综合考核，可以从思想政治素质、业务技术和管理水平、工作态度和创新能力，以及工作业绩和贡献等方面进行全面考核。对社会治理干部来说，要侧重考核社会政策水平和组织协调治理能力等。三是考核要经常进行。邓小平曾要求以制度形式将考核固定下来，保证考核的经常性、持续性。通过切实有效的办法，如平时考核和定期考核相结合等提高考核效果。在考核程序结束后，就要运用好“奖”和“惩”这两种治理工具。“应当有奖惩制度”，“要有奖有罚，奖罚分明”，根据工作好坏、业绩大小，“经过考核给予不同的报酬”②。与考核管理一样，奖惩制度也是为了提高管理人员的积极性和责任心。但这种奖惩要依据客观事实。关于奖励，要做到物质奖励和精神奖励相结合。关于惩罚，“对于犯了错误的人”，虽然要对其“适当的惩处”，但首先“要强调帮助”，“帮助他们改正错误，帮助他们进步”，而不是过于“强调惩处”③。当然，惩罚只是一种警示，目的是矫正违反制度的管理失范或“越矩”行为。社会治理主要还是采取“重在鼓励，重点在奖”的手段，以鼓励促进治理，以奖励激发潜力。

最后，社会治理民主监督制度建设。社会治理公权力目的是维护人民群众的利益。但这种权力如果得不到有效监督和制约，势必会适得其反，造成不良影响。邓小平强调，要完善治理制度、设置监督机构，使社会治理工作能够全程处于有效监督当中。“要有专门的机构”和“制定各种条例”，“对

---

① 邓小平文选（第2卷）［M］. 北京：人民出版社，1994：102.

② 同上，51、102.

③ 同上，51.

各级干部的职权范围和政治、生活待遇”依法进行“监督检查”。通过“群众监督制度，让群众和党员监督干部，特别是领导干部。”① 可见，有效的社会治理不仅需要完善政府自身监督机制，还需要建立人民监督机制。“党要受监督，党员要受监督”。在法律范围内，积极、广泛发动社会组织和人民群众“对党的监督，对党员的监督”②，维护人民群众“民主管理和民主监督”的“民主权利”③ 和法律权利。

在社会治理调节与保障制度方面，邓小平也有较多论及。如，在其“先富共富论”中，为了防止两极分化和体现社会公平，他建议对先富的地区或单位和群众采取“一些限制”或鼓励措施，如“征收所得税”、支持他们“自愿拿出钱来办教育、修路”④ 等公共设施。对于后富的地区或单位和个人，国家要通过制定治理政策措施，对落后地区或群众进行带动帮扶和给予基本保障。对于“生产和群众生活还很困难”的地区，国家要从包括物质在内等“各方面给以帮助”⑤，最终实现共同富裕。

二、“德法兼治”社会治理理论的主要内容

社会主义文明“重在建设，重在加强治理。建设包括治理，治理促进建设”⑥。物质、精神和政治等文明是社会主义文明的重要内容，构成了社会主义建设的“三位一体”总体布局。通过社会治理，统筹协调好三者关系，在共同发展中实现“人的全面发展”⑦。社会治理指导思想为：社会治理要符合先进生产力、先进文化和群众利益的发展要求；坚持以党建引领治理，以发展提升治理，以科教促进治理，以人才加强治理；德法兼治，发挥社会治理在处理改革、发展和稳定关系中的重要作用等。

---

① 邓小平文选（第2卷）［M］. 北京：人民出版社，1994：322.
② 邓小平文选（第1卷）［M］. 北京：人民出版社，1994：270-271.
③ 邓小平文选（第2卷）［M］. 北京：人民出版社，1994：146.
④ 邓小平文选（第3卷）［M］. 北京：人民出版社，1993：111.
⑤ 邓小平文选（第2卷）［M］. 北京：人民出版社，1994：152.
⑥ 江泽民论有中国特色社会主义（专题摘编）［M］. 北京；中央文献出版社，2002：387.
⑦ 江泽民文选（第3卷）［M］. 北京：人民出版社，2006：294.

（一）“抓好党的建设和管理”是社会主义社会治理的首要前提

顺利推进社会治理创新在于“首先要抓好党的建设和管理”①。江泽民认为，党的执政，就是保证人民民主管理国家和社会的权利。② 党在全国执政时期的建设和治，要比革命时期复杂得多。执政越久，越是要加强自身建设和治理。江泽民创造性地将治党与治国、党的建设和管理与社会建设和管理统一起来，发展了马克思主义执政党建设理论和社会治理理论。

首先，建设什么样的执政党。把党建设成为什么样的执政党，是世纪之交党面临的首要问题。党的十三届四中全会后，这一历史任务交给了以江泽民为核心的第三代领导集体。江泽民指出，要将党建成用中国特色社会主义理论武装、走在时代前列和为人民服务的政党。③ 这是对新的历史条件下党的建设工程的宏观表述，是对建设什么样的执政党的明确回答。一是建设用科学理论武装的马克思主义政党。中国共产党之所以能够长期地合法执政，在于它是用马克思主义理论武装起来的政党。坚持这种理论指导的政党，当然能够经得起各种社会风险，不断用新理论解决新问题。二是建设具有先进性的马克思主义政党。先进性是共产党赖以生存和发展的生命线，是区别于其他政党的鲜明特征。中国共产党的“理论和纲领”是“马克思主义的”，是“代表社会发展的正确方向”和“最广大人民的根本利益”④，所以其先进性能够长期存在。具有这种先进性的政党，当然能够做到思想理论科学、走在时代前列和全国范围内长期执政。三是建设执政为民的马克思主义政党。立党为公、执政为民，是党的根本宗旨的新的体现。在制定政策上要反映群众需求，在管理社会事务治理时要顾及群众要求，在治理社会问题时要平衡群众诉求，维护好和发展好国家利益和群众利益。

其次，怎样建设执政党。社会主义市场经济条件下，执政党如何进行执政建设和治理，马克思主义经典作家们未曾经历、也无法直接回答。江泽民把马克思主义建党学说与中国实际相结合，积极探索党的建设新道路，提出了“三个代表”重要思想，科学回答了在社会主义市场经济条件下怎样建设执政党的问题。一是加强党的领导方式和执政能力建设。这“是工作方法的

---

① 詹真荣等．马克思主义社会建设理论与实践［M］．昆明：云南教育出版社，2011：316.

② 参见江泽民文选：第 2 卷［M］．北京：人民出版社，2006：29.

③ 参见江泽民文选：第 1 卷［M］．北京：人民出版社，2006：403.

④ 江泽民．论“三个代表”［M］．北京：中央文献出版社，2001：168.

问题，也是思想方法和世界观的问题，是对人民群众的立场和态度的问题。”① 党对社会治理的领导，是通过党的执政来实现的。党领导社会治理的能力，直接体现在党的执政水平和能力上。而且，“最终都应该体现到提高党的执政能力上”②。二是制度建党。制度建党是江泽民关注的党建重点。江泽民继续坚持制度建党，并成功将邓小平制度建党思想运用到党的建设新的实践中，提出了很多新思想新观点。主要体现在：坚持民主集中制，实现党的领导制度建设同党内民主制度建设的统一；提出依法治国，实现党的制度建设同国家法制建设的统一；坚持从严治党，实现党内监督机制同法律监督、群众监督等机制的统一，等等。三是加强党的基层组织建设。“党的基层组织是党的全部工作和战斗力的基础”③，是党在各项事业建设中的前沿阵地，是党联系各阶层群众的纽结。江泽民还提出要加快社会团体等新兴领域的党组织建设。此外，他特别强调加强企业党组织尤其是非公企业的党组织建设，使经济组织和党的基层组织一道，能够引导本组织成员参与公共事务。

最后，如何管理与治理好执政党。一方面，要从严管党、从严治党。“从严治党，是保持党的先进性和纯洁性，增强党的凝聚力和战斗力的保证。”④ 这是对邓小平“党要管党”思想的继承和发展，也是对党的建设的经验总结。建设与管理、治理从来都是不可分割的一对范畴，在建设中加强管理和治理，是为了更好的建设；在管理和治理的同时进行建设，是为了提高管理与治理。江泽民将“党要管党、从严治党”的方针原则运用到了党的建设的方方面面。“要坚持‘党要管党’的原则，把从严治党的方针贯彻到党的建设各项工作中去。”⑤ 因此，从思想上严格管党治党，以马克思主义为指导，坚定全党的共产主义理想；从组织上严格管党治党，健全党的组织架构，保证全党的统一组织和行动；从作风上严格管党治党，反对形式主义，提高拒腐防变能力、管理实效和治理实效，保证全党的优良作风；从制度上严格管党治党，“完善各个方面的制度”，其中包括党的建设和“管理、监督的制度”，以及“社会等方面的管理制度”等，并“根据新的形势加以完善”⑥。实行党管工作责任

① 江泽民．论党的建设［M］．北京：中央文献出版社，2001：486.
② 十六大以来重要文献选编（上）［M］．北京：中央文献出版社，2005：95.
③ 江泽民文选（第3卷）［M］．北京：人民出版社，2006：571.
④ 江泽民文选（第2卷）［M］．北京：人民出版社，2006：46.
⑤ 同上，47.
⑥ 江泽民．论党的建设［M］．北京：中央文献出版社，2001：547.

制，按照党章党规对党员管理，实现从“原则要求”到“制度管党”的转变。另一方面，坚持“党管人才”原则，培养高素质管理人才。党管人才，是指党要以方针、政策的形式，从宏观上对人才进行整体管理和服务，为培养优秀管理人才营造良好环境。一个国家或政党能否培养出高素质的治党治国人才，“决定着这个政党、这个国家的兴衰存亡”①。坚持“党管人才”原则，符合党员干部管理的特殊规律和现代社会的人事管理规律，而且能够发挥党的自身组织优势，激活社会机制和市场机制的作用。具体来说，一是党管干部。“对于执政党来说，党要管党，最关键的是干部问题。”② 因此，“要坚持党管干部的原则，改进干部管理方法”③，健全干部培养体系。党管干部，主要是管宏观、管政策、管协调、管服务。党管干部，要在营造政策环境和人力资源开发上下功夫，做到以工作培养人才，以机制规范人才，以效果评价人才。党管干部，要妥善处理好人才管理和人才成长的关系、党委安排人才和市场配置人才的关系、党委管理人才和依法管理人才的关系等。二是培养“革命化、年轻化、知识化、专业化”的管理人才。管理干部队伍结构影响到社会治理的水平和效能。因此，要整体把握管理干部的政治素质、知识水平和业务技能，优化队伍结构，使之成为结构合理、整体团结、优势最大的管理队伍。三是加强日常的理论学习和社会实践。党员干部的理论知识水平影响着党的领导能力和治理水平。只有“整个干部队伍的理论素质提高了”④，只有“到实践中去经过一番扎实的磨炼”⑤，党领导社会治理的能力才能提高。理论学习，不仅要学习马克思主义理论，还要学习现代社会治理理论。理论学习重在实践运用。通过理论学习能够坚定政治立场和掌握治理方法。通过实践锻炼，能够提高理论解决实际问题的能力。

（二）社会主义社会治理要统筹兼顾社会矛盾和利益关系，“促进社会更加和谐”

正确处理社会矛盾和利益关系，维护社会秩序稳定，是毛泽东关于正确处理人民内部矛盾思想的核心观点。江泽民坚持与时俱进，结合新的社会形势和时代特征，在社会治理实践中继承发展了这一思想。1998 年，《关于国务

① 江泽民．论“三个代表”［M］．北京：中央文献出版社，2001：31.
② 邓小平文选（第 1 卷）［M］．北京：人民出版社，1994：328.
③ 江泽民．论“三个代表”［M］．北京：中央文献出版社，2001：173.
④ 江泽民．论党的建设［M］．北京：中央文献出版社，2001：223.
⑤ 同上，226.

院机构改革方案的说明》首次提到了社会管理是政府的基本职能之一。2002年，社会管理作为政府职能写入了党的十六大报告中，并明确了“社会更加和谐”[①] 是建设全面小康社会的目标。江泽民指出，“社会更加和谐”的一个前提，就是处理好各种社会矛盾和利益。一方面，协调好社会阶层的利益关系。对社会利益关系、“特别是若干带有全局性的重大关系”[②] 的调整，是保持社会稳定，建设和治理好小康社会的重点所在。市场经济的深入改革，导致“群众产生不同的利益要求”[③]，社会各阶层利益关系调整不到位，必然会引起这样或那样的社会矛盾。虽然是人民内部矛盾，但也不利于社会和谐。所以，社会治理应“兼顾不同方面群众的利益”[④]，全面统筹发展。此外，还要加强对流动人口的管理和服务，强化对社会收入分配的调节，提高社会各阶层的共识和认同。通过完善村民自治制度、“社情民意反映制度”“专家咨询制度”“社会公示制度和社会听证制度”[⑤]，畅通社会各阶层利益诉求与回应的机制通道，形成和谐共处、稳定有序和统筹发展的社会局面。另一方面，处理好人民内部矛盾。一是处理好人民内部矛盾是新形势下社会治理的“政治课题”。1993 年 3 月，江泽民指出，处理好人民内部矛盾“是维护社会稳定的重要基础”[⑥]。1998 年 12 月，他再次强调，要“正确把握和处理经济社会生活中出现的各种矛盾”，“这是新时期一个需要认真研究和正确解决的重要政治课题”[⑦]。社会稳定是社会治理正常进行的前提条件，也是实现“全面小康”社会的基本外因。当前，人们价值观念发生了转变，“各种矛盾可能会比较突出，保持稳定更具有重大的现实意义”[⑧]。二是人民内部矛盾的产生原因。1993 年 12 月和 2000 年 11 月，江泽民分别两次对人民内部矛盾的产生原因进行分析：改革开放导致了经济结构转型，进而引起利益关系发生改变；官僚化的管理作风仍然存在；党员干部的治理失范行为导致了干群关系紧张，等等。三是人民内部矛盾的化解途径和治理方法。江泽民认为，首先要区分各类社会问题，做好预案，进行针对性治理。对于一般性人民内部矛盾，管

---

① 江泽民文选（第 3 卷）[M]．北京：人民出版社，2006：543.
② 江泽民文选（第 1 卷）[M]．北京：人民出版社，2006：460.
③ 江泽民文选（第 3 卷）[M]．北京：人民出版社，2006：18.
④ 同上，279.
⑤ 同上，556.
⑥ 十四大以来重要文献选编（上）[M]．北京：中央文献出版社，1996：111.
⑦ 江泽民文选（第 2 卷）[M]．北京：人民出版社，2006：260.
⑧ 江泽民文选（第 1 卷）[M]．北京：人民出版社，2006：461.

理干部要尽早发现问题，做好管理预案。“善于发现苗头和倾向性的问题，有针对性地制定工作预案”①。加强分析和研究，立足思想疏导，着眼基层消化、初始化解和小范围解决，把问题“解决在基层，解决在内部，解决在萌芽状态”②。“对涉及群众利益的事，要一件一件去落实。”但对“群体性事件，必须采取果断措施及时处置”③。其次，要深入实际，善于总结经验，讲究治理方法。“对人民内部矛盾，要深入实际，调查研究”④，“精心研究和总结实践经验”。深入基层，就可以了解到群众需求。对于群众关心的突出问题，社会治理干部要“把思想政治工作和其他相应的工作做在前面，做细做实”⑤。此外，还应注意“正确运用经济、行政和法律等手段加以处理，防止矛盾激化”⑥。

（三）人民群众尤其是新兴社会阶层要依法参与社会治理

引导人民群众依法参与是社会主义社会治理的本质要求，也是社会主义民主的重要体现。江泽民强调，人民群众是社会主义社会治理的重要依靠力量，应充分激发他们的潜力和活力，“组织人民群众依法管理国家和社会事务”⑦。这是党执政的目标要求。而且这一目标，“也只有紧紧地依靠人民群众才能够实现”⑧。

经济利益调整必然会形成不同的利益格局和社会阶层。改革开放推动着经济的快速发展，我国社会结构悄然发生着变化。特别是21世纪以来，一些新兴社会阶层的成员，如外企职员、私企人员、自由职业者等，也成了人民群众的重要成员。在社会主义现代化建设中，他们既是建设者、劳动者，也是管理者、治理者。他们中大多数人是改革开放的受益者，是发展社会主义市场经济的重要力量。这些社会阶层成员具有较好的经济条件、良好素质和社会形象，有着参与社会事务的强烈愿望，渴望在参与公共事务治理中体现

---

① 泽民文选（第2卷）［M］．北京：人民出版社，2006：445.
② 江泽民论有中国特色社会主义（专题摘编）［M］．北京：中央文献出版社，2002：223.
③ 江泽民文选（第2卷）［M］．北京：人民出版社，2006：445.
④ 同上，32.
⑤ 江泽民文选（第1卷）［M］．北京：人民出版社，2006：363.
⑥ 江泽民文选（第2卷）［M］．北京：人民出版社，2006：32.
⑦ 十六大以来重要文献选编（上）［M］．北京：中央文献出版社，2005：24.
⑧ 江泽民论有中国特色社会主义（专题摘编）［M］．北京：中央文献出版社，2002：220.

自身社会价值。新兴社会阶层是我国坚持公有制为主体、多种所有制经济共同发展的必然结果。江泽民肯定新兴阶层的社会地位，重视新兴社会阶层在树立社会竞争、社会公平和效益等观念的促进作用。不仅如此，他还从党的建设的高度，大胆创新，提出加强非公经济中的党组织建设，积极把他们中符合党员标准的优秀分子、及时吸收到党的队伍中来，扩大党的群众基础。

人民群众依法参与社会治理，应该注意两个方面：一是要注重改善民生，依法维护人民群众利益。人民依法治理社会公共事务是社会治理民主性的重要体现。社会治理“最重要的是必须首先考虑并满足最大多数人的利益要求”①。基于对党的建设经验总结和对经济社会深刻变革的把握，江泽民将改善民生作为社会治理的基本任务，着力推进就业、医疗、教育、住房、收入分配和养老等民生领域的改革，积极完善社会保障体系。二是推进基层社区建设，保证基层群众依法行使治理职能。江泽民重视社会治理的基层组织建设，强调要培育基层社区组织，加强基层社区建设，依法行使基层治理权力。基层社区治理组织是社会治理的基本单位，是人民群众能够直接参与治理的平台和载体。基层治理得好，整个社会治理就好。城市社区组织，包括街道和居委会，不仅是城市居民的生活家园，也是社会治理的基层组织。作为社会治理的农村阵地，村委会等农村社区组织同样如此。社区治理和服务关系到广大群众的切实利益，是新时期社会治理坚持走群众路线、加强基层民主建设的重要内容。因此，要推进城市居民自治和村民自治发展，建设新型城乡社区。

（四）重视社会治安管理系统的建设和完善

社会治安是社会治理的特殊领域。社会治安管理系统包括预防体系、过程协调和治理措施等内容。江泽民重视加强社会治安管理的重要性。2001 年 4 月，在全国社会治安工作会议上，他强调，社会治安是一个重大的“政治问题”和“社会问题”。② 针对当时社会治理现状，他提出了加强社会治安管理系统建设的一系列措施。一是社会治安管理预防体系要坚持“打防结合，预防为主”。凡事预则立，不预则废。江泽民指出，社会治安管理同样需要坚持打击和预防并举，治理和教育兼顾，重在预防。③ 二是社会治安管理过程体

① 江泽民．论“三个代表”［M］．北京：中央文献出版社，2001：161.
② 参见江泽民文选（第 3 卷）［M］．北京：人民出版社，2006：208.
③ 参见江泽民文选（第 2 卷）［M］．北京：人民出版社，2006：32.

系需做到“统一领导、多方协调和综合推进”。预防体系建设固然重要，能在一定程度上减轻社会治理风险，但却非长效治本之策。需要构建社会治安管理动态协调机制，以便达到治理效果的及时跟踪反馈。江泽民强调，要建立社会治安管理“责任制”，分别“抓好本系统参与社会治安的工作”①。在社会治安管理过程体系建设中，不仅要形成责任目标明确、配合协调的齐抓共管局面，还“要把治安工作经常摆上议事日程，常抓不懈，持之以恒”②。三是社会治安管理体系要做到“专群结合”。江泽民指出，“维护社会治安必须坚持走群众路线”和“群防群治”，“把专门力量与群众力量有效结合起来”③。另外，加强基层组织建设和治理，也是落实社会治安管理措施、维护社会秩序的基础工作和关键点。加强“基层组织建设”、提高“管理以及处理问题的能力”，是社会治安“坚实的基础”和“治本之策”④。

当然，在探索基层群众自治，流动人口管理，教育、就业、卫生和社保等具体民生事业，在民族和宗教事务管理及制度建设等方面，江泽民都提出了许多新的主张、观点和做法。在社会治理制度、模式和方法等方面都推动了我国社会治理创新发展。

三、“以人为本”社会管理理论的主要内容

党的十六大以后，党中央高瞻远瞩，准确把握时代特征和社会建设现实，坚持马克思主义社会治理理论与中国实践相结合，将我国社会治理创新发展推进到了一个新的阶段。2004 年 6 月，党的十六届四中全会明确提出了“社会管理创新”的重要命题，在实践中逐渐形成了“以人为本”社会管理理论。“以人为本”社会管理理论内容丰富、系统完整，是马克思主义社会治理中国化的理论创新与阶段性总结，是我国社会治理创新过程中具有里程碑意义的理论成果，是中国特色社会主义社会治理体系的重要内容。

（一）强调创新社会管理的战略意义，解决了社会管理理论的价值理性

从党和国家长治久安的战略高度来认识和强调社会管理创新的重要意义。首先，是发展中国特色社会主义的客观要求。当前，我国经济社会发展正处在

① 江泽民文选（第 3 卷）［M］. 北京：人民出版社，2006：213.
② 同上，210.
③ 同上。
④ 同上。

“一个既有巨大发展潜力和动力又有各种困难和风险的时期”，这段时期是一个重要战略机遇期和“严峻调整期”。这是我们党正确分析国内外形势和发展趋势得出的科学判断。机遇具有“天时”和“地利”的特征，但是机遇并不等于发展。拥有机遇只是具备了发展条件，缺乏“人和”的机遇仍然很难促进发展。如何实现“人和”，一个重要途径就是创新社会管理、营造和谐的社会环境。其次，是构建社会主义和谐社会的内在需要。和谐是核心价值观的组成元素，是中国特色社会主义社会管理的内在属性。胡锦涛指出，社会和谐是社会管理发展的方向，社会管理是构建社会和谐的必需手段。所以，可以说，通过社会管理构建和谐社会，是“处理各种社会矛盾的历史过程和社会结果”①。再次，是实现人民群众根本利益的必要条件。社会管理是维护“人民群众切身利益的工作”，社会管理创新的目的就是最大限度地实现人民群众的根本利益。因此，社会管理要“以人民群众利益为重”，在研究和“解决好人民最关心最直接最现实的利益问题”上多下功夫。最后，是完成党的执政建设课题的需要。执政水平和能力、执政地位和合法性等，是党的执政建设课题的研究内容。党的执政能力有五种表现形式，其中，与社会管理关系最直接的就是“构建社会主义和谐社会的能力”。“从一定意义上讲，社会建设水平的高低、社会管理能力的强弱，是衡量和检验我们党执政能力、执政水平的一个重要标志。”② 面对社会秩序的新挑战，社会问题的新特点，党的执政环境的新变化，胡锦涛将社会管理能力视为党的执政能力的一个衡量标准，并着力提高社会管理水平、增强社会公众的管理认同。

（二）阐释创新社会管理的基本内涵，明晰了社会管理理论的科学认知

2011 年 2 月，在中央党校省部级主要领导干部社会管理及其创新专题研讨班上，胡锦涛系统阐述了社会管理的原则要求、本质核心和基本任务，将社会管理理论内涵的认知提升到了一个历史新高度。首先，提出了三个“最大限度”总要求，即“最大限度激发社会活力，最大限度增加和谐因素，最大限度减少不和谐因素”③。其次，揭示了社会管理的核心本质。“社会管理，说到底是对人的管理和服务”，是对“人民群众切身利益”的管理和服务，“实现好、维护好、发展好最广大人民的根本利益”。社会管理本质核心的实

① 十七大以来重要文献选编（中）［M］. 北京：中央文献出版社，2011：13.

② 同上，802.

③ 十七大以来重要文献选编（上）［M］. 北京：中央文献出版社，2009：31.

践表现，就是以人为本、管理为民和服务群众。“对人的管理和服务”有一个基本前提，就是以“民生为重点的社会建设”。胡锦涛明确强调，社会管理的本质就是对人的管理和服务，核心就是社会民生建设。他指出，“最佳的管理方式是在服务中实施管理、在管理中体现服务”①。要“把以人为本、服务为先贯穿于社会管理工作中”，找出和解决管理问题，实现“服务型管理”，真正体现和践行好“管理就是服务的理念”②。最后，指出了社会管理的工作任务，即“协调社会关系、规范社会行为、解决社会问题、化解社会矛盾、促进社会公正、应对社会风险、保持社会稳定”③ 等。

（三）探索创新社会管理的实现路径，把握了社会管理理论的实践理性

党的十六大以来，胡锦涛坚持从中国特色社会主义实践出发，努力探索社会建设和治理的发展规律，加快发展各项社会事业，积极探究社会管理创新之路，使我国社会治理创新发展上升到了一个新的历史台阶。

1. 筑建社会管理民生工程

民生事业在社会建设和管理中居于基础地位，是社会管理基础工程中的重要内容。胡锦涛指出，要推进各项社会事业，构建“全体人民学有所教、劳有所得、病有所医、老有所养、住有所居”④ 的社会。这明确了社会管理民生工程建设的基本内容。一是坚持教育优先。教育是民族振兴的基石。胡锦涛指出，发展教育，必须全面贯彻党的教育方针，坚持育人为本、德育为先，坚持办“为人民服务、让人民满意”的社会主义教育。教育发展要着眼长远，全面深化教育体制改革，构建中国特色的现代化教育体系。二是抓好就业之本。胡锦涛认为，做好就业工作，一靠发展，二靠制度。经济发展是就业再就业问题的治本之策，制度完善则是就业再就业的有力保障。三是调整收入分配关系。构建科学合理的收入分配关系，是社会管理民生领域中一件大事。因此，分配原则要“更加注重公平”；分配秩序要以控制“收入差距扩大”为目标；分配格局要提高“居民收入”和“劳动报酬”⑤ 的比重。四是，推进社会保障体系建设。社会保障是社会管理有序进行的重要保证。我

① 十七大以来重要文献选编（下）[M]．北京：中央文献出版社，2013：155.
② 十七大以来重要文献选编（中）[M]．北京：中央文献出版社，2011：805.
③ 编写组．怎样加强和创新社会管理 [M]．北京：中共中央党校出版社，2011：97.
④ 十七大以来重要文献选编（下）[M]．北京：中央文献出版社，2013：155.
⑤ 十七大以来重要文献选编（中）[M]．北京：中央文献出版社，2011：990.

国社会保障体系应按照“广覆盖、保基本、多层次、可持续”① 的要求，构建起包括社会保险、社会救助和社会福利等在内的、适合我国国情的社会保障体系。五是推进住房体系建设。住房是人的生存的基本条件，是社会管理民生建设的重要任务。胡锦涛指出，要从我国人多地少的国情出发，注重发挥政府和市场的作用，建立科学、规范的住房保障体系。六是发展扶贫事业。消除贫困是人们追求的共同理想。推进扶贫开发，消除绝对贫困，是当前社会管理民生发展的当务之急。胡锦涛要求由政府主导，以专项、行业和社会等扶贫为支点，明确扶贫对象和范围，加大扶贫力度，合力推进扶贫开发工作。七是加快医疗卫生改革。健康问题涉及群众的幸福指数。要“按照保基本、强基层、建机制的要求，增加财政投入，深化医药卫生体制改革”②，建立健全医疗卫生基本制度。八是服务妇老幼残等特殊人群。发展妇老幼残等服务事业，是全民的一种社会责任，也是社会民生建设的重要任务。胡锦涛强调，在社会管理中，要将妇老幼残等既作为社会的特殊群体，又作为社会的一般群体来对待，切实保证他们的合法权益。

2. 健全社会管理总体格局

2004 年，党的十六届四中全会提出要构建“党委领导、政府负责、社会协同、公众参与的社会管理格局”③。这在党的历史上，在马克思主义社会管理理论中国化进程中，尚属首次。具体而言，要“加强党的领导”，提高党领导社会管理的能力；“强化政府社会管理职能”，重视政府购买公共服务理论与实践研究；要“引导各类社会组织加强自身建设、增强服务社会能力”，发挥社会组织在协调利益关系等方面的作用；引导群众有序参与，“发挥群众参与社会管理的基础作用”④。胡锦涛指出了党委的领导地位、政府的社会职能、社会团体的协同功能和公众参与的基础作用。这种“四位一体”模式能够实现管理资源的有效整合、公平与效率的有机统一，是多主体参与和多元化治理的一种管理新模式，

3. 创新社会管理体制机制

社会体制机制是国家用以规范社会关系行为和社会秩序的制度体系和制度形式。社会管理创新需要相应的制度保障。胡锦涛十分重视社会管理体制

---

① 十七大以来重要文献选编（中）［M］. 北京：中央文献出版社，2011：990.

② 同上，991.

③ 十六大以来重要文献选编（中）［M］. 北京：中央文献出版社，2006：287.

④ 参见十七大以来重要文献选编（下）［M］. 北京：中央文献出版社，2013：150-151.

机制创新。创新社会管理体制，对维护社会秩序、治理突发事件、维护群众利益和改革发展等都有着重大意义。[①] 由于“社会管理机制涉及方方面面”，因此，首先要“统筹安排”好，在此基础上要“逐项加强”每项机制及其“机制之间的衔接”。社会管理体制机制包括：群众“诉求表达机制、权益保障机制”“基层群众自治机制”“利益协调机制”等。此外，具体领域的管理体制机制，如“流动人口管理与服务协调机制”“实有人口动态管理机制”“特殊人群管理和服务”机制、“农村应急管理体制”“安全监管体制”机制和“网上动态管理机制”等都是社会管理体制机制的重要内容。

4. 加强社会管理体系构建

体系建设是制定社会共同准则，引导约束社会行为和维护社会秩序的手段，是依靠法律制度和道德规范等运作的综合社会系统。社会管理体系包括社会管理预防预警体系、社会管理动态过程协调体系和社会管理应急体系等，具有自律性、他律性和互律性相统一的特点。在这方面，胡锦涛有许多论述，如在预防体系中，建立健全社会保障体系和社会救助体系，完善政府决策体系，加强思想道德建设、弘扬社会主义核心价值体系，重视心理健康知识宣传、建立健全个人心理医疗服务体系等；在过程体系中，建立和完善群众利益诉求和社会矛盾调解机制，加强和完善公共安全体系、社会治安综合治理体系等；在应急体系方面，包括应急管理领导体制、突发事件监测预警机制、应急法律和预案体系、社会风险防范和处置能力等。

第三节 突破与发展：“多方协作共管”社会治理的重要意义

党的十一届三中全会以后，我们党继承和发展了计划经济时期“政府‘一元’管控”社会治理理论，我国社会治理创新发展重新回到了以经济建设为中心的发展道路，开创了我国“多方协作共管”社会治理理论构建与发展的新局面；此后，继续丰富和发展“多方协作共管”社会治理理论，在我国社会治理创新发展道路上，展现着各自的时代贡献和现实意义。

---

① 参见十六大以来重要文献选编（上）［M］．北京：中央文献出版社，2005：399.

一、从传统计划管理到现代科学治理的历史突破

“制度管制”社会治理是我国“多方协作共管”社会治理的重要组成部分，是立足国情、回应现实、借鉴国外先进治理理论而形成的中国特色的科学理论。它的形成既打破了僵化封闭的旧有管理模式，又为今后社会治理创新开辟了道路，是马克思主义社会治理中国化的历史突破，是我国社会主义社会治理从传统走向现代、从经验走向科学、从计划走向市场、从人治走向法治的重要标志。

（一）突破了传统型社会管理，迈向现代化社会治理

现代化是人类社会发展的一个历史概念，在不同阶段有着不同内容。现代化社会治理是指按照现代大生产和治理规律要求进行的，包括内容理念、组织人才、方法手段等现代化。

首先，社会治理内容和导向从传统迈向现代。在现代社会中，社会治理是促进生产力发展的重要因素。作为一种软要素，治理能够创造出新的生产力。因此，在某种意义上，现代社会治理就是生产力，是体现社会主义优越性的重要因素。现代国家之间的竞争，更多时候表现为经济社会综合因素的较量，体现为物质和精神文明等的竞争。传统社会管理以物质经济建设为导向，而现代社会治理则是经济文明与精神文明建设“一起抓”。因此，我国现代社会治理要同时体现和提升物质文明和精神文明，从而彰显社会主义属性和优越性。

其次，社会治理理念从传统迈向现代。很长一段时期，人们还停留在政府“什么都该管、什么都能管”的思想认识上。特别是“提到社会管理，各级政府官员很自然地把它理解成为自上而下的控制”①。这种传统计划型管理思维成了现代社会治理要解决的首要问题。随着经济社会发展，治理不再是传统意义上“一种科学的方法”，而“更多地成为一种哲学”②。治理哲学是治理智慧之学、治理思想之学。实现现代化社会治理，必须进行一场治理革命，特别是治理思想上的革命。首先思想理念要解放。如果“思想一僵化”“不从实际出发的本本主义”③ 就会出现。因此，打破思想僵化和思想桎梏，

① 郑永年．中国改革三步走［M］．北京：东方出版社，2011：37.

② 黄锐，高颖．管理是什么——解读顶级管理大师［M］．北京：中国经济出版社，2004：1.

③ 邓小平文选（第2卷）［M］．北京：人民出版社，1994：142.

是实现现代化社会治理的前提。据此，邓小平确立了“三个有利于”的现代治理核心观念。① 二是要有创造创新精神。没有创新就没有发展。邓小平指出，“要提高我们的……管理水平，没有一点创造性是不行的”②。创新创造是解放思想的必然产物。它包括治理模式和技术的创新，更包括治理观念的创新；它追求世界先进的社会治理，更重要的是打造中国特色的社会治理。三是政府要从管理意识转变为服务意识。政府变“领导为服务”是社会治理理念的重大突破。邓小平认为，社会治理不是发号施令，而是做好服务。不仅如此，他还以身作则，多次表示自己愿意当好“后勤部长”，做好服务工作。如，1978 年，在鞍钢问题上，他提出要按照经济规律来治理，政府要做好服务。1985 年，他指出领导干部要少发指示、多干实事。“领导就是服务”，邓小平的这一著名论断，直接指向了现代社会治理理念的核心要素，并真正唤起了人们的社会治理现代化意识，推进了社会治理现代化进程。

再次，社会治理组织和人才从传统迈向现代。社会治理组织是遵循经济发展规律的社会制度性组织，是治理人才施展才能的载体和平台。经济现代化的发展，促使社会治理组织走向了专业化、开放化、科学化。社会治理组织的现代转型，应在政府主导下，充分发挥民间专业性、群众性社会组织的特有作用，建立符合社会化生产规律的现代社会治理组织制度和组织体系。美国社会学家英格尔斯曾指出：“许多急切寻求实现现代化的国家”，虽然运用了当时最为先进的科学技术、经济治理制度和治理方法，但“却成效甚微”。这已经成为国际性的严峻事实，其中一个原因就是，社会管理者“还不是‘现代人’”，或者说，“还没有实现‘传统人’到‘现代人’的转变”③。社会治理组织现代化的实质是人的现代化。现代化社会管理人才指的是既有现代治理思想和创新精神，又具备现代治理知识和技术的专业人才。社会管理人才现代化，重在提升人的素质水平。社会管理人才质量和发展潜力，“越来越取决于劳动者的素质”④。人的综合素质影响着人才质量和人才的现代化。现代化社会管理人才必须具备经济学、科技和管理等本领。“要用最大的

---

① 参见韩立红：“总设计师”的管理智慧——邓小平管理哲学研究［M］. 北京：中共中央党校出版社，2007：187-188.

② 邓小平文选（第 2 卷）［M］. 北京：人民出版社，1994：131.

③ 参见［美］阿历克斯. 英格尔斯. 人的现代化［M］. 殷陆君译. 成都：四川人民出版社，1985.

④ 邓小平文选（第 3 卷）［M］. 北京：人民出版社，1993：120.

努力来掌握现代化的技术知识和现代化的管理知识”①。“实现四个现代化”和社会治理现代化，需要“真才实学”和“有一定的专业知识和专业能力”②的人才。这种人才指的就是具有较高综合素质的人才，也就是邓小平所说的“革命化、年轻化、知识化、专业化”的管理人才。

最后，社会治理方法和手段从传统迈向现代。治理方法和手段是社会资源整合时使用的一种工具。现代治理方法如目标和质量管理、社会调研分析、系统统筹和科学决策等，将使社会综合效益和资源整合更为高效。借助马克思主义劳动二重性理论，邓小平对治理的科技属性进行了阐述。他认为，先进的治理方法和手段，本身并没有意识形态的阶级属性之分，社会主义社会治理可以汲取“资本主义在管理方面好的东西”③和“一切反映现代社会化生产规律的先进……管理方法”④。当然，吸收借鉴不等于全盘拿来、盲目照搬。“要切合实际，要根据自己的特点来决定自己的制度和管理方式。”⑤此外，还要注重现代科学工具的使用。发展科学技术，创新治理手段，将计算机技术和网络技术引入社会治理，实现人才、方法、信息、分析和战略等要素的统一，建立起现代化社会治理信息预测、平衡和反馈系统。

（二）突破了经验式社会治理，迈向科学化社会治理

在很长一段时期里，社会治理未被认可为一门独立科学，而是被混同于行政治理，依靠指令和经验进行。受历史因素影响，人们习惯于凭借已有经验去解决身边的现实问题。由于历史的巨大惯性，今天的社会治理仍难以完全突破经验治理的框架。人们肯定科学化社会治理的重要作用，但在具体践行时，就会习惯性地“有一点留恋过去”⑥，已有的经验或“习惯的东西”不时地发挥作用。在已有的经验中，有的是先进的可以被利用，有的是不适应现实需要摒弃的。即使是前者，也易出现“已经取得的好经验”“没有条理化、制度化”⑦的现象。这是科学化社会治理需要解决的。

科学是关于自然界、人类社会和思维领域的知识体系和实践总结。科学

① 邓小平文选（第2卷）［M］．北京：人民出版社，1994：136.
② 同上，262.
③ 邓小平年谱（1975-1997）（下）［M］．北京：中央文献出版社，2007：765.
④ 邓小平文选（第3卷）［M］．北京：人民出版社，1993：373.
⑤ 同上，221.
⑥ 同上，228-229.
⑦ 邓小平文选（第2卷）［M］．北京：人民出版社，1994：245.

化，就是不断追求客观真理、达到主客观一致的过程。治理科学作为自然科学和社会科学的交叉科学，在现代社会发展中的作用越来越大。目前，西方国家完成了从治理经验到治理理论的系统转变。而在我国，“虽然积累了一些经验，但是应该承认，怎样科学地组织管理和领导好社会主义”①，还有很长的路要走。对此，邓小平强调，我国必须实现从经验治理到科学治理的转变。

首先，按规律进行社会管理与治理。邓小平肯定了社会管理与治理是科学，是知识，是技术。作为一门科学，社会管理与治理包含着决策、组织、协调等科学元素。“管理也是知识”②。它包括了自然、社会和思维等科学领域的知识。“管理也是一种技术”③。它需要通过技术分析将社会资源的管理和决策、协调和监督等统一起来。邓小平指出了现代社会治理的科学化趋向。“管理是一门专门的学问，这是我们最薄弱的一个环节”④。因此，实现社会治理科学化，要尊重社会治理规律，让“业务能力和管理水平比较高的人”⑤担任。把社会治理当作一门科学技术，这是迈向科学化社会治理的关键一步。

其次，要体现辩证的创新思维。邓小平重视用辩证法进行社会治理。一是坚持两手抓、两手都要硬的“两点论”。1986 年 1 月，邓小平强调，社会主义建设和治理“一定要有两手”，“即一手抓建设，一手抓法制”⑥。社会事业要实现科学化治理，除了注重传统经验，更要纳入现代法制轨道，实现建设、治理与法制的“两手抓”。二是坚持人文关怀和制度规制的辩证统一。中国传统社会治理重视人伦因素而缺乏制度规范，而西方社会治理却恰恰相反。对此，邓小平提出要整合中、西方社会治理中的优秀成分，既要吸收中国传统治理思想文化中的关心民众需求、强调责任义务等有益养分，也要大胆吸收西方社会治理中适应现代市场经济的制度规范等科学成分，运用唯物辩证方法论构建中国特色的科学化社会治理。三是坚持“两个大局”的差异治理原则。邓小平的“两个大局”思想，源于我国不平衡发展的经济社会现实。差异治理原则体现了和而不同、异中求同和和谐共赢的理念，和谐是对立和差别之上的和谐，差别是和谐统一之下的差别。“两个大局”思想体现的正是

---

① 邓小平文选（第 2 卷）［M］．北京：人民出版社，1994：99.
② 邓小平文选（第 3 卷）［M］．北京：人民出版社，1993：52.
③ 同上，65.
④ 邓小平年谱（1975-1997）（上）［M］．北京：中央文献出版社，2007：480.
⑤ 邓小平文选（第 2 卷）［M］．北京：人民出版社，1994：224.
⑥ 邓小平文选（第 3 卷）［M］．北京：人民出版社，1993：154.

差异管理原则。由于历史和现实原因，我国经济社会发展呈现出许多不平衡：地区经济发展，社会资源配置，自然资源分布，环境气候条件，以及社会成员能力水平差异导致的社会贫富差异等。邓小平强调要承认这些差异，坚持差异治理原则，采取不同的治理方式和解决途径。四是体现刚柔并济的治理艺术。治理艺术是创新性辩证思维实践化过程的直接体现。邓小平认为，社会治理要注重科学方式，“不能用压服的办法”①。由于成长经历、教育程度等不同，人与人之间会出现思想分歧和利益差异，这是正常现象。解决这些问题，光靠“压堵”不行，必须研究、掌握科学方法和治理艺术。社会治理可以借鉴“两手抓”的思维方法，使用刚柔并济的治理手段：既要“柔性维稳”，也不摒弃“刚性维稳”；既强调“疏导”，也要制度化解。

再次，按照民主集中制实现治理决策科学化。民主集中制是实现科学化社会治理的重要条件。邓小平认为，让广大群众积极“参与管理”，就是社会“管理民主化”② 的最直接体现。在总结“文革”教训时，他强调，其中一个重要原因就是，“民主集中制没有真正实行”③。实现民主治理，可以使人民群众拥有更大治理自主权，但是无章可循的民主易被曲解和滥用，导致盲目自主治理和自由治理。因此，邓小平指出，应“毫无例外地实行民主管理，使集中领导和民主管理结合起来”④，同时“要规定比较详细的法令，以防止对自主权的曲解和滥用”⑤。民主的治理决策是科学化社会治理的关键。推进社会治理决策民主化科学化，需要建立由领导干部、管理专家和人民群众组成的决策治理机构，完善民主治理决策制度。社会治理中的重大问题，都应按照民主集中制原则进行决策和治理。

最后，实现责权明晰的制度化治理。制度化治理是社会治理从经验走向科学的重要标志。治理要科学，必须有健全的制度规章，“从制度上保证……整个社会生活的民主化”⑥。邓小平认为，改革不合理的治理制度，解决权力集中、官僚主义等现象，其突破口就是建立责任制。“在管理制度上，当前要特别注意加强责任制。”⑦ 实行责任制有助于明晰社会治理机构和人员的权

① 邓小平文选（第2卷）［M］. 北京：人民出版社，1994：145.
② 邓小平文选（第3卷）［M］. 北京：人民出版社，1993：180.
③ 邓小平文选（第2卷）［M］. 北京：人民出版社，1994：144.
④ 同上，137.
⑤ 同上，362.
⑥ 同上，336.
⑦ 同上，150.

限，改变责权利不统一的状况，有利于提高社会治理效率。邓小平提出要在各级治理机构建立责任制度，把权益和责任统一起来，并加强管理人员的社会责任感，确保社会治理科学化运作。

（三）突破了计划型社会治理，迈向市场化社会治理

在计划体制下，社会治理主要是依据“统一计划、分级管理”的原则，按照政府的行政指令治理社会事务。在这种治理体制下，市场机制被排斥，行政手段成了社会治理的主要手段，群众运动成了社会治理的重要形式。社会治理高度行政化，社会活力受到压制。这种“政府办社会”的治理模式及其产生的问题已经成为社会发展的严重障碍。因此，要实现市场化社会治理，就要改革计划治理体制。

社会治理要联系物质利益、突出效益观念。社会主义市场经济的实行，意味着计划型治理体制和治理模式已经失效或过时。社会治理需要按照市场经济规律要求重新建构，实现市场化运作。治理具有社会和自然等两种属性。治理的社会属性同社会关系和社会制度相联系，具有意识形态倾向性。治理的自然属性与社会生产力和劳动生产率有关，是人类文明的共同产物。市场经济追求的是效率和效益。因此，社会治理活动应该以提高效益为中心，追求效率和效益的最大化。我国社会治理市场化，要遵循社会主义市场经济规律，按照市场化方法进行。社会治理应围绕经济建设，注重经济效益。经济效益是衡量社会治理的重要标准，但并不否认社会效益是社会治理的最高准则。中国特色社会主义事业建设“要首先抓好管理和质量，讲求经济效益和总的社会效益”①。每个领域都有自身特殊的发展规律，都有自身专业的衡量标准。对于非经济领域、行业和部门，就不能将经济效益作为最高的衡量标准，比如，“思想文化教育卫生部门，都要以社会效益为一切活动的唯一准则”和“最高准则”②。总之，社会治理不仅要考虑经济效益，还应注重社会效益，实现经济效益与社会效益的“双丰收”。政府主体在社会治理转型中起决定作用。政府要转变治理理念，有所为，有所不为，主动在合理范围内自我让权、限权，实现从管理型政府到服务型政府的转变。在社会治理中，权力、责任和利益的统一要联系物质利益。政府应把握好治理利益的杠杆，重视精神鼓励，也要重视物质利益的分配。按劳分配是社会主义的原则，也是

---

① 邓小平文选（第3卷）［M］．北京：人民出版社，1993：143.

② 同上，145.

治理社会的物质原则。对于劳动成果和治理成就，“只能是按劳，不能是按政，也不能是按资格。”① 如果忽视按劳分配，忽视物质原则，或者是仅提倡“精神万能”，必然会影响管理人员和人民群众的积极性，影响社会治理效益。物质鼓励作为市场经济条件下社会治理的常规手段，被邓小平重新提出并加以落实，这是他在这方面的重要贡献。

（四）突破了人治化社会治理，迈向法治化社会治理

法制建设是社会治理从人治走向法治的重要标志。从文化维度来看，社会治理也是一种文化，是社会治理文化的外化形式。受中国传统文化中“以官为本”思想的影响，中国传统社会治理逐渐形成了以伦理关系为根基的“人治”理念。这种“人治”理念中的“人”指的是官员，实质就是人伦化的“官治”。这种理念注重人的价值需要和治理过程的人伦性，与现代治理思想强调的市场竞争意识、制度法规约束等有很大不同。或者说，我国传统社会治理重视的是人治管理，缺乏的是依法治理。面对中国传统人治思维的巨大历史惯性，以及“文革”时期国内民主法制被严重破坏的状况，邓小平多次强调民主法制建设的必要性和紧迫性。“民主和法制，这两个方面都应该加强”②。对人治的认识和理解，邓小平作了形象解释：过去“把领导人说的话当做‘法’，不赞成领导人说的话就叫做‘违法’，领导人的话改变了，‘法’也就跟着改变”③。他看到了法治建设在社会管理中的重要作用。他要求干部要按照宪法、法律、法令办事，善于运用法律工具进行社会管理。“要使我们的宪法更加完备、周密、准确”，能够做到让人民群众依法“管理国家各级组织和各项企业事业”④。邓小平指出，法治化是实现人治向法治转变的根本途径。在这一转变过程中，要处理好人治与法治的关系，以不影响社会稳定为前提，逐渐使社会治理从人治的桎梏中解脱出来。除了经济、行政和道德等手段外，邓小平更重视用法律方法治理社会。通过一定的法律程序或活动，建立起治理社会事务的法律秩序，各种社会矛盾和利益关系，都应通过法律途径解决。法治和民主密不可分。只有在成熟的民主制度和民主治理条件下，管理人员才能依法治理，人民群众的民主治理权力才有法律保障，社会治理法治化才能实现。邓小平关于社会治理民主法制建设的论述，标志着我国社

① 邓小平文选（第2卷）［M］. 北京：人民出版社，1994：101.

② 同上，189.

③ 同上，146.

④ 同上，339.

会治理法治化建设的正式起步。

二、党建引领下科教为先、德法兼治的“均衡式”治理的创新

“建设一个什么样的党，怎样建设党”，是马克思主义者面临的历史主题。由此，“如何管理好新的建设工程中的执政党”，就成了“德法兼治”社会治理理论的一个核心任务。在“两个转变”的历史时期，如何解决好党的建设与治理问题，关系到改革开放和现代化建设。江泽民提出了“三个代表”重要思想，创造性地解决了这个重大问题，走出了一条以“三个代表”重要思想为指导，以“德法兼治”为方略，以创新为特征的社会治理之路。

（一）通过加强党的执政建设与治理来提高社会管理能力

加强党的执政建设，重点在各级领导干部。领导干部是党的执政建设的领导核心，是国家和社会事业建设的组织者和管理者。因此，他们要“以宽广的眼界观察世界”，以“提高科学判断形势的能力”；“正确认识和处理各种社会矛盾”，以“提高应对复杂局面的能力”；“按照客观规律和科学规律办事”，以“提高驾驭市场经济的能力”；“增强法制观念”，以“提高依法执政的能力”；“立足全党全国工作大局”，以“提高总揽全局的能力”①。江泽民认为，党对社会治理的领导方向和立场要正确，党的治理水平和能力也不能出现问题。管理干部要与时俱进，在社会治理知识水平和工作能力上下功夫。

一是通过“提高科学判断形势的能力”来提高社会治理思维能力。马克思主义认为，世界是普遍联系和发展的统一体，一切事物都是相互联系、相互制约的。社会治理是涵盖多种层次、环节和因素的社会系统工程，这些要素相互作用、相互联系，表现出了综合性系统性特征。社会治理要综合考虑国内外环境、党的建设和其他社会事业建设、党的执政能力和治理能力等之间的关系等。江泽民强调，要“用辩证唯物主义和历史唯物主义的世界观、方法论去分析和解决问题”②。“始终注意把握它们的内在联系，增强全面性，克服片面性”③。他坚持用发展的联系的观点看问题，肯定事物内因外因的关

① 十六大以来重要文献选编（上）[M]．北京：中央文献出版社，2005：39.

② 毛泽东邓小平江泽民论党的建设[M]．北京：中央文献出版社 中共中央党校出版社，1998：605.

③ 江泽民文选（第1卷）[M]．北京：人民出版社，2006：572.

系作用。在联系中把握整体，在整体中突出重点，体现了江泽民唯物辩证的治理思维和认知能力。

二是通过“提高驾驭市场经济的能力”来提高社会治理认知能力。社会治理目标是实现社会和谐。“社会和谐”是坚持社会整体发展的和谐，是坚持物质、精神和政治文明共同建设的和谐。因此，管理干部不能再沿袭计划经济条件下的管理规定和行政命令进行社会治理，而必须要研究和依照市场经济规律，在发展经济水平和提高经济治理能力中不断提高对社会治理规律的认知能力。

三是通过“认识和处理社会矛盾的能力”来提高社会治理实践能力。我国经济社会的深刻变革，导致了人们的利益格局和思想观念发生了深刻变化。因此，要深入实际，倾听民情，了解社会矛盾的性质、规律和趋势。要掌握治理艺术，运用多种手段，解决好群众的切身利益问题。在解决社会矛盾中不断提高社会治理的实践能力。

四是通过“提高依法执政的能力”来提高社会治理保障能力。依法治理社会是依法治国和依法执政的应有之义。江泽民重视社会主义法制建设，为了在依法执政中“体现人民的利益”，“各项民主制度和法律制度，都需要继续完善和发展”①。为了保证国家长治久安、社会健康发展，治理机构就必须依照法律制度行使权力、满足群众利益需求。党委政府要加快立法建设，强化全社会的法制意识。在法律执行中，党员干部应树立正确权力观，模范守法，为民执法，在依法执政中不断提高社会治理的保障能力。

五是通过“提高总揽全局的能力”来提高社会治理掌控能力。社会治理能力是“总揽全局的能力”的重要内容。提高总揽全局的能力，首先要提高对改革、发展、稳定关系的把握与协调能力。“三者关系处理得当，就能总揽全局”②。所以，“要善于统观全局”，“从整体上把握改革发展稳定之间的内在关系”③。江泽民强调，要坚持“改革是动力，发展是目的，稳定是前提”的基本结论，继续把“维护人民群众的利益”、改善人民生活作为“处理好改革发展稳定的关系”④ 的重点和关键，继续“把改革的力度、发展的速度和

① 江泽民文选（第1卷）［M］. 北京：人民出版社，2006：62.

② 同上，460.

③ 同上，461.

④ 江泽民文选（第2卷）［M］. 北京：人民出版社，2006：444.

社会可承受的程度统一起来”①。在动态改革与发展中实现社会稳定，在稳定社会环境中全面改革、实现可持续发展。在现代化全局中保持改革、发展和稳定之间的平衡和互促，通过提高总揽现代化建设全局的能力，提高党对国家治理和社会治理的掌控能力。

（二）坚持依法治国和以德治国相结合，实现社会治理自觉

如何实现社会治理自觉和有效，是需要解决的重要问题。社会治理主要有两种运作机制：一是外在的强制约束机制，主要靠法律制度和治理；另一是内在的自我约束机制，主要靠道德素质的自我调节。法律和道德是社会调节体系中的调控手段，是社会治理体系中的管理手段。这两种管理手段“相互联系、相互补充”，因此，要德法兼治、德法兼管，做到依法治理与以德治理相结合。“道德规范与法律规范应该相互结合，统一发挥作用。”②

一是依法治国与依法治理。“依法治国”为国家和社会治理提出了方针原则，它强调了“法治”在国家和社会治理中的地位作用，表明了党的执政方式和治理方式发生了重要转变，是党的政治成熟和治理自信的表现。“依法治国”方略的提出，对于中国共产党执政合法化和社会治理科学化的意义重大。要加强治理立法和管理立法，做到“立法工作”和“普法教育”③ 同时进行。同时，严格依法行政、依法治理和依法监督。此外，要继续开展普法宣传教育，提高全社会成员的法律素质，坚持依靠群众运用法律手段治理国家和管理社会，构建科学合理的依法治理与管理网络。

二是以德治国与以德治理。国家长治久安，社会治理文明，需要法律制度的“硬”保障，也离不开道德修养的“软”约束。在国家和社会治理中，道德素质是基础工程，面对的是道义性问题。在社会主义国家里，道德不仅体现在社会成员的德性，而且包括理想、信念、信仰和意志等。社会主义思想道德体系的价值基点就是人民群众的根本利益，体现的是先进生产力的发展要求。道德在治理国家和管理社会中具有重要作用。“以德治理”目标是通过道德垂范和道德教育，实现对全社会成员的公共道德引导和教化，为社会治理提供良好的社会道德风尚。

---

① 江泽民文选（第3卷）［M］. 北京：人民出版社，2006：534-535.

② 江泽民论有中国特色社会主义（专题摘编）［M］. 北京：中央文献出版社，2002：336.

③ 江泽民文选（第1卷）［M］. 北京：人民出版社，2006：513.

三是法治和德治的有机结合。“把基本道德观念的要求融于有关法律法规”“融于社会的各项管理中”①。以法律来保障社会管理与治理，以道德来约束社会管理与治理，做到“硬治理”和“软治理”的有机结合。道德是法律制定和执行的基础，融合于具体法律法规之中，是法治的精神内核。法律是道德的保障，是道德的文本化、有形化。法治身、治行，德治心、治本。两者虽然范畴不同、形态相异，但是本质一致、目标一致。因此，在运用法治和德治的手段时，要将其视为一个相互联系的有机整体。法治的道德价值在于培养人民群众的法律信仰和道德养成，维护好根植于人民利益中的法律权威，自觉运用法律武器治理国家和管理社会，赋予法律以正义性，增强法治的道德基础，从而使法律带有道义性，促进社会法制道德化。道德的法律价值在于培养人民群众的法律思维、道德和法律素质，自觉运用法律武器维护自身合法权益的行为习惯，赋予道德以理性，使道德带有强制规定性，促进社会道德法治化。江泽民指出，“依法治国和以德治国都有自己的重要作用”，所以，“要坚持依法治国和以德治国相结合”②、依法治理和以德治理相结合。从作用来看，法治和德治的“地位和功能都是非常重要”③，均是扬善抑恶，维护社会秩序，稳定治理局面。作为治国的两种方略，法治和德治也应该作为社会治理的方法路径。依法治国和以德治国的提出，显示了党在社会治理创新规律认识方面更加深刻，方法运用方面更加成熟。

（三）通过区域开发战略促进社会治理的全面协调

20个世纪90年代，我国“城乡二元经济结构还没有改变，地区差距扩大的趋势尚未扭转，贫困人口还为数不少”，“就业和社会保障压力增大”，以及社会“管理体制还不完善”④。发展是硬道理，加快发展是解决社会治理区域矛盾甚至所有矛盾的关键。我国社会建设中存在的矛盾，社会治理中凸显的问题，一个重要原因是区域发展和领域发展的不平衡不协调。因此，应该通过加强治理促进发展，通过发展解决治理中的问题。社会治理发展中的问题最终还是需用发展的办法来解决，社会治理的全面协调最终还是靠协调的办法来完成。

---

① 江泽民文选（第3卷）［M］. 北京：人民出版社，2006：92.

② 江泽民论有中国特色社会主义（专题摘编）［M］. 北京：中央文献出版社，2002：337.

③ 江泽民文选（第3卷）［M］. 北京：人民出版社，2006：200.

④ 十六大以来重要文献选编（上）［M］. 北京：中央文献出版社，2005：14.

一是区域平衡视角中促进社会治理全面协调的辩证思维方法。邓小平"两个大局"思想及其实践为江泽民的区域开发战略奠定了基础。在党的十四届五中全会上，江泽民强调，对于东西部地区的差距扩大问题，必须认真对待，正确处理。"要以邓小平关于让一部分地区一部分人先富起来、逐步实现共同富裕的战略思想来统一全党的认识"，解决区域"差距扩大问题"，并"把缩小地区差距作一条长期坚持的重要方针"。他提出要运用辩证的历史的观点对待地区发展的差距和不平衡问题。地区差距是历史形成的，而且还将长期存在，所以缩短地区差距、促进区域协调发展是一项长期坚持的方针。要通过政策、资金等重点支持西部区域的开发，发挥中部区域承东启西的发展优势，保证有条件的东部区域加快发展，形成东中西互动、互惠共赢的社会发展新格局。这是在坚持邓小平"两个大局"思想基础上，寻求的一种更高层次、全面协调的发展目标。

江泽民从社会主义现代化整体系统和建设全局出发，注重经济、政治、文化等子系统的内在关联，重视运用辩证思维分析和解决社会问题，要"全面地而不是片面地、发展地而不是静止地、联系地而不是孤立地去观察和思考问题"①。

需要注意的是，社会"各方面关系""矛盾和问题"会"随着实践的发展"而不断变化，这时，相应的"方法政策"② 也应随之调整。江泽民关于促进社会治理全面协调思想及其方法，来源于现代化建设和治理实践，并必将随实践发展而不断走向成熟。

二是区域平衡视角中促进社会治理全面协调的经济战略。"逐步缩小地区之间的发展差距"，对我国社会主义事业"发展全局"和"协调发展"具有重要意义。与东部地区相比，中西部发展还较为落后。"加快西部地区发展"，事关"西部地区政治和社会稳定"③，事关经济社会发展和稳定的大局。2000年1月，党的十五届五中全会正式将西部大开发、促进区域协调发展作为一项战略任务。以此为契机，中国进入了区域平衡、全国协调开始加速的发展时期。经济发展水平是社会治理水平的决定因素，社会治理水平是一个地区经济状况的社会体现。邓小平"两个大局"思想在社会治理实践中的运用，

---

① 毛泽东邓小平江泽民关于军队建设论述选编［M］. 北京：解放军出版社，1997：33-34.

② 江泽民文选（第1卷）［M］. 北京：人民出版社，2006：474.

③ 江泽民文选（第2卷）［M］. 北京：人民出版社，2006：344.

使社会治理物质基础得到加强，治理效率得到提高，但也加大了社会治理的区域矛盾和失衡现象。如果说"两个大局"思想表现的是经济社会的一种非均衡发展，那么，江泽民的区域均衡发展思想在合理配置社会资源和协调区域关系方面发挥了作用，体现了社会效率与社会公平两者兼顾的特点。从社会发展过程看，平衡与不平衡、协调与不协调之间具有内在的辩证关系。社会发展的整体平衡和在某一时间节点上的平衡，正是各种失衡失序运动和对其进行平衡协调行为的结果。在社会治理上，也存在着全局和区域、区域和区域之间的矛盾和失衡。解决这些矛盾或失衡有多种手段，但是，依据经济规律管理，按社会主义本质要求办事，应该是社会治理的基本底线。江泽民以社会主义市场机制为治理手段，采取以经济为先导，经济治理、社会治理，物质文明、精神文明同抓并举的模式，将国家宏观计划管理和市场经济调控统一起来。在保持东部快速发展的同时，加快中西部地区的发展，坚持东西部地区效率与公平兼顾、先行与追赶并进的双赢战略。这是对"制度管制"社会治理理论的效率优先、兼顾公平原则的时代回应。

（四）依靠科技和教育加快推进社会治理现代化

高度重视科技和教育在社会治理现代化中的特殊作用，是践行"德法兼治"社会治理理论的鲜明特征。

一是科技和教育的社会价值问题。科技和教育既具有重要的经济价值，也具有重要的文化价值和社会价值。1995 年 5 月，江泽民强调，要"坚持教育为本，把科技和教育摆在经济、社会发展的重要位置"①。教育是科技发展、社会治理的基础。加强社会治理，推进科技发展，需要将教育放在"基础性的地位"和"优先发展的战略地位"②。做到这一点，就能提升科教实力向现实生产力的转化能力，促进经济建设和社会治理发展。社会治理和社会"发展的优势蕴藏于知识和科技之中"，谁"拥有知识和科技优势"，谁就能在社会管理和社会"发展上占据主导地位"，吸纳"社会财富"③。现代科技和教育对经济社会发展的作用愈加突出，未来科技知识，特别是高新技术知识，也一定会对人民生活、社会治理产生极大影响。更快速度的"科技生产力"是"社会主义制度的优越性"④ 的重要体现。因此，在很大程度上，社

① 江泽民．论科学技术［M］．北京：中央文献出版社，2001：51.
② 十六大以来重要文献选编（上）［M］．北京：中央文献出版社，2005：30-31.
③ 江泽民文选（第 2 卷）［M］．北京：人民出版社，2006：329.
④ 江泽民．论科学技术［M］．北京：中央文献出版社，2001：51.

会主义社会治理的优越性，也体现在其与现代科技和教育的结合程度。如果不能积极吸收现代科技和教育的先进成果，不仅影响经济发展，而且影响社会治理和社会稳定。虽然现代科技和教育的价值起点已经落在了经济建设及其增长方式的转变上，但是，科技和教育同样需要体现其应有的社会价值，需要发挥科技和教育对社会治理的重要作用，实现科技和教育的经济价值与社会价值的统一。

二是社会治理中的科技和教育问题。科学和教育是促进经济建设与社会治理发展的重要途径。江泽民指出，要重视和解决好"社会发展领域的科技问题"①。在对待民生关切和可持续性方面，社会发展与科教发展的价值取向有高度契合性。因此，在社会治理发展中要分别运用好科技和教育的作用。科技要以教育为基础，教育目标是培养人才（包括科技人才）。教育是培养科技人才和管理人才的基础，理应在社会治理发展中居于基础地位和优先地位。而作为推动社会治理发展的关键因素和动力条件，科学和教育的首要任务是要解决好社会治理发展中的热点难点问题。为了保持社会可持续发展，科学和教育要适度超前于社会治理的发展。市场经济是科技和教育进步的经济手段，是以市场经济组织为主要载体。但对于社会治理领域来说，如有关国家和社会的整体利益、对社会事务等公共问题的研究，就必须主要依靠科技和教育等社会手段，即宏观管理，并且以政府及其科研单位、社会组织的投入为主，市场组织投入为辅，做到市场经济和宏观管理、经济手段和社会治理手段的有机统一。

三、社会治理的科学化、人本化和生态化的持续发展

"以人为本"社会管理理论体现了我国社会治理创新求真务实的特点。在理论构建上，一直秉承求真的钻研精神，而在实践探索中，则始终具有务实的开拓勇气。

（一）强调社会管理的科学化

"科学"指的是探索客观事物规律的知识体系和实践方法，其本质特点是实事求是。科学化中的"化"，按照毛泽东的理解，是"彻头彻尾彻里彻外之谓也"②，是一种要完全彻底地追求事物本真的精神和态度。"科学化"是一

① 江泽民．论科学技术［M］．北京：中央文献出版社，2001：54.
② 毛泽东选集（第3卷）［M］．北京：人民出版社，1991：841.

个追求客观规律、永无休止的动态过程。因此，科学化具有相对性；在不同的社会发展阶段，其基本内容不同。

首先，社会管理科学化的前提是认识和遵循科学规律。规律是事物及事物之间内在的、必然的联系。社会治理规律是人类社会发展规律的重要内容；不同时代的不同国家，其社会管理规律特点也不同。强调社会管理科学化，就是要认识和把握社会治理规律、时代性特点和阶段性特征，厘清社会管理与经济、政治、文化等管理之间的关系，及其内部各要素的逻辑关系。就是要“按照客观规律办事，讲实话、出实招、办实事、求实效，埋头苦干，真抓实干”①。只有按照社会治理规律运行，不妄自菲薄，不超越国情社情，才能实现社会管理科学化。

其次，社会管理科学化的可持续进行，关键是完善制度机制，有章可循。可持续性是衡量社会治理科学化的重要指标。社会管理制度是为了维护社会秩序、促进社会发展而制定的社会行为准则，主要有：一是建立协商民主管理机制制度。协商民主“是一种具有巨大潜能的民主治理形式”②。协商民主倡导社会参与的价值理性和自由平等理念，追求的是平等对话环境中利益诉求的交流与沟通，实现理性的社会共识和管理创新。在我国，群众积极参与管理，是社会管理协商民主的重要体现。实现适应我国国情的社会管理协商民主，不仅要推进基层民主管理的发展，在民主和民生互促上找到结合点，而且还要从制度存量与增量入手，建构一套有效的话语表达机制和社会参与机制。二是完善群众管理参与机制制度。群众有序参与是社会管理科学化可持续的基本条件。要构建民主参与机制制度，畅通政群沟通渠道，保证群众能够积极、有序参与到社会管理活动中来，这是新形势下贯彻党的群众路线的新要求。三是建立基层社区管理机制制度。基层社区和群众自治组织具有排忧解难、调解纠纷和平衡利益等基础性管理功能。这些功能作用的正常发挥需要基层社区管理制度的保障。基层社区是直接联系群众的社会管理单元。基层社区管理和服务搞好了，可以使群众愉悦身心，融洽彼此间的关系，有助于和谐社区创建和持续发展。

最后，要形成社会合力，推进社会管理科学化。胡锦涛强调，要“形成

---

① 十七大以来重要文献选编（上）［M］．北京：中央文献出版社，2009：117.

② Jorge. *Deliberative Democracy, Political Legitimacy, and Self Democracy in Multicultural Socities* ［M］. New York: Westview Press, 2001: 30.

社会管理和社会服务的合力”①。由于我国各类社会组织发育还不成熟，无法担负起本应自己承担的社会公共事务，无法满足人民群众的各类公益性需求。因此，要坚持党对社会管理的领导，加强对各类社会组织的培育、管理和监督，探讨现代多元主体和复合治理的社会管理模式，寻求政府、市场和社会等组织在社会管理中的作用平衡点，形成多元管理主体的社会协同和社会合力。一是强化政府主体的社会管理职能，发挥城乡基层群众自治组织在社会矛盾化解和利益诉求回应等方面的管理优势，引导社会性组织参与管理。二是完善非公有制经济组织，明确市场组织的社会管理角色和功能，承担起服务企业员工的社会责任。三是加强对社会组织的培育和监管，鼓励社会团体参与。努力完善社会化管理和服务网络，形成一种社会合力，提高社会管理科学化水平。

（二）强调社会管理的人本化

以人为本是党的执政建设的核心，是社会治理的基本理念。党的十七大将“以人为本”确立为党的指导思想。作为科学发展观的核心，“以人为本”的“人”指的是最广大人民群众。以人为本，指的是以最广大人民群众的根本利益为本。坚持以人为本，就是要“尊重人民主体地位”，实现人民群众的“全面发展”。可见，以人为本既是“全心全意为人民服务”宗旨在新形势下的具体表述和发展，也是我国社会治理创新的立足点和价值旨归。胡锦涛指出，改善民生是社会建设和管理的重点，要将实现“学有所教、劳有所得、病有所医、老有所养、住有所居”作为社会管理目标。2011 年 1 月，胡锦涛强调，要将“以人为本、执政为民贯彻落实到党和国家全部工作中”，“做到权为民所用、情为民所系、利为民所谋”②。这提醒我们，无论是在党的执政建设，还是社会建设和治理，都必须坚持以人为本、管理为民的科学理念和管理价值观。

以人为本，体现在社会治理领域，就是要坚持人本治理理念。现代人本治理是以人为本的治理，强调人的治理主体地位和作用。人的主体性是人本治理理念的核心。在社会治理活动中，人的主体性表现为人在社会关系交往中，能意识到社会环境是否适应自己本身的需要，并以此做出是否调整自身行为或改变社会环境的决定。人的主体性不仅要强调通过社会治理强化或巩

---

① 十六大以来重要文献选编（中）[M]．北京：中央文献出版社，2006：287.
② 十七大以来重要文献选编（下）[M]．北京：中央文献出版社，2013：103.

固对社会环境的主导地位，而且也要通过社会治理调整或改变社会环境，以此满足主体需要。关于社会管理的人本理念，是基于对马克思主义社会治理理论的继承，注入了中国社会治理的时代内涵和现实元素。一方面，它继承了马克思主义关于人的全面发展理论。强调社会发展要把人民群众利益作为社会治理的价值基点和归宿点。另一方面，它把马克思主义的人本理念落实到了党的执政实践和中国特色社会治理实践中。以人为本的科学发展观的提出，不仅促进了发展理念的历史性转变，而且在社会治理理念上也有了根本提升。在继续坚持经济社会发展的同时，科学发展观考虑到了人的发展，实现既见物又见人的全面协调可持续发展。

（三）强调社会管理的生态化

积极借鉴和汲取生态文明建设的核心理念、经验做法，促进社会治理生态化，是胡锦涛“以人为本”社会管理理论的鲜明特征。虽然社会建设和治理与生态文明建设和治理的科学内涵和目标任务不同，但它们之间联系密切、互相作用。社会建设和治理是生态文明的社会基础。生态文明建设反作用于社会建设和治理，为其营造良好的外部环境。从人类社会系统看，生态系统因素（包括自然生态和社会生态）如果出现了变化，则相应的社会建设和治理也会随之发生变化。“建设生态文明”是党的十七大报告中提出的重要目标。生态文明建设目标体现在社会建设领域，就是构建“资源节约型、环境友好型社会”①。党的十八大报告进一步强调，将“生态文明建设放在突出地位，融入……社会建设各方面和全过程”②。要按照生态文明建设的要求来创新社会管理，以创新社会管理来加快建设生态文明。“文明反映着人类与自然的矛盾”③。因此，从这一角度看，实现人、自然与社会的和谐是生态文明的本质要求。恩格斯指出，“人类同自然的和解以及人类本身的和解”④是人类社会面对的未来变革。也就是说，处于现实社会关系中的“人”，要想达到人自身的和谐，实现人自身的全面发展，必须同时考虑到人与自然、人与社会关系的和谐。生态文明建设秉承以人为本的生态价值理念，培育全民节约意识和生态环保意识，坚持经济社会发展与能源资源节约的统一。因此，社会管理首先应坚持生态创新、绿色创新的理念。加强绿色生态价值观培育，改

---

① 十七大以来重要文献选编（上）［M］．北京：中央文献出版社，2009：19.
② 十八大以来重要文献选编（上）［M］．北京：中央文献出版社，2014：30-31.
③ 刘湘溶．生态文明论［M］．长沙：湖南教育出版社，1999：25.
④ 马克思恩格斯全集（第1卷）［M］．北京：人民出版社，1972：603.

变传统消费方式，鼓励公众积极参与环保和生态管理。重视治理好人与环境的冲突，营造和谐的管理生态环境。其次，培育和完善社会环境组织。随着生态文明建设的发展，一些社会组织在环境冲突化解、生态环境公共服务供给等方面，发挥着独特环保作用和社会优势。最后，完善生态环保的社会机制制度。“保护生态环境必须依靠制度”①。社会管理要关注和解决好环境冲突问题，并与生态制度建设融合起来。例如，建立环境冲突预警机制，将因环境问题引起的社会冲突压制在萌芽状态中；建立环境冲突化解机制，完善环境信访和诉求制度，建立一个资源成本消耗与生态效益相结合的评价体系；建立环境冲突风险防范和突发事件应急管理机制，最大限度地减少因环境冲突事件造成的社会影响和社会危害。

① 十八大以来重要文献选编（上）［M］. 北京：中央文献出版社，2014：32.

第五章

新时代以来的“共建共治共享”社会治理

党的十八大以来，我国社会治理创新进入了一个新的发展阶段。以习近平同志为核心的党中央，坚持以马克思主义社会治理理论为指导，坚持解放思想、实事求是、与时俱进和求真务实，结合新的时代背景和治理实践，紧紧围绕新时代坚持和发展什么样的中国特色社会主义社会治理、怎样坚持和发展中国特色社会主义社会治理这个时代课题，提出了关于社会治理创新的一系列新思想新观点。“共建共治共享”社会治理及其现代化思想的提出，不仅实现了马克思主义社会治理中国化的重要升华，也为我国社会治理创新发展指明了方向。

第一节　新时代以来对治理挑战、理论发展和文化传承的冲击与回应

“共建共治共享”社会治理理论是马克思主义社会治理理论与当代中国社会治理实践结合的理论产物，是习近平新时代中国特色社会主义思想的重要组成部分，是“我国历史传承、文化传统、经济社会发展的基础上长期发展、渐进改革、内生性演化的结果”①。

一、马克思主义社会治理理论传承的需要

“共建共治共享”社会治理理论是对马克思主义社会治理理论的继承、创新和发展。新中国成立之后，社会治理创新大体上有三个发展阶段。新中国成立到改革开放前为第一阶段。受苏联模式影响，我国形成了高度集权的计划体制。受这种体制的影响，这一阶段社会治理的突出特点是，国家高度主导、统分统配，单位集体自治、全盘负责，社会治理趋向行政化和单向化。

① 习近平．习近平谈治国理政［M］．北京：外文出版社，2014：105.

后来，由于党内的一些误判，尤其是“文革”期间，社会治理偏离了经济建设的正确航向，而错误地坚持“以阶级斗争为纲”，人民民主建设、社会治理被忽视。客观上，我国社会治理仍以党和国家的统治形态而存在。

党的十一届三中全会之后，中国改革开放的序幕正式拉开，我国社会治理创新赢来了新的发展阶段。这一阶段是围绕经济建设这个中心的社会治理创新，是“政府主导、社会参与”的社会治理创新阶段。在这一阶段，党和政府优先发展经济，以提高群众物质生活水平为根本点，重视政治、精神和生态等文明的建设，重视以民生为重点的社会建设和治理，形成了党委领导下的政府主导、多方协作的社会治理格局。至此，我国社会治理走上了以“管理”为主要特点、以科学化、现代化和制度化为目标的发展道路。

“不忘本来才能开辟未来，善于继承才能更好创新。”① 党的十八届三中全会以来，马克思主义社会治理中国化实现了理论升华、到了新的转型阶段，即社会治理创新阶段。这是习近平等中国马克思主义者重视历史传承与理论创新的重要体现，是重视和改善社会民生、推进治理现代化建设的必然结果。“社会治理创新”命题的提出，开启了以“治理”为特点的我国社会治理创新发展的新阶段——“共建共治共享”社会治理理论的构建阶段。

“共建共治共享”社会治理理论正是在继承前人基础上，结合新的时代特征，勇于面对社会现实，积极回应群众诉求，坚持在马克思主义社会治理中国化发展过程中，不断进行社会治理的理论创新与实践创新。

二、中国优秀传统治理思想文化的历史影响

在中国传统文化中，关于社会治理的阐释主张和思想观点十分丰富。伴随着数千年历史文明的延续，对社会治理的描述也以思想理念或文字记载等不同形式传承至今。无论是百家学派的治理主张、帝王贤臣的治国理念，还是《论语》《尚书》等文本著作中有关治理的文字记载，都是古人企望通过“善治”实现社会安定和生活幸福的美好愿景。例如，“治国之道、必先富民”“民为邦本、政得其民”“礼法并治”等，其中的治理理念在今天看来仍有借鉴意义。另外，传统治理思想文化中还包含着“民本”“实事求是”“贫富均匀”“公私关系”“贵和尚中”“躬行”“重德尚贤”“公平和谐”等治理思想。不论是儒学的“德治”思想，还是法家秉持的“法治”观点、道家

① 习近平．习近平谈治国理政［M］．北京：外文出版社，2014：164.

“无为之治”的主张，都蕴含有追求社会公正与和谐等思想元素。中华民族传统文化的理念、理想和精神也正基于这种伟大的和谐思想①，这些思想特别是“和谐”思想为新时代中国社会治理创新及其现代化建设提供了思想文化支撑。但是，这些传统社会治理思想观点固于当时的历史局限性，无法摆脱“以官为本”、服务为“官”的理念，注定不可能真正实现人人平等、自由发展的理想社会。基于对中国传统社会治理思想文化的批判吸收，坚持“以人民为中心”“改善和发展民生”的治理原则，形成了依法治理和以德治理的治理方略，确立了“共建”和谐的平安社会、“共治”美好社会的目标，以及“共享”民生改善的成果。作为中国优秀传统治理思想文化的创新性发展、创造性转化的结果，“共建共治共享”社会治理理论的思想理念、方针路线和目标任务，含有中国传统社会治理思想的精华元素，但在性质特征、价值取向上又与传统思想中相关成分有着根本不同。可以说，中国优秀传统治理思想是“共建共治共享”社会治理理论的文化基因与生长土壤，“共建共治共享”社会治理理论是对中国优秀传统治理思想的现代传承与质性升华。

三、新的社会问题挑战及其治理的现实需要

当前我国“社会管理面临新情况新问题”，如何“实现从传统社会管理向现代社会治理转变”②，顺利进入社会治理的新时代新阶段，引领世界社会主义社会治理发展方向，对党和政府而言，既是要牢牢抓住的重要机遇，也是义不容辞的国际担当和历史重任。

进入新时代的中国社会，已经处于全面深化社会改革的新起点，社会开放多元而又日新月异，社会急剧转型而又发展活力迸发，战略机遇仍在而又挑战严峻复杂。我国综合国力在快速增强、人民幸福指数在持续攀升的同时，人民群众的利益诉求和社会矛盾愈加复杂，人民群众对美好社会的向往愈加迫切。在我国社会结构快速转型时期，人民群众内部分化出来的新的社会阶层和社会群体，导致了新的职业性竞争和社会性需求。这些社会阶层具有现代政治民主和治理参与意识、具备一定的社会参与能力。与此同时，党和政府提供公共产品服务能力和社会治理能力同这些社会期待存在着落差，现有

---

① 参见习近平．之江新语［M］．杭州：浙江人民出版社，2007：150.

② 中共中央宣传部．习近平总书记系列重要讲话读本［M］．北京：学习出版社、人民出版社，2014：116.

的政治社会制度容量和增量面临着新的严峻挑战。因此，在构建现代国家治理体系、推进治理现代化的背景下，完善社会治理制度、促进社会治理创新及其能力现代化，是我们党必须做的唯一选项。一个能够具有指导意义、被社会广泛认同的新时代中国马克思主义社会治理理论呼之欲出。

第二节 新时代以来“共建共治共享”社会治理的理论内容

“共建共治共享”社会治理理论是马克思主义社会治理中国化的最新理论成果，是中国特色社会主义社会治理理论的重要内容。“治理和管理一字之差，体现的是系统治理、依法治理、源头治理、综合施策。”① 社会治理体现的是“共建共治共享”的本质要求。“共建共治共享”体现了党的执政逻辑与治理逻辑的统一，体现了党对新时代社会建设规律和社会治理规律认识的进一步深化，是实现社会建设与治理共同参与、改革成果共同享有、“以人民为中心”美好社会的重要方略。其中，共建是基础，突出制度体系的基础性地位；共治是关键，体现了党领导下的全民参与；共享是目标，突出了治理成果的全民共享。

一、共同建设以人民民生利益为中心的美好社会

社会治理要将人民群众根本利益作为根本点，促进政社合作、共同参与社会建设，实现更高水平民生的平安、美好社会。党的十九大报告指出，“保障和改善民生”，就要“抓住人民最关心最现实的利益问题”②。广泛的社会认同、社会（市场）组织的有序参与、人民群众的广泛参与，是实现社会治理创新及现代化的社会根基和群众基础。新时代我国的社会治理仍然要坚持马克思主义历史观和群众观，将人民生活水平和利益作为评价社会治理的根本标尺。社会治理也只有通过维护群众的主体地位和参与权利，才能促进社会认同、汇聚社会合力和激发社会活力。对人民群众尤其是基层群众的了解，

① 习近平在参见上海代表团审议时强调 推进中国上海自由贸易试验区建设 加强和创新特大城市社会治理［N］. 人民日报，2014-03-06（1）.

② 习近平. 决胜全面建成小康社会 夺取新时代中国特色社会主义伟大胜利—在中国共产党第十九次全国代表大会上的报告［M］. 北京：人民出版社，2017：45.

是“要以群众利益为社会治理出发点”的观点的基本依据。习近平指出，在开展社会治理工作之前，“要认真想一想群众实际情况究竟怎样？群众到底在期待什么？群众利益如何保障？”① 社会治理的根基在人民群众，所以社会治理创新包括理论创新，“要站在人民立场上”②、从十三亿人民的利益出发。“平安是老百姓解决温饱后的第一需求，是极重要的民生”③。社会治理顺利进行依赖于平安的社会环境，而社会治理能否进行的内因或内部条件则是社会治安的管理水平和治理能力。完善的社会治安防控体系是构建平安社会的前提和保证。此外，值得注意的是，相比以往的社会发展，社会组织在新时代中国具有了特殊的社会意义。它不仅是政府管理和基本公共服务的合作者，是平安美好社会建设的参与者，也是人民群众在社会建设领域安全感、幸福感和获得感的守护者。当前，广大人民群众“期盼有更好的教育、更稳定的工作、更满意的收入、更可靠的社会保障、更高水平的医疗卫生服务、更舒适的居住条件、更优美的环境”④。“七更一平安”就是新时代我国人民群众的利益需求，就是全面小康具体化的社会体现，就是当前社会治理的“责任”和目标。

二、党政主导、社会参与、法治保障的共同治理

现代社会治理，是需要社会共同参与的系统治理。现代经济社会的多元化发展，反映在社会治理上，就是要形成多元化主体结构，确立政府主体的主导地位，发挥社会组织和群众的参与作用，达成政府、社会（市场）、群众的优势互补与协调互动，“共建共治共享”⑤ 的社会治理格局，从而实现社会治理的“社会化”目标。坚持党的核心领导地位，是我国新时代社会治理的最大优势和“中国特色”之一，也是区别于西方国家社会治理的根本所在。在我国，党的领导和社会治理是统一的。党依靠科学有效的社会治理，使执政建设富有成效，使领导地位更为稳固，才会牢牢掌握社会治理的领导权和

---

① 十八大以来重要文献选编（上）［M］. 北京：中央文献出版社，2014：554.

② 同上。

③ 中共中央宣传部. 习近平总书记系列重要讲话读本［M］. 北京：学习出版社、人民出版社，2014：118.

④ 十八大以来重要文献选编（上）［M］. 北京：中央文献出版社，2014：70.

⑤ 习近平. 决胜全面建成小康社会 夺取新时代中国特色社会主义伟大胜利—在中国共产党第十九次全国代表大会上的报告［M］. 北京：人民出版社，2017：49.

掌控权。社会治理只有在党的领导下，才能走向民主，巩固人民的治理主体地位。政府是最重要的治理主体，也是社会治理的主要管理机构。在当前社会治理中，政府主体要继续加快发展政府的网格化管理、社会化服务和均等化享有。要科学分析和合理界定“政社企”的功能定位和权责关系，提升自身治理水平和能力，加快引导和推进其他各类治理主体的发展，把对其他社会治理主体的培育力度、发展程度和参与效度统一起来，激发社会成员的参与热情和创新潜力。社会组织是社会治理的中坚力量，在很大程度上和很大范围内，社会治理都需要有社会组织的参与才能完成。社会治理的效果和效能如何，一个重要因素在于，社会组织的自身发育程度及其活力激发程度。但是，无论从质量、数量上，还是在适应、匹配社会治理的客观需要方面，当前我国已经较为成熟的社会组织仍显得捉襟见肘。社会组织的组织活力、公信力和服务水平还远远不够，社会组织的管理水平和治理能力还需要提升。加强培育和引导社会组织已经成为新时代我国社会治理的发展需要。基层治理是社会治理的重心所在。基层社区是社会治理的“试验场”和“前线”。作为社会治理的基层载体和细胞单元，社区组织可以了解和满足人民群众的治理参与需求，有助于实现人民群众的各种利益表达。因此，要适当将一些资源移拨到基层，加大力度培养、引导和健全城乡社区组织，完善网格化的社会管理网络，推进基层社区的管理服务和居民自治，实现社区公共事务的自我管理和服务。人民群众是人类社会的治理主体，是创新社会治理的源泉和动力。社会认同程度是社会治理顺利进行的前提，人民群众的治理民主意识和参与能力直接影响着社会治理现代化建设。因此，在我国，要通过实施马克思主义社会治理理论的大众化教育，促进人民群众治理参与的普及化实践，增强管理人员的理论认同、使命意识和人民情怀，增强人民群众的心理认同、社会认同和情感接受。

三、共享治理成果、实现“四化”治理目标需要制度保障

制度建设是源头治理的根本途径，是人民共享社会治理成果，实现社会化、法治化、智能化和专业化的重要保障。标本兼治、重在治本。一套健全的制度体系，才是能够保障从源头上治理好国家和社会的“好制度”。何为“好制度”？评价制度好坏的一个标准就是，这个制度能否被充分运用来治理

和“管理国家事务和社会事务”，能否充分使群众“畅通表达利益要求”①，使社会各方有效参与社会治理。因此，提高社会治理能力，首先是提高对社会公共事务的制度治理能力。进行源头治理，实质就是社会“领域体制机制、法律法规安排”②。要为源头治理和“社会和谐稳定”“提供一整套更完备、更稳定、更管用的制度体系”③。到 2020 年，要成功“构建系统完备、科学规范、运行有效的制度体系”④，这既是对当年“制度设想”的回应，也是当前社会治理创新要从源头抓起的制度安排。

利益是影响制度治理成败的根本因素。而利益的回应与平衡需要在“公平正义的社会环境”⑤ 中进行。在整个社会发展阶段，“制度都是社会公平正义的重要保证”，是“人民平等参与、平等发展权利”⑥ 的重要保障。因此，社会治理的“制度安排”，要恪守“社会主义公平正义原则”⑦。要实现平衡充分的发展，需要继续加强社会治理创新，需要我们党加强和改善民生的制度安排，需要完善人民共享治理成果的制度保障。党的十九大报告提出要实现社会治理的“社会化、法治化、智能化和专业化”，正是我国今后一段时期社会治理创新的“四化”目标。无论是社会多元主体共同参与的“社会化”、纳入法治轨道运行的“法治化”、科技与治理深度融合的“智能化”，还是运用专业精神、队伍及方法的“专业化”，都离不开完善的社会治理制度。此外，社会治理还应该建立健全风险评估与预警，过程运行、监督与矫正，利益诉求表达与回应，社会矛盾调处与化解，效果评估与反馈等全过程的机制制度体系。

四、良法善治，整体性构建社会治理体系

“自治、法治、德治相结合”⑧ 是一种重要的治理手段。社会公共空间是

---

① 习近平．在庆祝全国人民代表大会成立 60 周年大会上的讲话［M］．北京：人民出版社，2014：16.

② 十八大以来重要文献选编（上）［M］．北京：中央文献出版社，2014：548.

③ 习近平．习近平谈治国理政［M］．北京：外文出版社，2014：105.

④ 十八大以来重要文献选编（上）［M］．北京：中央文献出版社，2014：493.

⑤ 同上，552.

⑥ 同上，553.

⑦ 同上，554.

⑧ 习近平．决胜全面建成小康社会 夺取新时代中国特色社会主义伟大胜利—在中国共产党第十九次全国代表大会上的报告［M］．北京：人民出版社，2017：32.

社会治理的运行界域，因此，治理权力的规范运行，表现出了公共性和综合性等特征。我国的社会治理方式要体现统筹全局、各方协调、综合治理的特征和优势，注重运用道德、法律等各种治理手段，形成政社合作、齐抓共治的治理局面。"有问题依靠法律来解决"①。法律是治理国家的重器，也是社会治理的利器。法律是法治的核心因素和基本依托。从某种角度来说，作为社会治理的重要方式，社会法治是以法律为核心的治理理念和方式。由此，在中国特色社会主义新时代，我国的法治体系就是以法律为核心的法治国家的治理体系，我国的法治道路就是以法律为核心的法治国家的治理道路。"法治是治国理政的基本方式"，也是社会治理的基本手段，因此，要重视发挥"法治在国家治理和社会管理中的重要作用"②。作为社会治理干部，需要将"运用法治思维和法治方式的能力"③ 作为基本能力，并在治理工作中不断提高。此外，在选择性地运用传统治理方式基础上，还要惯于运用法治思维、善于使用法治手段，自觉做到依法治理。与此同时，经常开展道德教育，强化道德规束，发挥道德治理功能，实现以德治理。采用法治和德治的综合手段调节社会关系、解决社会问题、增加和谐因素，实现群众的安康、乐业和幸福，社会的崇德、法治、和谐和平安。

党的十九大报告强调要"全面依法治国""深化依法治国实践"。实现中华民族伟大复兴之中国梦，一个必需条件就是全面建设"法治中国"。"法治社会"是"法治中国"的基本单元。在我国，社会主义市场经济体制首先是一种法治经济，其发展需要依托现代法治体系。同时，它又是一种道德经济，需要在具有良好道德风尚的社会环境中发展。市场经济强调的是获取经济利润和利益的竞争理念，但是，它也强调共同协作的合作精神和公平原则。可见，社会主义市场经济在帮助人们实现物质利益的同时，也在考验挑战中提升人们的思想道德水平。法律能够规范个人利益的行为边界，道德却能够引导人们是否能够在法律允许范围内获得利益。法律规范可以引导道德理念和道德行为的走向，符合社会发展主流的道德思想能够汇聚正能量、使人们能够更加自觉遵守法律规范。现代社会治理实践表明，光有"良法"远远不够，还需要"善治"；一旦"良法"和"善治"实现有机统一，就将会出现社会

---

① 习近平．习近平谈治国理政［M］．北京：外文出版社，2014：145.
② 十八大以来重要文献选编（上）［M］．北京：中央文献出版社，2014：87.
③ 习近平．习近平谈治国理政［M］．北京：外文出版社，2014：145.

治理的“倍增效应”。

“良法善治”的综合治理还体现在社会主义核心价值观培育和践行中。培育和弘扬社会主义核心价值观，“是国家治理体系和治理能力现代化的重要方面”①，是社会治理创新的重要一环。一致的价值理念和目标理想，可以凝聚民心、汇聚正能量，降低治理成本。社会主义核心价值观是振兴国家之魂，是社会发展之魂，具有重要的思想引领、发展导向、激励驱动和社会整合等功能。“核心价值观，其实就是一种德”，既是“个人的德”，也是“国家的德、社会的德”②。社会治理要担负起核心价值观的培育责任，并在日常的社会管理与治理工作中始终体现社会主义核心价值观的导向。所以，新时代中国社会治理创新，首先需要按照社会主义核心价值观的培育要求，“加强道德建设”，践行“爱国、敬业、诚信、友善等基本道德规范”③，并且将这一规范融入和形成制度。这种判断依据在于：制度不仅具有长期性、根本性和全局性特点，而且制度是意识形态的一种反映，制度本身与道德主张和价值目标等密切相关。唯物史观认为，作为一种上层建筑形式，社会制度及其形成必然要依据和反映一定阶级的价值理念，并通过制定形式和管理行为表明自己的道德主张。此外，通过建设法治社会，“用法律来推动核心观建设”④，做到“法治建设和道德建设”⑤ 相统一，最终实现社会的德治、法治、自治、共治与善治相结合。

建立具有时代特色、符合中国国情、适应现实特征的社会治理体系是“良法善治”综合治理的基础前提和重要内容。党的十九大报告提出要构建包括社会矛盾预防和化解机制、公共安全体系、社会治安防控体系、社会心理防控体系、基层社区治理体系和乡村治理体系等在内的社会治理体系，丰富了新时代良法善治的综合治理的内涵，指明了新时代良法善治的综合治理的方向任务。

① 习近平．习近平谈治国理政［M］．北京：外文出版社，2014：163.

② 同上，168.

③ 同上，159.

④ 同上，165.

⑤ 同上，145-146.

第三节 创新与升华：“共建共治共享”社会治理的重要意义

“共建共治共享”社会治理理论是马克思主义社会治理中国化发展的最新理论成果，是我国社会治理创新发展历程中的理论升华和集大成者。2013年，在党的十八届三中全会上，习近平首次提出了“社会治理”概念，初步对中国特色社会主义社会治理进行了理论建构和诠释。从“社会治理”重要概念的首次提出，到党的十九大报告中的“社会治理体系基本完善”，强调民生建设和社会治理是中国特色社会主义思想的基本方略之一。构建中国特色社会主义社会治理体系，成为马克思主义中国化领域研究的学术最强音和理论制高点。“共建共治共享”社会治理理论，体现了马克思主义社会治理中国化历史与逻辑的统一，成为我国社会治理创新的新的时代课题，形成了世界社会主义运动中的一种崭新的科学理论，实现了马克思主义社会治理中国化的重要理论升华，也为我国社会治理创新发展指明了方向。

一、新时代的社会治理创新及其现代化发展的思想指南

新时代社会治理创新及其现代化发展，需要以“共建共治共享”社会治理理论为指导，贯彻落实党的十九大报告精神，坚持推进我国社会治理创新进程。社会治理是公共权力的运行过程，是政治权力运行的社会功能表现形式。社会治理作为人类社会的永恒职能和社会形式，已经超越了国家制度的性质和类型，成为现代国家政治统治或政党执政获得合法性的社会基础。社会治理创新及其现代化是传统社会管理达成“善治”的根本出路，是我国社会强国和现代化建设的重要内容，也是新时代中国全面深化社会改革的目标。因此，社会治理创新及其现代化发展是当前我国现代化进程中需要致力解决的重要课题。

“共建共治共享”社会治理理论是传承中国优秀传统治理文化、经济社会发展水平和人民主体选择等复杂因素共同作用的结果。它具有与时俱进的理论品格、敢于面对现实的理论勇气、不断创新的实践精神，以及科学的立场、观点和方法等，对当前社会治理创新，尤其是对社会治理现代化及其体系完

善有着理论价值和现实意义。作为全面深化社会改革的目标之一，完善社会治理体系、促进社会治理现代化，就是要以“共建共治共享”社会治理理论为指导，坚持推进社会治理创新，最终实现中国特色社会主义的“善治”社会、和谐社会和美好社会。

二、自上而下的传统管理格局到共建共治共享的现代治理格局的转变

“共建共治共享”社会治理理论的提出，是对传统社会管理“自上而下”格局的继承与创新。从计划经济时期的高度集权的计划管理体制，到改革开放之后的政府主导、社会参与的管理格局，再到新时代以来共建共治共享的治理格局，勾画出了马克思主义社会治理中国化理论嬗变与逻辑生成的历史轨迹，体现了我国社会治理创新遵循历史发展规律和社会实践要求的理论本质。处于新时代的社会治理创新，实现从自上而下的管理格局到共建共治共享的治理格局的转变，关键就是要坚持以人为本，培育社会主义核心价值观，倡导公平正义、民主和民生互促，构建政府主导、社会参与和群众自治的治理格局，实现民主治理和依法治理。创新社会治理需要培育具有“中国特色、民族特性、时代特征”的“社会主义核心价值体系和核心价值观”①。社会主义核心价值观是马克思主义价值理论和中国社会价值实践结合的产物，是推进我国社会治理创新的重要标尺和普遍价值。通过培育和践行社会主义核心价值观，促进群众民主意识和公共精神的觉醒，提升社会意识整合力和价值观念凝聚力，从而确立党在社会治理意识形态领域的领导权和掌控权。公平正义是社会主义核心价值观在社会层面的内容，将公平正义视为评价社会治理创新的价值原则，用社会主义核心价值观引领社会治理创新，是推进社会治理创新指导理念和发展规律的需要。新时代的社会治理创新，要以人民群众为本，注重改善民生，在民主和民生互促上下功夫，形成科学有效的公民有序参与机制和利益诉求与平衡机制。针对当前我国社会治理中出现的“少数的积极分子和冷漠的大多数”现象，一是要注重培养社会公众的现代民主意识和理性的公共精神，提高群众自治和治理参与的能力，从而使更多群众有更多机会享有社会建设和改革成果；二是要注重通过基层协商民主来达成政府、社会组织与群众的相互沟通，理性促进共识，争取政治没有参与的群众加入，实现共同建设和治理社会；三是要注重用制度和法治体系约束和规范公权力运行，依法运行权力，依法治理社会，借

① 习近平．习近平谈治国理政［M］．北京：外文出版社，2014：106.

助基于法治的公权力有效治理社会。

三、使社会治理更好地体现了“以人民利益为中心”理念

社会治理是随实践发展而发展的动态过程，是坚持与时俱进、体现社会本位和走向社会共治的时代范畴，也是坚持“以人民利益为中心”，加强社会化、法治化、智能化和专业化建设，走向社会治理现代化的实践范畴。社会治理现代化的实现程度与一个国家的经济、政治、社会和制度等现实条件有关。改革开放以来，经济社会深刻变革促进了中国社会治理结构不断变革，社会治理不断被赋予新的内容。与时俱进、不断创新，是我国社会治理创新发展的理论属性，也是“共建共治共享”社会治理理论的实践特征。所以，社会治理创新首先要解放以往固有思想，勇于摆脱社会羁绊，复归到“社会本位”的治理中来。其次，坚持“以人民利益为中心”的治理原则。人民群众利益是促进社会治理创新及其现代化的立足点和风向标。如果不以维护人民群众利益为中心，社会治理就容易偏离新时代的发展潮流和社会现代化的发展轨道，进而导致社会失序或混乱。最后，从多元治理主体结构中寻求一种平衡的张力关系；在政府、社会（市场）组织和群众个体等治理主体之间，编织一张互动协调的科学之网、高效之网，最终走向社会共建共治共享的正确道路。

第六章

我国社会治理创新发展的基本经验与问题审思

我国社会治理创新发展既积累了“中国特色”的基本经验，也有着历史上的教训、偏差，以及改革开放后社会治理发展的“短板”问题。本章试从理论和实践方面，对我国社会治理创新发展过程中的经验、教训与存在问题进行探讨和总结，期求对当前社会治理创新及其现代化具有一定价值和启迪。

第一节　我国社会治理创新发展的基本经验

一、坚持马克思主义社会治理中国化最新理论成果的指导

作为一种科学理论，马克思主义社会治理中国化的最新理论成果是我国社会治理创新的指导思想。马克思主义认为，任何一种思想和理论的产生都能在思想发展史中寻求到其理论渊源。马克思主义社会治理理论是马克思主义社会治理中国化最新成果的理论来源。在马克思主义的立场、观点和方法上，在理论本质和思想精髓上，马克思主义社会治理中国化的理论成果，即“政府‘一元’管控”社会治理理论、“多方协作共管”社会治理理论、“共建共治共享”社会治理理论，与马克思主义社会治理思想是一脉相承的，是对马克思主义社会治理理论的继承和发展。

马克思恩格斯创立的唯物史观，揭示了人类社会发展的客观规律和内在动力，对整个人类社会的社会治理活动具有世界观与方法论之指导价值。列宁实现了从理论到实践的历史飞跃。他将马克思主义社会治理理论付诸俄国的社会主义实践，提出了俄国化马克思主义社会治理理论，并以此指导着俄国社会治理实践。毛泽东等中国马克思主义者，坚持以马克思主义社会治理理论为指导，在计划经济时期社会治理实践探索中，形成了“政府‘一元’管控”社会治理理论，以此指导并探索出了“中国式”的社会治理道路，实

现了马克思主义社会治理中国化的第一次理论飞跃。在中国特色社会主义建设与改革过程中，邓小平、江泽民、胡锦涛等中国马克思主义者，在改革开放实践中，在把握新的社会治理阶段性特征基础上，不断实现社会治理的理论创新，推动着马克思主义社会治理中国化的发展。改革开放之后，以"什么是社会主义，如何建设社会主义"为突破口，在明晰社会主义本质的基础上，理顺了社会建设与治理和经济建设的关系，探讨了"什么是社会主义社会治理，怎么加强社会主义社会治理"这一基本问题，在社会治理实践中形成了具有中国特色的"制度管制"社会治理理论；以此为指导，走上了中国特色的社会治理道路，实现了社会治理从计划经济时期的传统"人治"到市场经济时期的现代"法治"的现代转型。面对世情、国情的变化，在推进党的建设新的伟大工程中，江泽民从党的执政能力的战略高度，将社会建设与治理置于党的建设与治理、依法治国和以德治国的统一、区域开发战略和科教兴国等基本方略中，提出了以"德法兼治"指导和继续推进马克思主义社会治理中国化发展。实现经济社会的可持续发展，需要解决人与自然、社会和自身的矛盾。胡锦涛坚持科学发展理念，围绕"实现什么样的发展，怎样发展"的主题，从经济、政治、文化、社会和生态"五位一体"的总体部署，解决了"什么是社会管理、如何创新社会管理"的基本问题，为指导新时期社会治理的改善与创新，为"共建共治共享"社会治理理论的提出进行了理论铺垫。党的十八大以来，在新的历史起点上，习近平从全面深化改革入手，提出要推进国家治理体系和治理能力现代化。作为马克思主义社会治理中国化的最新成果，"共建共治共享"社会治理理论对新时代我国社会治理创新具有重要指导价值，是马克思主义社会治理中国化的新飞跃和新升华。

二、以人为本和改善民生水平，构建和谐社会与美好社会

坚持以人为本和民生建设，促进公平正义，构建社会主义和谐社会、平安社会和美好社会，这是把握民本民生导向的必然结果。在哲学发展史上，"人本"是一个探索人自身、人和世界之间关系的永恒话题。① 从价值理念和目标导向看，社会治理是实现人与人之间秩序平衡和社会和谐。美国社会学家爱德华·罗斯指出："秩序优先于进步得到珍视，一直到现代为止，秩序被

---

① 参见沈杰．社会主义核心观"跟进式"培育的理论链接与模式探析［J］．学术论坛，2015（10）．

给予更大的考虑。”[①] 澳大利亚政治学家欧文·E. 休斯认为：“政府组织由公众创建，为了公共利益而存在，并对公众负责。”[②] 因此，政府存在的重要价值就在于缓和与解决社会冲突，维护正义、秩序和稳定。他们认为，维持人与人之间的和谐，以及社会秩序的平衡是社会进步的前提条件。社会治理在追求社会和谐与美好的价值目标时，应该处理好人性情感因素和政治调控手段的关系。马克思主义历史运行论认为，人类社会历史是随着生产力发展，从非科学形态到科学形态、从低级形态到高级形态的历史过程。[③] 从历史进程看，以人为本是马克思主义社会治理中国化逻辑演变的重要主线。马克思主义经典作家虽然并未提出“以人为本”概念，但他们对社会治理的论述却是围绕着“人的自由全面发展”。马克思主义社会治理理论把人的价值和社会价值结合起来，吸收了西方人本主义的合理因素，提出了人民群众是历史创造者等论断，为形成中国化马克思主义社会治理理论奠定了基础。社会主义应该是“在保证社会劳动生产力极高度发展的同时又保证每个生产者个人最全面的发展的这样一种经济形态”[④]，是“为绝大多数人谋利益的独立的运动”[⑤]。可以说，马克思主义“以人为本”的核心价值理念才真正具有科学上的含义。[⑥] 以人为本、注重民生是马克思主义社会治理中国化的重要特征之一，是我们党始终不渝、坚定探求的社会理想。中国共产党人，在领导人民群众进行社会主义革命、建设和改革中，始终坚持人民是历史的创造者这一历史唯物主义观点。也只有把握了人民民生这一根本，我们才能准确把握社会治理创新的核心本质。以人为本的价值理念是党在长期实践中的成功选择，是具有中国特色的社会治理创新发展理念。可以说，只有在社会主义制度下，社会治理创新的核心理念才真正会体现“以人为本”的本质特征。

“全心全意为人民服务”是毛泽东对社会主义社会治理创新人本理念的中国化表述。他坚持人民群众是社会价值的创造者，强调维护人民群众利益是

---

① ［美］E·A. 罗斯. 社会控制［M］. 秦志勇等译. 北京：华夏出版社，1989：151.

② ［澳］欧文·E. 休斯. 公共管理导论［M］. 张成福等译. 北京：中国人民大学出版社，2015：143.

③ 参见沈杰. 社会主义核心观“跟进式”培育的理论链接与模式探析［J］. 学术论坛，2015（10）.

④ 马克思恩格斯文集（第3卷）［M］. 北京：人民出版社，2009：406.

⑤ 马克思恩格斯文集（第2卷）［M］. 北京：人民出版社，2009：42.

⑥ 参见沈杰. 社会主义核心观“跟进式”培育的理论链接与模式探析［J］. 学术论坛，2015（10）.

一切工作的出发点和归宿。人民群众是社会主义的价值主体和实践主体，要尊重人的个性解放和自由发展，首先要解决好人民群众的吃穿住行等基本民生问题，这是社会治理的核心内容。“无产阶级专政的国家，一定可以做到有菜吃，有油吃，有猪吃，有鱼吃，有菜牛吃，有羊吃，有鸡鸭鹅兔吃，有蛋吃。”① 毛泽东认为，在基本生存等民生问题解决后，像养老、医疗卫生、赈灾和救助等社会事业都应该列入“全民性”事业。在这方面，他做了大量工作，取得了显著成绩。邓小平对社会主义社会治理民生价值的理解和把握，是基于对社会主义本质和发展规律的正确认识。在社会价值取向上，邓小平实现了科学原则和价值原则的辩证统一，厘清了社会治理的民生理想与现实路径之间的关系。“我们的根本问题就是要坚持社会主义的信念和原则，发展生产力，改善人民生活”②。实现共同富裕，是社会主义社会根本任务的直接表达，也是群众最大最直接的利益诉求。在创造和评价社会主义社会治理最高价值时，邓小平肯定人民群众主体地位和主体功能，把经济建设和发展生产力作为实现社会主义社会治理民生价值的根本途径，把提高人民生活水平作为基本目标，把“人民拥护不拥护、人民赞成不赞成、人民高兴不高兴、人民答应不答应”作为评价尺度，从而最终形成了“三个有利于”的社会治理价值标准。江泽民坚持与时俱进，以群众的价值诉求为出发点，以党的执政价值观建设为突破点，创造性地用党的核心价值观引领社会治理价值观，实现了党的执政价值观与群众的参与价值观、党的执政实践与民生实践的辩证统一。构建社会主义和谐社会，必须处理好人与人、人与社会、人与自然之间的关系，这些关系的调整离不开有效的社会治理。党的十六大以后，以人为本作为社会主义社会治理的核心价值理念有了质性跃升。社会主义社会治理将科学发展观作为指导思想，并明确了“以人为本”理念，将“权为民所用、情为民所系、利为民所谋”融入社会管理创新的灵魂之中。将民本民生理念作为衡量社会管理创新发展的科学性和可持续性的价值标准，并最终落脚于人的自由全面发展，体现了人的自身以及与外界事物之间的真正和谐。

进入新时代以来，“以人为本”的践行上升到了一个更高层次。习近平指出，当前人民群众对社会民生质量有了更高需求，对此，要做好顶层设计与地方实践的结合，把民生建设提高到一个更高水平，解决好“平安”这个

① 毛泽东文集（第8卷）[M]．北京：人民出版社，1999：70.
② 邓小平文选（第3卷）[M]．北京：人民出版社，1993：274.

“极重要的民生”需求，构建平安社会和美好社会。现在和今后一段时期党和政府的奋斗目标、社会治理创新的工作任务，就是要实现“人民对美好生活的向往”这一最大的民生需求。根据国家统计局2019年9月统计数据：全国居民的人均可支配收入分别从1949年的49.7元增加到2018年的28228元；人均预期寿命从1949年的35岁增至2018年的77岁，农村贫困人口从1978年的77039万降至2018年的1660万，贫困发生率（参照2012年标准）从97.7%降至1.7%；社会基本养老和医疗保险参与人数，分别是1989年的5710万、1994年的400万升至2018年的94293万。其他如就业、教育和住房等民生领域也都有了极大跃升。可见，从“全心全意为人民服务”到“以人为本”，再到“以人民为中心”，从“道义性”的民生存量管理理念到“责任性”的民生增量治理理念，我们党清晰勾勒出了新中国社会治理创新理念的逻辑发展主线，体现了持续回归的群众路线。这是我们党为适应新的时代要求、满足人民现实需求和保持创新动力的重大的理念继承与创新。作为马克思主义社会治理中国化的最新理论成果，“共建共治共享”社会治理理论做到了价值与科学、目标与工具的统一，有力推动了马克思主义社会治理价值观在当代中国的运用和发展。

三、加强党的领导和执政建设，树立社会治理权威

党的领导和执政能力建设，是提高党和政府的社会治理权威的前提。在社会建设与治理中，政党是通过一定社会资源和力量的整合，维护它所代表的社会阶层和群体利益的工具。“一个政党，就是围绕自己的政治纲领、按照自己的政治路线、为实现自己的政治目标而组织起来的政治集团。”① 美国政治学者李普塞特将政党称为一种“冲突的力量和整合的工具”。但是，当政党取得执政地位后，它不仅要继续担当其所处阶层和群体的利益维护者，还要积极通过履行社会治理功能，最大限度地协调好社会各方面的利益，维护社会稳定，推动社会发展。也就是说，执政党必须发挥在社会治理中的核心领导作用。1850年，马克思恩格斯曾指出，应将工人阶级政党“每一个支部都变成工人协会的中心和核心”②。这是马克思恩格斯首次明确使用“核心”一词阐述无产阶级政党的领导地位。他们认为，无产阶级要消灭资本主义、建

① 江泽民．论党的建设［M］．北京：中央文献出版社，2001：347.

② 马克思恩格斯选集（第1卷）［M］．北京：人民出版社，1995：369.

立共产主义，要彻底解放自己和全人类，就必须有一个以科学理论为指导的领导核心。核心是权威的前提，权威是核心的体现。1873 年，在《论权威》文章中，恩格斯论述了无产阶级及其政党在革命和建设中，要树立权威的重要性和必要性。列宁注意到了党在俄国革命、建设和治理中的领导权威和领导作用。如果缺少“有极高威望的党的领袖”，无产阶级专政及其国家治理“只能是一句空话”。他反复强调党是俄国革命、建设和治理中的“司令部”“指挥员”“领导核心”。所有的社会主义建设和治理事业，包括无产阶级政党自身建设和治理都必须以党委为领导核心。“马克思主义政党，是社会主义胜利的唯一保证”①。

在新民主主义革命时期，为了取得无产阶级政权，建立社会主义制度，我们党曾经在一段时期内采取了“党领导一切”的管理体制。这种“一元化”领导实质是树立党的绝对领导权威和革命权威，强化党的核心领导地位。“没有一个按照马克思列宁主义的革命理论和革命风格建立起来的革命党，就不可能领导工人阶级和广大人民群众战胜帝国主义及其走狗。”② 党在成立伊始就确立了在无产阶级革命中的核心领导地位。在全国执政后，面对新中国社会事业需要全面建设和统筹治理的形势，毛泽东多次强调，无产阶级革命取得成功需要一个坚强的领导核心，社会主义事业建设和治理也仍然需要一个强有力的核心领导力量。从 1953 年至 1962 年的十年间，他分别提出了执政党要有领导权、“党已经成了团结全国人民进行社会主义建设的核心力量”③“中国共产党是全中国人民的领导核心”“党是领导一切的”④ 等诸多论断。党的核心领导和社会治理关系密切，相辅相成。确立党的核心领导地位，是社会主义社会治理创新顺利进行的前提和保障；社会治理创新的成效如何，影响到党的领导核心地位、群众安居乐业和国家长治久安。改革开放之后，我们党继续强调党在中国特色社会主义事业中的核心领导地位。党要实现对社会主义现代化建设和社会治理创新的核心领导，就必须加强党中央领导权威。这种权威是对人民群众负责的权威，体现在党的正确领导和人民群众的自觉服从。只有拥有权威的党中央，才能使社会治理措施得以有效执行。实践证明，越是在我国社会主义事业的历史性变革节点，越是要“把我

① 列宁全集（第 9 卷）［M］．北京：人民出版社，1987：257.
② 毛泽东选集（第 4 卷）［M］．北京：人民出版社，1991：1357.
③ 中国共产党第八次全国代表大会文献［M］．北京：人民出版社，1957：7.
④ 毛泽东著作选读（下册）［M］．北京：人民出版社，1986：832.

们党建设成为领导全国各族人民实现社会主义现代化的更加坚强的核心力量”①。在党的十二大上，新修改的党章确立了党是“中国社会主义事业的领导核心”这一表述。“办好中国的事情，关键在党”②。党的十六大对党章再次改述为“中国特色社会主义事业的领导核心”，这一表述沿用至今，更加适合我国社会主义建设和社会治理的实际情况。“办好中国的事情，关键在党”③，关键在要发挥好党的核心领导作用。发挥党的领导核心作用，必须加强党的建设、改进党的领导方式。从历史经验和现实实践来看，中国革命、建设和改革事业获得的成功，都是在党的核心领导下的结果。无论是新民主主义革命、社会主义革命的胜利、社会主义改造的成功，还是社会主义现代化建设和改革开放的顺利推进，关键都是在于党的核心领导。社会治理创新是社会主义建设事业的重要内容，社会治理创新能否搞好，关键也是在于党的核心领导。

党中央权威和党的领导核心是统一的。2017 年 10 月，党的十九大报告明确提出要坚持“党的全面领导”，维护“党中央权威和集中统一领导”。并且，在《党章（修正案）》中，“党是领导一切的”这个重大政治原则被明确表述和强调。这是开创我国新时代治国理政新局面的需要，也是巩固党对社会治理领导地位的需要。创新社会治理，完善社会治理体系，实现共建共治共享，关键是维护以习近平同志为核心的党中央权威，加强党的执政建设，发挥党的核心领导作用。中国特色社会主义社会治理能否搞好，中华民族复兴之梦能否实现，关键是党的核心领导。这是长期实践检验的科学真理，也是长期总结出的宝贵经验。

四、坚持制度治理和依法治理，明确制度化和法治化目标

坚持制度治理和依法治理，推进社会治理创新的制度化法治化，是党领导社会治理创新的经验总结。从某种程度上讲，法律和制度的设立就是为了维护一定社会秩序和规则。美国经济学者诺斯以为：制度“是为决定人们的相互关系而人为设立的一些制约”，是“理解历史变迁的关键”④。社会制度

① 江泽民．论党的建设［M］．北京：中央文献出版社，2001：33.

② 十六大以来重要文献选编（中）［M］．北京：中央文献出版社，2006：1009.

③ 同上。

④ 道格拉斯·C. 诺斯．制度、制度变迁与经济绩效［M］．刘守英译．上海：三联书店，1994：3.

完善与否影响着人与人之间的社会关系，关系到社会稳定和发展。法律制度建设是社会文明程度的衡量标准，是社会治理科学化的评价指标。社会治理的创新发展，离不开完善的法律制度体系。社会治理问题的产生有经济政治等原因，更有深刻的制度根源。因此，厉行法律化制度化是社会治理的创新之道，是社会治理问题的治本之策。

马克思恩格斯重视通过制度建设来保证社会成员享有参与生产、分配和管理社会财富的权利。列宁认为“统一的法制”是广大贫民能够参加国家和社会治理的有效途径，而且“政权愈趋向稳固”，社会越向前发展，越要“加强革命法制”。我们党对法律制度建设的重要意义有着深刻认识。1956 年，毛泽东认为，“人是生活在制度之中，同样是那些人，实行这种制度，人们就不积极，实行另外一种制度，人们就积极了。”为此，他强调，“解决制度问题比解决思想问题更重要，更带有根本性质”①。社会发展要依托一个稳定有序的内外部环境。社会秩序稳定离不开对社会关系的制度协调。或者说，社会秩序稳定需要社会制度体系的保证。针对旧中国重人治轻法治思想遗留的影响，毛泽东指出，在立法方面，要实行“破立并举”，旧法统废除与新法制建立同步进行。在守法方面，要一视同仁，“所有的人都要遵守革命法制”，都要“按照法律办事”②。法律制度建设关系到党和国家的前途命运，关系到富强民主社会的构建成败。邓小平以对国家和人民高度负责的态度，凭借马克思主义者的理论勇气，大胆突破传统人治思维束缚，将法律制度建设真正落实到社会主义事业建设和治理中。1980 年，他强调，“我们过去发生的各种错误”，更多地还是因为“组织制度、工作制度方面的问题”③。在法制建设方面，邓小平格外注重从民主和法制的关系中论述，民主要靠法制来保证，社会治理民主需要建设法制。他认为，政治社会局面稳定需要科学的社会治理，而科学的社会治理离不开完善的法制体系。通过制度建党、依法治党和依法执政，带动依法治理和制度治理，是江泽民在社会治理法制建设中的重要贡献。江泽民多次重申和强调制度建设，并从党的制度建设入手，制定了较为系统的从严治党和依法治理的法律制度，进而提出了依法治国的基本方略。制度建设是维护党和国家的长治久安、社会秩序稳定的根本之道。法律制度

---

① 逄先知等．毛泽东传（1949-1976）（上卷）［M］．北京：中央文献出版社，2003：473.

② 毛泽东文集（第 7 卷）［M］．北京：人民出版社，1999：198.

③ 邓小平文选（第 2 卷）［M］．北京：人民出版社，1994：333.

建设体现在中国特色社会主义的一切领域，其中不仅有党的建设和治理，还包括社会建设和治理。党的“优良传统和作风”建设及其常态治理，都“靠制度来坚持”①。党在领导社会主义建设和治理中的经验和成绩，都要“使之制度化”②。“制度是社会公平正义的根本保证”，而“社会公平正义又是社会和谐的基本条件”③。以科学发展观为指导，构建和谐社会、创新社会管理要靠法律制度来体现和保障，这是胡锦涛关于依法治理和制度治理的基本观点。胡锦涛立足发展大局，着眼战略全局，强调要加强中国特色社会主义法律制度建设。他在《在庆祝中国共产党成立90周年大会上的讲话》中指出，要在“各个领域形成一整套相互衔接、相互联系的制度体系”④，并“完善中国特色社会主义法律体系”⑤。在这次“七一”讲话中，胡锦涛首次提出了“中国特色社会主义制度”这一概念。这是对马克思主义制度建设思想的继承和发展。此后，他多次强调了法律制度建设的重要性。要“在制度建设和创新上多下功夫”，要在“保障公民权利、维护社会安定的法律，促进社会全面进步的法律”上多下功夫，从法律制度上体现和保障“五个统筹”的⑥发展要求。中国特色社会治理法律制度是中国特色社会治理理论的法制优势。中国特色社会治理理论要得以践行和发展，最终还是靠法律制度。

科学的法律制度安排是化解社会矛盾、维护社会公平的保证。“各类社会矛盾”都要“运用法律手段解决”⑦。习近平指出，“任何公民、社会组织和国家机关都要以宪法和法律为行为准则”，在社会治理活动中，要“坚持法制教育与法治实践相结合”，“依照宪法和法律行使权利或权力、履行义务或职责”，通过“广泛开展依法治理活动，提高社会管理法治化水平”⑧。如果说，邓小平开启了、江泽民和胡锦涛等人继续推进我国现代社会治理制度化法治化进程的话，那么，习近平等中国马克思主义者则实现了社会治理制度化法治化的重要升华，使我国社会治理制度化法治化迈入了一个新时代。

---

① 江泽民．论党的建设［M］．北京：中央文献出版社，2001：547.
② 江泽民文选（第1卷）［M］．北京：人民出版社，2006：410.
③ 十六大以来重要文献选编（下）［M］．北京：中央文献出版社，2011：657.
④ 十七大以来重要文献选编（下）［M］．北京：中央文献出版社，2013：436.
⑤ 十七大以来重要文献选编（上）［M］．北京：中央文献出版社，2009：24.
⑥ 参见十六大以来重要文献选编（中）［M］．北京：中央文献出版社，2006：227.
⑦ 习近平．习近平谈治国理政［M］．北京：外文出版社，2014：204.
⑧ 同上，145.

五、坚持民主治理，广泛吸收广大人民群众有序参与

坚持走群众路线，广泛吸收人民群众参与，是实现民主治理的基本途径。人民群众当家作主，意味着人民群众能真正享有国家和社会治理的权力。“民主即民治”，是“社会成员大体上能直接或间接地参与或可以参与影响全体成员的决策”的“社会管理体制”①。发展民主是社会成员能够参与治理的基石。马克思主义认为，共产主义社会治理将真正实现“自由人联合体”的民主自治。那时，人民成为国家和社会的主人，并真正做到治理参与，体现自身的主体地位。当“旧政权”将其部分的“合理职能”归还给社会时，真正意义上的民主治理才能彻底实现。国家政权性质决定着社会治理性质。维护何种社会群体的利益，是社会治理性质的价值反映。在社会主义国家里，人民群众掌握着生产力这一客观力量，是社会主义社会治理的最高原则。国家法律制度要体现以人为本和人民主体地位，未来社会治理终将以社会名义实现人民自主治理和社会共治。

一方面，人民群众享有参与社会治理权利是党在长期革命、建设与改革实践中形成的。人民群众是社会主义社会治理的主体力量，拥有管理社会事务和社会治理的天然权利。同时，人民群众自身需要具有社会责任感和主体意识，才能够科学参与到社会治理中来。坚持社会治理的群众观点和群众路线是我们党在社会主义民主治理中的宝贵经验。早在1927年3月，毛泽东在《湖南农民运动考察报告》中就肯定了农民群众在革命运动中的强大力量和重要作用。1943年6月，他在《关于领导方法的若干问题》中指出，要把“群众化的方式”作为领导方式和治理方式，把“从群众中集中起来又到群众中坚持下去”的群众路线作为社会建设和治理的“基本的领导方法”②。群众既是民主“革命的主体”，也是社会治理的主体。党的执政建设、国家和社会治理要避免“历史周期律”，唯有依靠民主。民主是党能够长期执政、治理国家和社会的一条新路。群众路线是社会主义民主的方法体现。将群众路线作为党的执政、国家和社会治理的基本方法加以运用，是对党的优良传统和执政经验的承继，也是顺应社会主义国家治理和民主治理的发展要求。

另一方面，人民群众治理参与的具体实践，是践行“人民主体地位”理

① ［美］科恩．论民主［M］．聂崇信等译．北京：商务印书馆，1988：10.
② 毛泽东选集（第3卷）［M］．北京：人民出版社，1991：900.

念和群众观点，是实现社会治理民主化的有效途径。“历史活动是群众的活动”①。马克思主义认为，社会主义社会治理应坚持人民主体性和人民利益原则，肯定人民国家人民治理，由人民来评价社会治理成效。群众的治理程度是国家政权力量的评价尺度。没有群众的民主参与，就不会有真正的社会主义社会治理。1956 年，在党的八大上，邓小平将群众路线具体化为群众观点和群众路线方法。1981 年 6 月，我们党对群众路线的内涵进行科学阐述：“一切为了群众，一切依靠群众，从群众中来，到群众中去。”② 党的群众路线是党的性质和人民性质相统一的辩证体现。在社会治理活动中，党所代表的人民群众利益之性质，要通过民主治理形式来实现。党的一切治理工作的是非得失，要依据“是否有利于提高人民的生活水平”来评价。这是尊重人民群众民主权利和主体地位的重要体现。20 世纪 90 年代，世情、社情发生了新变化，我国社会治理面临着新的要求。江泽民坚持与时俱进，将党的自身治理与社会治理结合起来，提出社会治理就是以“最广大人民群众的根本利益”为价值基点和价值旨归。这表明党对社会治理坚持群众观点、走群众路线的认识达到了新的高度。江泽民强调，尊重人民群众参与治理的权利，扩大人民群众在社会治理中的“知情权、参与权、选择权和监督权”③，这是社会治理群众路线和民主治理的最好体现。执政为民，治理为民。我们党坚持用马克思主义群众观指导社会管理创新，坚持用“以人为本”为核心的科学发展观指导社会治理民主化发展。胡锦涛强调，推进社会管理决策科学化和民主化，前提就是“依法保障公民的知情权、参与权、表达权、监督权”④。党的社会管理创新工作要坚持“权为民所用，情为民所系，利为民所谋”的原则，这是对“以人为本”理念在社会治理创新中的具体化，是对社会治理创新坚持民主原则、贯彻群众路线的进一步深化。

党的十八大以来，我们党继续秉持以人民群众为本的治理价值观，坚持群众路线这一根本方法，提出了“以人民为中心”的社会治理价值观。这种价值观和方法论将人民群众的发展作为目标、将人民群众的需要作为标准，并得到群众主体的价值认同和广泛参与，彰显出了极其广泛的人民性。社会组织是践行“以人民为中心”理念的重要平台，是实现人民群众治理参与的

① 马克思恩格斯文集（第 1 卷）［M］．北京：人民出版社，2009：287.

② 十一届三中全会以来重要文献选读（上）［M］．北京：人民出版社，1987：340.

③ 十五大以来重要文献选编（下）［M］．北京：人民出版社，2003：1920.

④ 十六大以来重要文献选编（下）［M］．北京：中央文献出版社，2011：657.

重要载体。基层社区是社会治理的“试验场”和“前线”。依托社区组织，可以解决群众的碎片化利益诉求和治理需要，从主体源头上预防和解决一些社会矛盾。

进入新时代，我国社会组织发展非常迅速。特别是从2019年开始，我国社会组织步入了从重视“数”的增加转到“质”的提升、高质量发展阶段。据中国社会组织网相关数据，到2018年，全国共有社会组织81.6万个，其中民办非企业组织42.6万个，社会团体有37.6万个。但相比客观治理需求，我国现有的成熟的社会组织仍较为缺乏，社会组织的公信力和组织服务水平还有很多提升空间。加快培育社会组织及其参与公共产品和服务配置，已经成为新时代社会治理创新的迫切需要。可见，通过各种组织形式，促进人民群众治理参与，将人民群众的治理参与权利和人民民主建设统一起来，不仅丰富了社会治理民主化建设内容，而且为我国社会治理创新及其现代化建设增添了时代元素。

六、坚持科学治理，走中国特色社会治理道路

人类社会包含经济、文化、社会等子系统，是具有目标、运行、控制和保障等系统的复杂有机体。这些子系统及其内部要素互相渗透，互相作用，不断推动着人类社会发展。因此，人类社会要形成平衡的稳定的张力结构和整体秩序，必须要进行科学管理与治理。“科学管理”一词由路易斯布兰代斯首次提出，但真正历史性地将“管理”由经验变为科学，并形成系统的科学管理理论，则是美国管理学家F.W.泰勒。泰勒认为，对于管理，要注重科学方法而非个人经验，要体现理性的实践精神而非感性的主观臆想。“论证最佳的管理是一门真正的科学”①。科学管理是由“诸种要素”组成的。各种管理要素互为补充，互相促进，形成一种相对和谐和均衡的有效化管理样态。与传统管理相比，科学管理主张依据制度、规则和程序实行高效化标准化运作，关注管理中各方利益关系，强调管理中的计划分工。因此，科学管理更具有统筹性、计划性和协调性。虽然“科学管理”概念产生和运用于经济生产领域，但也可供社会管理借鉴和运用。从社会系统论来看，社会系统是一种相对均衡的状态系统，要使其发生变化、更为科学，就需要一套规则性的

---

① F.W.泰勒.科学管理原则[M].冼子恩译.台北：五南图书出版有限公司，1981：187.

行动系统作用它。当前我国社会领域总体处于稳定、有序、发展的和谐样态，但由于经济等子系统的快速发展，社会领域出现了诸多挑战和问题。因此，社会治理要有所作为、形成特色，并符合社会实际。在社会各子系统协调发展前提下，社会治理应通过制度规则来作用社会系统状态并使其稳定。

社会系统的稳定和运行，既需要内部子系统的协调，也需要有良好的外部环境。当今世界是一个经济一体、政治多极、文化多元的开放系统，对此，如果不依据世界形势和本国实际，不体现时代特点和自身特色，社会治理的科学性是无法保证的。中国特色社会主义是涵盖政治、经济、文化、社会和生态文明等“五位一体”的总体布局，是涉及全面改革、全面小康、依法治国和从严治党等“四个全面”的战略布局，是统筹物质、政治、精神、社会、生态、党建、法治等全面发展的宏大系统工程。从系统哲学角度看，“五位一体”总体布局和“四个全面”战略布局是对中国特色社会主义的整体规划和顶层设计。要使这种“整体布局”具有科学性和可行性，则必须掌握系统思维和科学方法，必须统筹规划、协调推进。

改革开放之后，全国各地结合国家政策纷纷探索符合本土化的社会治理实践。例如，北京市建构的社会组织“枢纽型”社会治理体系，具有上海特点的“社会救助”管理模式，浙江省舟山市的基层社区“网格化”社会治理，“社会关怀促和谐”社会治理的“重庆办法”，“让社区回归社区”社会治理的“深圳实践”，“多方合作促和谐”社会治理的“杭州经验”，“三社联动”社会治理的“南京模式”，等等。这一时期各地区各部门社会治理的成功实践，有效推动了我国社会治理的创新发展，对其经验总结则丰富了中国特色社会治理体系。党的十九大报告还明确提出实施乡村振兴战略，构建“自治、法治、德治”为一体的乡村治理体系。在城市则是治理重心下移，加强社区治理，形成“政府治理和社会调节、居民自治”的互动格局。我们党对社会治理创新规律的认识达到了新的高度。全国各地积极践行党的十九大报告精神，不断推进资源“下沉”，有序布局基层试点，通过将“基层政府部分考核权”“公共产品的供给决策权”和“公共设施的征求意见权”等下放给基层社区，有效地推动了本地区治理模式转型和创新。比如，2018 年山东省在制定的《乡村振兴战略规划（2018-2022）》中强调要加快推进农村基础设施和能源、水利工程等建设；江苏省丰县梁寨镇通过建立乡贤工作机构和管理制度，鼓励新乡贤参与乡村治理；广东省清远市九龙镇通过成立新乡贤理事会和构建“村落文化网络”，进行乡村治理等。城市基层社区治理同样如此。作为全国社区治理创新的样本——“美丽厦门 共同缔造”社区治理的“厦门经验”，蕴含了社区治理现代化的重要元素；山东省日照市通过构建市、区、街道、社区等“四级数字平台”，形成了以社区服务为依托，政府、志愿者、市场等服务为主要内容的“一体两翼”治理机制；河南省焦作市解放区打造了“复合共治、多元服务”的“解放模式”，走上了“334”楼院协商治理道路；江苏省常州市实施了网格化社区治理，资源下沉、落实到每个社区单元，实现无缝对接；江苏省溧阳市在基层城市社区实行参事制、双评制、票决制等“三制度”，推动基层社区自治良性循环，等等。城乡基层治理实践实现了底层突围、“上下衔接”和纵向平衡的辩证智慧，突出了一以贯之的“以人民为中心”的基层治理之道。可见，我们党在领导社会治理创新中，坚持马克思主义社会治理理论和中国治理实际相结合，大胆试验和实践创新，实现局部和地方的率先突破，形成了符合中国实际的社会治理道路。这条道路重视自上而下和自下而上的统一，重视“顶层设计”和“地方实践”的结合。总之，我国社会治理创新是坚持党的领导、具有社会主义性质的社会治理创新。我国社会治理创新道路是适合中国国情、突出现实导向，是为人民群众谋福祉、适合社情民意的特色之路。

当前，在推进我国社会治理创新进程中，要始终坚持以习近平新时代中国特色社会主义思想为指导，整体筹划、突出重点、科学治理，共同打造惠及全民的“共建共治共享”的特色治理格局，走一条具有新时代中国特色的社会治理道路。

第二节　我国社会治理创新发展的问题审思

我国社会治理创新发展过程中所形成的基本经验是主要的、决定性的，贯穿着整个中国化的发展全局，占据着整个中国化过程的主导地位，发挥着不可替代的重要作用。由于特定的历史原因，在我国社会治理创新发展过程中，虽然出现过一些曲折、走过一些弯路，甚至严重倒退。但是这些历史教训和历史曲折是短暂的、次要的、非决定性的，所带来的消极影响更不足以抹杀历史贡献和伟大成就。一方面，这些历史教训曾经出现在革命时期根据地建设与治理的探索中，但主要还是发生在毛泽东晚年时期，尤其是十年“文化大革命”时期。另一方面，改革开放之后，党和政府在社会治理创新领域仍一定程度上沿袭了计划体制时期的一些做法。此外，长期实行的经济建设为中心、非均衡的发展战略，导致社会建设滞后，民生欠债较多，一些社会治理问题和不足逐渐显现出来。

一、计划经济时期国家集权型单向治理探索中的弊端与偏差

作为马克思主义社会治理中国化第一次历史性飞跃所产生的理论成果，"政府'一元'管控"社会治理理论经历了我国社会主义革命、改造和建设三大历史阶段，是在当时特定时代背景和社会历史条件下形成的，为促进新中国社会主义建设起了重要作用，为"多方协作共管"社会治理理论和"共建共治共享"社会治理理论的形成奠定了基础。但是由于特殊的形成条件，以及各种政治干扰和社会杂音，在一段时期内，"政府'一元'管控"社会治理理论难免具有一定的局限性。

第一，社会治理理念与现实相脱节、理论观点交流受到阻遏。社会主义改造完成后，特别是从 1958 年开始，由于党内存在对马克思主义的教条理解，认为社会主义所有制越"公"越好，错误估算短期内能够"超英赶美"，加之国内民众的革命热情和建设积极性的空前高涨。受这种认识和情绪影响，国内掀起了一些声势浩大的全国性群众运动或社会运动，其中包括"现阶段建设社会主义的最好的一种组织形式"和"共产主义社会的基层单位"的人民公社运动，以及群众以"高度的政治热情和革命干劲"参与的"大跃进"运动。这些运动虽然取得了一些成绩，但也使"党的指导思想和决策脱离了客观实际"①，脱离了当时生产力水平和群众生活实际。另外，"百花齐放、百家争鸣"方针在理论界并未得到坚持，各种社会建设与治理思想观点交流被排斥或阻遏，甚至出现压制或打压不同学术观点的现象。这在"文化大革命"期间尤为突出。这些运动或现象违背了社会建设与治理规律，存在着理论与实践相脱节现象。社会治理理论发展滞后、创新不够。社会治理实践较少、不够成熟，对社会治理地位作用不够重视。究其原因，"社会主义社会的历史，至今还不过四十多年，社会主义社会的发展还不成熟"，社会治理"还受到社会实践的一定限制"②。另外，复杂的国内外形势和经济社会的落后状况，也使我们党一度将工作重点放在了政治、经济和文化等领域，对社会建

① 参见当代中国研究所．中华人民共和国史稿（第二卷）［M］．北京：人民出版社，2012.

② 毛泽东文集（第 8 卷）［M］．北京：人民出版社，1999：137.

设与治理并未充分重视。

第二，社会治理主体结构存在理论认知偏差。“毛泽东说过，认识的主体不只是个人，而是群众、阶级、政党。”① 由于受到历史发展阶段的制约，社会治理结构并未形成多元化主体结构。而且当时我国计划体制的高度集中性，每个人并不都能够直接成为社会治理主体，人民群众仍然需要通过国家（政府）和政党等为代表的方式来实现主体地位。党和国家（政府）成了人民群众治理主体的“总代表”。同时，这种计划体制在一定程度上弱化了社会个体与家庭的社会功能，阻碍了公民自治和社会组织的发展，社会成员和家庭“单位化”成了当时社会治理的鲜明特征。“在计划经济时代，中国就是一个只有政府、没有社会的典型案例……实际上是个人所属的组织，即‘单位’”②。除了一些特殊的社会群体外，社会个体和家庭基本上没有参与社会公共事务治理的机会。本该由社会承担的公共事务，都交由“单位”承担和包办，“单位”成了名副其实的社会治理主体和服务中心。国家（政府）和“单位”的社会治理功能被放大，导致了其自身负担加重、社会性组织功能弱化，抑制了群众治理参与的积极性。直到 20 世纪 70 年代末，社会治理的单一主体结构才逐渐开始变化，社会治理主体、主体性及其多元化结构问题才逐渐受到真正关注和理论吁求。

第三，缺少理论创新精神，导致社会治理体制和模式片面僵化。新中国的社会治理创新发展没有现成的理论解答和经验积累，只能借鉴苏联模式，从而形成了“单位制”和公社制的社会治理模式。在城市，社会治理依靠“单位”构建了一元化和单向化的管理体系，形成了“国家—单位—个人”管理链条的“单位制”。在这种体系中，国家和政府将社会纳入进来，通过“单位”履行社会治理职能。“单位”则被作为社会单元，承担着一些超出其负荷或者本不该承担的社会职能。而个人要依照所在单位来体现自己的社会地位和治理权限，个人的社会独立性和治理主体性较为薄弱。在农村，主要实行的是公社、生产大队和生产队的“三级所有、队为基础”的社会治理体制。人民公社既是基层政权机构和经济、文化等基层组织，也是基层社会组织。在经济建设领域，人民公社实行的是生产资料和社会资源的公社所有制，采取统一生产、统一核算和统一管理的办法。生产队既是生产单位，又是管

① 冯云．邓小平理论的形成再探讨［J］．学习与探索，1995（3）．
② 郑永年．中国改革三步走［M］．北京：东方出版社，2011：38.

理单位，农民受生产队直接管理，但公社掌握着社会公共资源的调配，大队和小队在生产、分配和管理上缺乏一定自主权。在社会建设与治理领域，人民公社是一次“农村基层组织的重大变革”，不仅实现了“政社合一”，而且使其在社会“分配上和社会组织上都具有权威性和统一性”。这一急于向共产主义过渡的“理论上的错误”，直接导致了诸如脱离生产力实际，“农民的利益受到损坏，积极性受到打击”等“实践中的严重后果”①。

第四，不敢从现代理论中寻找办法，致使社会治理仍延续革命时期的思维定式，治理手段具有革命色彩，路径选择上多有政治痕迹。过分强调行政化管理和管理的政治性，夸大社会动员的作用和力量，注重精神激励，反对物质奖励，违反社会发展规律和治理机制，夸大人的主观能动性，群众运动等人治手段特征明显。通过抓革命促生产、促管理，这是革命战争思维在建设时期社会治理中的体现。毛泽东认为，“社会主义制度加上群众运动将是万能的武器”②。挣脱法律框架和制度约束的“群众运动”，使社会主义社会治理在理论上颠覆了党的八大关于国内社会矛盾的基本判断，在现实中背离了社会主义方向，损害了党同其他民主党派、群众之间的关系，影响了社会秩序的稳定。③

第五，理论认知与理论阐发缺乏系统，社会治理创新发展强调速度和绝对平均或均衡而忽视生产力发展，强调主观意识而忽视法制建设。新中国“一穷二白”的社会现状短时间还无法改变，强烈的忧患意识使毛泽东贸然选择了“赶超英美”、急于向共产主义过渡的发展战略。他重视变革生产关系和上层建筑，却又忽视了生产力发展和法律制度建设规律。党的八大之后，由于教条主义影响和对国内阶级斗争的误判，党内“左”倾思想开始膨胀和发展，社会主义公有制的“一大二公三纯”思想占据了当时党内的主导地位。不少领导干部认为，充分发挥群众的主观热情，开展和管理好群众运动，就能促进社会经济快速发展，“多快好省”地进行社会主义建设与治理，早日实现共产主义。这些急功近利的思想行为，在很多情况下偏离了党的八大提出的社会主义建设政策号召。有章不循、有令不行、有法不依，违背了现代社会治理创新发展规律，现代科学治理理论魅力与价值在社会治理实践中未能

① 参见当代中国研究所．中华人民共和国史稿（第二卷）［M］．北京：人民出版社，2012.

② 胡乔木．胡乔木文集（第2卷）［M］．北京：人民出版社，1993：262.

③ 参见当代中国研究所．中华人民共和国史稿（第二卷）［M］．北京：人民出版社，2012.

得到充分体现。

我国社会治理创新发展中存在的历史教训和认识偏差，主要发生在社会主义特殊时期的探索尝试过程中。之所以出现这些教训和偏差，主要是因为对生产资料所有制的认识和选择。“一大二公三纯”的所有制形式具有自上而下、高度集中的特征，在一定程度上提高了社会资源整合效率，促进了社会秩序的稳定，但脱离了经济社会现实和社会治理创新规律，是一种带有理想色彩的社会治理体制。

不可否认，毛泽东是伟大的马克思主义者，是新中国社会治理领域的理论奠基者和实践开拓者。他坚持以马克思主义为指导，从本国国情出发，领导党和人民进行了旨在改善国计民生的社会主义建设与治理，取得了具有开创性的成就。毛泽东对马克思主义社会治理中国化和社会治理创新发展的历史贡献是系统性的、全方位的。他对社会主义社会治理的逻辑起点、性质属性、发展阶段、目标任务、工作方式、领导核心和依靠力量等均有涉及，在中国优秀传统治理思想文化、马克思主义社会治理理论和其他流派社会治理理论等理论汇流、继承和发展中，其历史地位不可替代，其历史贡献不容置疑。只是由于特殊的历史条件，“政府‘一元’主导”社会治理理论中一些正确的主张、观点和方法并没有很好地付诸实践运用，但这并不能否定其历史意义和现实价值。总之，“政府‘一元’管控”社会治理理论既内容丰富又博大精深，既有宝贵的科学成分又有特定时代造成的错误观点，但关于社会治理创新的正确思想、观点和论述是主要的，非科学的观点、论述和实践是次要的。对此，我们需要客观地、辩证地对待、研究和总结。

二、改革开放之后我国社会治理创新发展中的“短板”问题与不足

计划经济时期中的十年“文化大革命”，使我国社会治理创新发展偏斜了现代化方向，马克思主义社会治理中国化和社会治理创新进程出现了停滞。“政治学、法学、社会学以及世界政治的研究，我们过去多年忽视了，现在也需要赶快补课。”① 新中国成立后，在国家治理和社会治理上，我国实行了高度集中的计划管理体制和高度集权的一元治理模式。这种体制和模式有利于快速恢复国民经济和社会秩序，但也抑制了“社会”本身的发展及其作用发挥。“社会如果没有自我管理的能力，势必什么都要依赖政府。政府什么都管

① 邓小平文选（第2卷）［M］. 北京：人民出版社，1994：180-181.

的话。必然超出政府的能力，管理也必然失效。要社会形成自我管理，必须赋予社会足够的空间，这就要求政府放权给社会"①。改革开放以后，由于长期坚持经济建设为中心的发展导向，我国对社会治理创新理论研究相对不足，社会治理创新发展相对滞后，积累了理论创新及其对实践指导不强等问题。

第一，社会治理创新理论发展理念方面，重经济发展、轻社会治理。改革开放之初，由于我国生产力水平低、经济基础薄弱和群众生活水平普遍不高等原因，我国迫切需要加快经济发展，提高人民物质生活水平。因此，坚持以经济为中心的发展战略，成为我国社会主义事业中各领域的发展重点和价值导向。政府将经济工作指标作为衡量社会治理创新工作的主要标准，形成了经济建设与治理重于社会建设与治理、社会建设与治理服从服务于经济建设与治理的理念，社会建设与治理长期滞后于经济建设与治理，最终导致了社会发展和经济发展的失衡局面。

第二，社会治理体制方面，党政职能不清，"央地"关系没有理顺。党和政府的一元化领导，模糊了政府的社会治理职能范围，削弱了社会组织和群众团体的社会职能。党政的治理职能交叉，容易影响社会治理机构的独立运作，出现社会资源无谓消耗和浪费。中央和地方的社会治理关系没有理顺。中央政府高度集权，地方政府治理自主权薄弱。

第三，社会治理主体结构方面，重政府组织、轻社会参与。政府组织的"单中心""一元化"治理主体结构仍然稳固主导，政府主体与其他社会主体共同管理社会事务的"多中心"结构没有完全形成。长期以来，社会治理主体结构不合理，社会组织发育缓慢、还不成熟，治理参与能力不够，难以胜任庞杂的社会事务管理，无法协调复杂的社会矛盾，这就出现了政府主体职能被过度放大、社会组织作用被更加弱化和社会资源整合利用不足等境况。在社会治理行为活动中，政府机构、企事业单位和社会组织之间关系较为模糊。政府往往越权、"管了很多不该管"② 的事情，企事业单位和社会组织成了党和政府部门的附属物，很多社会公共事务"统统拿到党政领导机关、拿到中央部门来"，而不是"放在企业、事业、社会单位"③。这就造成了社会治理低效，地方和基层的干部群众消极被动。

① 郑永年．改革及其敌人［M］．杭州：浙江人民出版社，2011：138.

② 邓小平文选（第2卷）［M］．北京：人民出版社，1994：328.

③ 同上。

第四，社会治理方式和手段方面，重行政命令、控制管制，轻协调协商、法制和道德规束，还不能适应社会阶层和社会组织的重大变化。[①] 传统的社会治理手段和方式是一种自上而下的单向建构的管理方式，是一种传统的“主体—客体”的“硬模式”。这种社会治理以管为主，缺乏服务，具有行政性、管制性强，道德约束、协调功能弱等特点。这种社会治理建立在计划体制的权力架构之上，政府的管理包揽、“命令”思维、“人治”手段和行政方式占据主流。改革开放之后，“单位制”和“人民公社”制已经解体，我国社会建设领域有了重大变化。公有制的企事业剥离出了其兼负的社会治理职能，社会组织蓬勃兴起，社会组织形态和社会阶层结构步入现代转型之中。这些变化深刻而迅速，政府的社会治理手段和方式无法及时完全适应。

第五，社会治理环节方面，重事后处理、轻源头治理。当前我国社会治理理论研究与实际运用中还存在许多问题，如社会资源配置和收入分配不合理，就业医疗教育等民生问题突出等。这些社会问题的形成既有历史原因、现实因素，也有理论原因。解决这些社会问题终归要靠发展，靠提高经济实力和生产力水平。但是这些社会问题的解决也离不开理论的创新和指导。此外，社会治理中还存在着“先问题后治理”的“消防式”固有思维，还难以实现将矛盾化解于基层和源头的治本治理，这些都归因于社会治理理论创新不足而缺乏理论层面的指导。

① 参见李培林．新时期社会管理总论［M］．北京：研究出版社，2012：174.

第七章

我国社会治理创新发展的当代启示

马克思指出，在创造人类社会历史价值时，“思想力求成为现实”与“现实本身应当力求趋向思想”① 是统一的、同进的。理论是人们认识、解释和改造世界的一种概念逻辑、思维方式和价值规范。理论的“观念意识性”使其要求指导和超越实践，实践的“现实物质性”使其实现自我超越和理论升华。实践发展与理论创新同样重要。不能因为理论对实践的指导而弱化实践意识，也不能因为强调理论源于实践而忽视理论意识。马克思主义社会管理理论中国化要坚持不断丰富理论体系，着力破解实践难题，构建中国特色社会主义社会管理与治理理论体系，不断推进社会治理现代化建设进程。本章试对我国社会治理创新发展的合法性、价值坐标，未来走向，以及马克思主义中国化视阈中社会管理与社会治理的一致性问题，做出一些粗浅的前瞻性、拓展性探讨。

第一节　从确立合法性入手，推进我国社会治理创新发展

“任何一种人类社会的复杂形态都面临一个合法性的问题，即该秩序是否和为什么应该获得其成员的忠诚的问题。”② 合法性是一个历史范畴。不同社会发展时期，对合法性概念的理解和界定也不同。因此，对合法性概念范畴的认识和界定，理论界多有分歧。在西方理论中，梭伦和亚里士多德等人在政治哲学研究中较早提及了合法性概念。他们认为，公正原则和公共利益是判断理论、制度和价值的一种依据。合法性解决的是人与人之间的社会秩序问题，是社会公众对国家权力的认同和信仰。另外，洛克、卢梭基于个人主

① 马克思恩格斯文集（第1卷）［M］．北京：人民出版社，2009：13.

② ［英］米勒，波格丹诺．布莱克维尔政治学百科全书［M］．邓正来主编，中国问题研究所等译．北京：中国政法大学出版社，1992：408.

义而构建的契约型合法性理论也对后来研究产生了深远影响。真正对现代合法性概念发展影响较大的，是马克斯·韦伯的程序正义论和哈贝马斯的实体论等理论。虽然这些理论各有其合理和缺陷之处，但是合法性的规范主义与经验主义之争，还是在很大程度上促进了对合法性的本质研究，有助于进一步认清合法性概念的本质。中国传统政治哲学中的“道法自然”，其实也是对当时统治者的统治行为是否合法给予了理论价值标准的一个考量。虽然封建“人治”占据着古代中国社会发展中的主宰地位，但仍不乏关于政权制度、思想理论和社会秩序等合法性的宝贵探索。特别是近现代中国的特殊国情和现实情况，以及对中西方各种思想理论的实践和比较，最终决定了中国对合法性具有自身特色的独到理解和界定。我国社会治理创新发展归属于马克思主义社会治理中国化发展的历史进程，符合人类社会发展的客观规律，体现了历史演变进程和理论逻辑发展的一致，实现了马克思主义和中国传统文化，以及民众认同的实质合法性和法律保障的形式合法性的统一。

一、契合性合法

马克思主义社会治理思想具有科学性与开放性，并与中国传统治理思想文化的深度契合。我国社会治理创新发展的合法性，首先源于理论的开放性与科学性。马克思主义是揭示人类的思维、社会与自然一般规律的科学理论，是批判吸收人类其他优秀文明成果、在实践中不断发展的思想文化体系，是旨在实现人的自由全面发展和全人类解放的科学理论。马克思主义社会治理理论是研究方法和行动指南，是能够与时俱进、把握时代特征、符合别国国情的发展的科学理论，是能够正确回答一系列重大社会现实问题的开放性的科学理论。其次，归因于马克思主义社会治理理论和中国传统治理思想文化的深度契合。在对世界和历史的看法方面，马克思主义社会治理理论与中国传统治理哲学存在着本质区别，但在实践观点和辩证观点等方面，它们却有着很多契合之处。如，中国传统治理哲学主张的知行统一，重视实践等，与马克思主义实践观点深度契合；中国传统治理哲学蕴含的朴素唯物主义和辩证思想，与马克思主义唯物论和辩证法高度一致。此外，共产主义理想与中国传统社会“大同理想”的共鸣，唯物史观与中国传统民本思想的交集，马克思主义全局观与中国朴素整体主义的吻合，等等。总之，中国传统文化中的许多合理成分，如治国思想、价值理念和治理准则等，仍具有重要的现实价值，而且，它一旦与马克思主义社会治理理论相结合，就会形成社会治理创新发展的强大动力，从而成为马克思主义社会治理中国化合法性的基本依据和有力支撑。

二、证成性合法

中国社会治理发展实践的需要并与其相吻合。只有始终处于社会历史实践中的思想理论，才具有真正意义上的科学价值。马克思主义来到中国并被接受，是由于中国社会发展的实践需要。在中国长期实践探索中，马克思主义中国化显示出了蓬勃的理论生命力，并确立了其历史合法性。我国革命、改造和建设时期的社会管理实践，催生了马克思主义社会治理中国化的第一大理论成果，即“政府‘一元’管控”社会治理理论。反之，我国在这一时期的社会治理创新能够成功实践，也是归因于毛泽东“政府‘一元’管控”社会治理理论的指导。新中国成立后，我国坚持以毛泽东思想为指导，通过“一化三改”的成功实践，人民群众第一次成了国家和社会治理的主人。中国特色社会主义社会建设与治理实践，孕生了中国特色社会主义社会治理体系。“共建共治共享”社会治理理论是中国特色社会主义进入新时代的社会治理实践的结果，并必将指导着我国社会治理创新及其现代化顺利实现。实践表明，马克思主义社会治理中国化的发展方向是正确的，我国社会治理创新是不断推进的，是符合并促进中国特色社会主义社会建设和治理实践的。

三、认同性合法

社会民众的广泛认同。虽然学术界对合法性存在着一些理论分歧，但是，社会认可和民众认同却被一致视为某种政治权力或理论合法性的基础或依据。“就其合法性而言，社会的信任起着决定性的作用。”① 社会认可和民众认同是合法性的决定因素。无论是中国古代《论语》中“民无信不立”，还是现代国家制定的法律规则，都无一例外强调社会认可和民众认同是一切政府、制度和理论合法性的根本基础。没有社会认可和民众认同，政府制度和思想理论的法理支撑就会失效，也会无法得到社会道德的支持。一种思想理论的民族化和本土化需要一定的社会历史条件，受民族文化和接受者自身因素的

---

① ［法］让-马里·科特雷，克洛德·埃梅里．选举制度［M］．张新木译．北京：商务印书馆，1996：1.

制约，其必然绕不开主体性的价值选择。我国社会治理创新发展同样如此。五四运动前后的中国，各种社会政治思想和思潮纷繁复杂，相互交织。西方资本主义的民主主义、各种版本的社会主义、国内的保守主义和封建主义等，构成了当时国内思想理论的多元化结构。国内先进分子在对各种思想和主义的学习、比较的漫长过程中，最终选择了马克思主义，并主动探索马克思主义理论的中国化。经过近一个世纪的发展，我国社会治理创新发展和马克思主义社会治理中国化结出了一系列丰硕成果，并被广大民众高度认同。可见，我国社会治理创新发展和马克思主义社会治理中国化不仅是历史的选择，也是广大人民的选择，自然会得到广大民众的广泛认同。

四、法理性合法

宪法和法律形式的认可和保护。新中国成立后，党和国家加强了对马克思主义指导地位的立法确认。我国现行宪法中的序言明确规定，国家的根本任务是“在马克思列宁主义、毛泽东思想、邓小平理论和‘三个代表’重要思想、科学发展观、习近平新时代中国特色社会主义思想指引下”进行和完成的。作为国家根本大法，宪法“具有最高的法律效力”①。这些成果包括马克思主义社会治理中国化的理论成果和实践成果。或者说，社会主义制度建立后，我国社会治理创新发展依照宪法和法律而运行发展，并通过相应的合法程序，将马克思主义社会治理中国化的最新理论成果逐步上升为国家意志和人民诉求，实现了法理上和程序上的合法。

第二节　我国社会治理创新发展应找准价值坐标并赢得话语权

意识形态有着统一思想、凝聚共识、汇聚力量的强调作用，意识形态工作事关党和国家的前途命运和长治久安。中国共产党始终重视意识形态工作。“一个政权的瓦解往往是从思想领域开始的。思想防线破了，其他防线就难守住。”在中国特色社会主义新时代，意识形态工作领域形势错综复杂，我们必须要因势而谋、应势而动、顺势而为，旗帜鲜明做好意识形态工作。

---

① 全国人大常委会法制工作委员会．中华人民共和国法律［M］．北京：人民出版社，2015：23.

当今世界形势复杂多变，中国因其快速发展势头和巨大的治理成就而为世界所关注，中国道路和模式成了世界关注的焦点。在中国成就被越来越多的人认可的同时，误解、歪曲和否定中国特色社会治理道路的言论也不绝于耳，这些言论充斥着强烈的政治攻击和西方意识形态偏见。同时，我国国内的经济社会发展处于经济转型和社会转轨的关键时期，社会矛盾错综复杂、相互交织、利益多元、分配方式多样，社会共识的凝聚难度加大。面对意识形态领域的复杂情况，需要我们党在国际意识形态领域赢得国际话语权，在国内社会治理领域中培育和践行社会主义核心价值观，从而增强社会价值共识和价值引领。

第一，需要借鉴和融入世界现代治理文明。社会现代化使“我们今天生活在一个人为不确定性的世界”，虽然有些社会领域的“安全水平比原来提高了”，但“新的不确定性也几乎在所有的地方出现了”①。现代性是社会现代化过程中产生的必然因素、社会属性和时代特征。在现代化过程中，现代社会的一些特有现象和社会问题，如价值取向中的选择偏差、公共秩序中的社会正义、社会差距中的公共安全等问题也会随之而来。主要发轫于西方发达国家的现代社会治理理论，是在现代化社会大生产和市场经济时代到来之后才真正产生的。在中国，社会主义现代化建设的客观需要，加速了现代社会治理理论的中国化构建，直接催生了中国特色社会主义社会治理理论与实践的创新发展。诚然，我国社会治理创新及其现代化不能、也不可能离开世界的社会治理文明的发展轨道。在当前世界全球化形势催生下，社会治理的理论借鉴和实践交流也日益国际化。从世界发展来看，西方发达国家的社会治理有很多值得学习和借鉴的地方，我国社会治理创新研究与运用可以、也需要学习借鉴西方现代治理的有益成分和优秀元素。

第二，要在中国化和西方化博弈中找准价值坐标并赢得话语权。作为一门科学，社会治理越来越得到国内各界高度认可。学习西方现代先进治理理论、方法和经验的热潮不断。鉴于这种客观事实，我们要明晰现代社会治理的西方版本和中国模式之区别和联系。社会治理西方化实质是维护少数资本权贵的利益和自由，它要求中断社会治理在中国的本土化发展进程，改变社会治理的民本价值取向。在我国，主张西方社会治理中国化的观点，也并非

① ［英］安东尼·吉登斯．超越左与右：激进政治的未来［M］．李惠斌等译．北京：社会科学文献出版社，2009：61.

是全盘照搬西方社会治理理论，而是坚持以马克思主义为指导，借鉴西方先进的社会治理理论，并将其中优秀成分与中国实际相结合，与中国优秀传统治理思想文化相结合，在我国社会主义现代化建设实践中不断进行总结和提升。事实证明，我国和西方的社会治理是能够做到融合、统一和发展的。我国社会治理创新较为注重宏观战略设计，重在体现其发展方向和价值目标。而西方社会治理则更多关注微观技术层面，重在研究其方式方法、程序和技术的运用。从这个层面的优势特点看，我国经济社会及其治理现代化的发展，需要这种中微观层面的理性工具和技术支撑。但是，西方这种理论指导的社会治理实践往往会出现“治理有余而领导不足”的境况，容易导致社会凝聚力不强和无政府主义的发展。从中、西方的社会治理优势层面看，不同制度下的社会治理存在着一定互补性。这种互补性给西方社会治理的中国化提供了可能，而这种可能必须通过社会治理的中西交流、融合和提炼才能真正变成现实。我国社会治理创新发展要在西方化和中国化的博弈中找到自己的价值坐标，寻求中西方的理论契合和共同之处，通过真正建立现代新理念，回归现代新潮流，成为未来全球社会治理现代化建设的引领者。

第三节 在马克思主义中国化发展中把握社会管理和社会治理的一致性

社会管理和社会治理是我国社会治理治理创新发展中的两个重要阶段，是马克思主义中国化发展过程中重要的理论成果和实践结果。在马克思主义中国化研究视域中，社会管理和社会治理的理论本质、精神实质和价值导向是一致的。

第一，在马克思主义的理论本质上，两者是一致的。从马克思主义中国化发展进程看，社会管理与社会治理的马克思主义理论本质具有一致性。近年来，特别是党的十八届三中全会首次明确提出“创新社会治理”之后，社会治理步入了理论研究的快车道。尽管“社会管理”在党的十八届三中全会以后被很少使用和研究，但是，社会管理不会被轻易取代。当前，我国仍处于社会主义初级阶段，从传统体制到现代体制的转型还未完全实现。因此，我们要认清国情，尊重理论发展规律，不能简单地将社会管理与社会治理对立起来。不能因为一味地创新社会治理，而片面地、盲目地抛弃社会管理；

更不能因为社会管理的存在形态而束缚了对社会治理的研究和创新。而是要从中国国情和现实特征出发，从社会治理的内在需要出发，完善和创新社会管理。将社会管理纳入社会治理体系之中，形成具有中国特色、彰显中国精神的社会治理理论形态。社会治理及其现代化建设，更加符合现代管理理论规律和社会现代化发展要求。在实践上，它是全面改革开放的客观要求，是积极创新现代社会管理的科学方式和有效途径；在理论上，它是党的治国理政思想的丰富和创新，是马克思主义社会治理中国化的理论升华，是中国特色社会主义社会治理体系的理论开端。总之，现代社会管理是一种多元主体依法参与、能够体现民主的综合治理，而社会治理则是内涵更丰富、层次更优化的协作管理。社会管理和社会治理都是马克思主义社会治理中国化的组成部分。“马克思主义社会管理中国化”和“马克思主义社会治理中国化”，抑或是一种不同的学术称谓和概括，抑或是一种理论表述的语言转换。但是，在马克思主义中国化视域中，社会管理和社会治理的理论本质和精神实质是一致的，所体现的实践属性是一致的。

第二，在社会主义核心价值观的价值导向上，两者是一致的。从社会主义核心价值观培育视域看，社会管理与社会治理具有一致的价值理念、价值导向和价值内容。习近平强调，“社会管理要承担起倡导社会主义核心价值观的责任，注重在日常管理中体现价值导向”①。社会治理创新亦是如此。作为一种思想理论遵循和行为价值导向，社会主义核心价值观为社会管理与社会治理提供了一致的价值导向和价值内容。

社会管理与社会治理具有一致的价值导向。社会管理与社会治理都是以社会主义核心价值观为价值导向。社会主义核心价值观强调的是服务为民的理念，社会管理与社会治理也是将为人民群众服务作为自己的价值导向。或者说，人本理念的共识、价值导向的契合使得社会管理与社会治理具有一致性。正确的先进的价值理念可以推动社会管理与治理发展，错误的落后的价值理念会阻碍社会管理与治理创新。“占统治地位的思想不过是占统治地位的物质关系在观念上的表现”②。相比西方资本主义制度，立于公有制之上的中国特色社会主义制度则更为优越和先进。所以，在体现人民民主、社会公平方面，社会主义核心价值观也比资本主义核心价值观更为优越。美国社会学

① 习近平．习近平谈治国理政［M］．北京：外文出版社，2014：165.
② 马克思恩格斯文集（第1卷）［M］．北京：人民出版社，2009：550.

家帕森斯指出，“秩序是指与规范体系所追求的目标一致的过程”①。他认为，社会价值观的一致或趋同是社会秩序稳定的必要前提。美国学者托克维尔持有同样看法，“没有共同的理想，就不会有共同的行动”，“一个没有共同信仰的社会，就根本无法存在”②。社会核心价值观是稳定社会秩序的思想条件，是社会系统正常运行和发展的精神动力。“最重要的是人的团结”，而“共同的理想”是能够实现“人的团结”、产生“凝聚力”和为“为人民自己的利益而奋斗”③的重要前提。社会主义核心价值观传承和弘扬了中国精神，体现了人民群众的共同追求和社会主义制度的内在精神，影响着社会管理与治理理论及实践的创新方向。

社会核心价值观是人们在长期的价值实践中形成的，为物质生产方式所决定，并主导自身思维方式和行为方式的基本准则。“理论”是“历史的产物”，“不同的时代具有完全不同的形式”和“内容”④。社会主义核心价值观是在马克思主义价值观中国化过程中形成的，是中国特色社会主义社会价值实践的产物。社会主义核心价值观是一个观念性和发展性的动态过程，它从三个层面阐述了国家、社会和个人的核心价值内容。在国家层面上，培育与践行社会主义核心价值观，有助于实现富强民主文明和谐美好的国家复兴之梦。在社会层面上，能够推动社会成员达成“利益认同共识、秩序认同共识、政治认同共识和共同理想目标认同共识”⑤，依法构建公平正义、自由平等、和谐有序的法治社会。在个人层面上，公民能够工作中做到爱国爱岗、诚信友善、尽职尽责，在社会价值和个人价值的统一中实现个人人生价值。在马克思主义中国化进程中，社会管理与社会治理的创新，都是在党的领导下，坚持“三个倡导”的基本内容，以人为本，将个人价值、社会发展和国家复兴统一起来。因此，社会管理与社会治理以社会主义核心价值观为价值导向，能够确保满足人民群众的需要，确保与社会主义制度同质同向，与和谐社会发展同行同向，与党和国家事业同进同向。

第三，在马克思主义意识形态的建设任务上，两者是一致的。从马克思主义意识形态建设看，社会管理与社会治理不仅承担着发展社会民生等现实

① Parsons, T. *The structure of social action* [M]. New York: The free press, 1937: 92.
② [法] 托克维尔. 论美国的民主 [M]. 董国良译. 北京：商务印书馆，1988：524.
③ 邓小平文选（第3卷）[M]. 北京：人民出版社，1993：190.
④ 马克思恩格斯文集（第9卷）[M]. 北京：人民出版社，2009：436.
⑤ 韩震. 社会主义核心价值体系研究 [M]. 北京：人民出版社，2007：270.

任务，还担负着加强马克思主义意识形态建设的任务。解决社会问题，优化和完善社会结构，是社会管理与社会治理创新发展不能回避的共同任务。而精神思想领域中的各种价值观的和谐，亦即全体民众一致的价值认同，则是社会管理与社会治理共同承担的更高层面的目标任务。对处于历史性变迁中的中国社会而言，社会成员价值取向的多元多样，给马克思主义意识形态建设带来了严峻挑战。在这种形势下，提高全体成员对马克思主义主流意识形态建设的向心力和精神动力，对社会管理与社会治理创新来说，同样责无旁贷。加强马克思主义主流意识形态建设，首先要解决的就是对马克思主义主流意识形态的思想认同。随着社会事业改革的全面深化，人民群众更加重视依法维护个人利益和公平享有改革成果。因此，我们要把握这一变化，以民生建设为抓手，立足群众思想实际，在利益关系协调中体现社会公平和促进价值认同。协调利益关系、化解社会矛盾是社会管理与社会治理的基本作用。在马克思主义中国化视域中，社会管理与社会治理就是要以社会民生为重点，解决好群众的住房保障、教育公平和医疗服务等问题，从而增强群众对马克思主义意识形态的思想认同。

第四节　将社会治理现代化确立为未来的发展走向

2021 年 3 月，《中华人民共和国国民经济和社会发展第十四个五年规划和 2035 年远景目标纲要》明确提出，到 2035 年要基本实现国家治理体系和治理能力现代化。作为国家治理体系的重要组成部分，社会治理创新要实现长足发展，就必须将现代化确立为未来的发展方向。

第一，我国社会治理创新要走向社会治理制度现代化。社会制度现代化是社会现代化的主要内容之一。党的十八届三中全会从制度层面提出的社会治理现代化目标，这其实是为我国社会治理创新的未来发展指明了方向。社会制度是社会治理创新发展的重要依托和集中体现。制度现代化反映了社会治理客观规律的要求。从这一点看，社会治理现代化，关键是制度现代化。或者说，社会治理现代化的实质就是社会治理制度现代化。

一方面，“风险型”社会问题的倒逼，促使我国社会治理创新发展要走向社会治理现代化，就必须加强制度建设。马克思主义认为，矛盾是事物发展的源泉和动力。在人类社会里，社会矛盾是经济社会发展的动力。社会矛盾的性质不同，种类不同，危害程度也不同。需要注意的是，并非所有社会矛盾都具有风险性。只有造成广泛的重大的负面影响、威胁到社会秩序稳定的社会矛盾，我们才称之为“风险型”社会矛盾或社会风险。实践表明，在现代化进程中，经济社会发展必然会造成和累积一定的社会矛盾，如果处理不当或不及时，则容易演变成集中性的社会冲突和社会风险，这是现代社会中不可避免的一种普遍现象。美国政治学家亨廷顿认为，“现代化却会引起不稳定”①。英国社会理论家吉登斯同意这个观点，“现代性总是涉及风险观念”②。虽然“现代性降低了总的风险性”，但也产生了包括“后果严重的风险”在内的“新的风险参量”③。法国社会学家迪尔凯姆认为，社会性或社会事实性是社会矛盾的本质特征。社会事实往往以“明显属性的行为方式、思维方式和感觉方式”出现，具有“强制性的力量”④ 的制度属性。依此判断，社会事实和社会矛盾实质是一种制度性矛盾。或者说，制度缺陷是社会矛盾产生的根源之一。吉登斯认为，社会风险是人为因素造成的。现代化发展促使“生产力的指数式增长，使危险和潜在威胁的释放达到了一个前所未知的程度。”⑤ 但是“风险概念表明人们创造了一种文明”，即人类有能力“采取的预防性行动以及相应的制度化的措施战胜种种（发展带来的）副作用”⑥。在德国社会学家乌尔里希·贝克和英国社会学家吉登斯看来，现代社会风险并非是自然性风险，而是人类行为不规范或失控导致的人为后果。或者说，社会风险具有人为性与制度性，需要用社会制度机制来加以防范和控制。

在社会现代化实现之前，社会失序会时常发生。集中出现的社会矛盾将影响社会稳定，使社会治理面临严峻挑战。新时代中国仍处在经济转轨与社会转型的关键时期，社会思潮多元、社会利益多样，主要表现在：意识形态

---

① ［美］塞缪尔·亨廷顿．变革社会中的政治秩序［M］．李盛平等译．北京：华夏出版社，1988：41.

② Anthony Giddens. *Runaway World: How Globalization Is Reshaping Our Lives* [M]. New York: Routledge Press, 2000: 45.

③ ［英］安东尼·吉登斯．现代性与自我认同［M］．赵旭东等译．上海：三联书店，1998：4.

④ ［德］E·迪尔凯姆．社会学方法的准则［M］．狄玉明译．北京：商务印书馆，1995：24.

⑤ Ulrich Beck. *Risk Society: Towards a New Modernity* [M]. London: Sage Publications, 1992: 20.

⑥ ［德］乌尔里希·贝克等．自由与资本主义［M］．路国林译．杭州：浙江人民出版社，2001：118.

建设形势严峻，人们价值思想观念和行为的多样性；经济社会发展不够平衡，城乡差距、收入差距、代际差距、生态失衡等问题突出；社会公共服务体系不够完善，就业、教育、住房、医疗和食品安全等社会建设领域问题不少，等等。这些“风险型”社会问题具有叠加性、复杂多样性、共生性和影响广泛性等特点，是现代化进程中增生的消极性“副产品”，是社会体制深刻变革的必然产物。“风险型”社会问题如果得不到及时处理，就会引发社会风险。社会风险可能导致经济社会发展停滞，甚至倒退，导致社会结构和关系失衡、冲突加剧，以及其他不确定的社会危害。这些不仅考验着社会治理制度创新，还影响现代化进程。引发这些“风险型”社会矛盾的原因固然很多，如经济发展水平和社会民生建设等，但从制度角度看，社会矛盾和社会风险的广泛性与制度不完善直接相关。因此，我们需要从根本上加强制度建设，防范社会风险，促进社会治理现代化。

另一方面，我国社会治理创新发展要走向社会治理制度现代化，还需加强民主和法治建设。民主是制度和法治的内在本质和精神内核，民主的实现需要制度法律的支撑和保障。而制度、法治的价值本质在于将民主规范化、稳定化。社会主义民主是人民群众当家作主的国家治理形态和社会管理形式。社会主义民主并非一个孤立事物，而是一个发展的目标实现过程。社会主义民主应该视维护群众权益为己任，保障人民群众社会治理权利。此外，制度和法治紧密联系、相辅相成。制度是法治的前提基础，法治是制度的有力保障。完善制度必然需要加强法治，制度缺陷也会影响法治建设。法治建设是社会治理现代化的最后屏障。实现社会治理现代化，需要完善的法治体系作保障。依法治国本身就是国家与社会治理的原则和方略。基于此，党和政府要抓住民主这条主线，加强立法，将社会治理创新发展纳入法治化轨道运行。在人民主体依法治理参与中体现和发展民主，推进社会治理的法治现代化。社会成员普遍服从的法律“应该本身是制订得良好的法律”①。依法治理首先要有一套“良法”，即民主科学的法律体系，然后才能“善治”。良法善治的重点是科学立法、民主立法，这是增强法律权威和法律信仰、减少或避免“法制风险”的前提。良法善治的核心在于依法治理，增强法律执行力和治理能力，保障群众合法权益。

第二，我国社会治理创新要走向社会治理能力现代化。制度现代化与能

① ［古希腊］亚里士多德．政治学［M］．吴寿彭译．北京：商务印书馆，1981：199.

力现代化相辅相成、互为条件。没有制度现代化，能力现代化就失去依托而无法实现；能力现代化是制度现代化的体现，没有能力现代化，制度现代化的优越性和有效性就无法充分彰显。社会治理能力现代化，是我国社会治理创新发展的未来走向。在一定意义上，社会治理能力反映了党和政府的治国理政能力，影响着人民群众对党长期执政的支持程度。作为党领导人民群众的实践活动，社会治理只有回归到治国理政及其民生建设实践中，才能发现自身不足、优化自身结构。社会治理能力现代化也只有在不断提高党的治国理政的能力中才能逐步实现。

党的执政能力是党的治国理政能力的重要内容，反映了党对国家治理和管理公共事务的领导能力。党的执政建设是党的建设和治国理政的重要内容，是中国特色社会主义的内在要求。在现代社会治理中，作为一种特殊形式的治理主体，政党是人类社会文明进步的重要标志。从社会主义计划经济的封闭环境，到社会主义市场经济的开放条件，党的执政环境和治理环境发生了深刻变化。在这种情况下，党的执政建设如何更好体现其科学性、民主性、长期性，如何更好得到人民群众的政治认同和社会支持，社会治理及其能力现代化就显得愈发重要和迫切。于是，科学执政与治理，民主执政与治理，依法执政与治理，就成了新时代社会治理现代化的目标要求。

一种新的理论诉求必然是实践发展新特点的体现。党的十八大以来，我国社会治理创新发展进入了新的阶段。这个新阶段总体上就是“当代中国的整体转型升级”①的新阶段。这个新阶段呈现的阶段性本质特征、提出的“实现什么样的治理现代化、如何实现治理现代化”的新任务，既是我国社会治理创新发展的新的起点，也是党的新时代治国理政思想的新的逻辑起点。习近平关于党的治国理政能力的思想，是对党的长期执政能力建设的发展，是对新时代中国整体转型发展现实的理论回应。2013 年，党的十八届三中全会首次提出了“推进国家治理能力现代化”的战略目标。社会治理能力现代化是国家治理能力现代化的重要内容，是国家在社会领域治理水平和能力的重要体现。党的十九大概括了习近平新时代中国特色社会主义思想，既丰富了马克思主义社会治理中国化的理论体系，也为提高党的治国理政能力，实现社会治理能力现代化提供了理论依据。

① 韩庆祥．人民共创共享思想—党中央治国理政新思想的系统阐发［J］．中共中央党校学报，2006（2）．

结　语

我国社会治理创新是马克思主义中国化的重要组成部分，是在马克思主义社会治理思想与中国实际相结合过程中不断得以推进。我国社会治理创新的主要成因有：一是文化成因，即马克思主义社会治理思想与中国传统治思想文化的契合；二是实践成因，即中国经济社会建设和发展的实践驱动；三是现实成因，即解决新时代社会治理问题的现实需要。我国社会治理在创新发展过程中，经历了新中国成立之初的理论创设、改革开放之后的理论突破和新时代以来的理论升华，所形成的“政府‘一元’管控”社会治理理论、“多方协作共管”社会治理理论和“共建共治共享”社会治理理论具有重要的历史意蕴、特征属性、“时代”意义和现实价值。

第一，马克思主义社会治理思想、列宁开创的俄国化马克思主义社会治理理论，是我国社会治理创新的理论来源。马克思主义社会治理思想主要有：无产阶级社会治理应批判吸收资本主义社会治理；在阶级社会里，社会治理是国家统治职能的社会基础，具有阶级性和社会性；对维护公共利益的需求，使社会治理不断发展，并最终仅剩留社会性，成为全体成员共同参与、追求公平正义和社会共治的民主化治理；人民群众主体地位需要其有序参与民主化社会治理来体现；社会治理需视具体民生事业为己任、社会公平为目标，并在夺取政权、增加生产力总量、无产阶级民主意识觉醒和加强制度建设等条件下才能实现。列宁开创的俄国化马克思主义社会治理理论，是对马克思主义社会治理思想的继承和发展。他认为，社会治理是社会主义建设的最困难、最崇高的任务；坚持党的“总的领导”，维护工会、合作社和群众等主体地位；学习和借鉴资产阶级社会治理的有益成分，坚持用“旧”和育“新”的人才原则；社会主义社会治理最终走向专业化、民主化、效能化和法治化。马克思主义社会治理思想及其俄国化具有科学性和前瞻性、革命性和实践性、阶级性和全人类性等统一的理论特征。我国社会治理创新是马克思主义社会治理思想在中国的运用和发展，具有丰富的内容范畴和鲜明特征。其主要内容有：在本质核心上，以人为本、治理为民，维护群众利益；以“四类”主体与“三类”客体等为要素；大力发展社会各项事业；通过改革创新和环境保障相结合，实现社会治理现代化目标。我国社会治理创新发展体现了整体性、开放性和实践性等鲜明特征。

第二，我国社会治理创新发展是马克思主义社会治理中国化的重要组成部分。它主要经历了计划经济时期的理论创设、改革开放之后的理论发展和新时代以来的理论升华等三个发展时期，形成了“政府‘一元’管控”社会治理理论、“多方协作共管”社会治理理论和“共建共治共享”社会治理理论等理论成果。在计划经济时期，由于国情条件的需要、中国优秀传统治理文化影响及其与马克思主义的结合，形成了“政府‘一元’管控”社会治理理论。“政府‘一元’管控”社会治理理论承前启后，开创了马克思主义社会治理中国化的历史先河。改革开放之后，中国共产党人构建和发展了“多方协作共管”社会治理理论。“共建共治共享”社会治理理论是马克思主义社会治理中国化的最新理论成果，是我国社会治理创新发展的新阶段，是进入新时代以来，为了应对治理挑战、理论发展和文化传承的冲击而做出的适时回应。“共建共治共享”社会治理理论体现了党的执政逻辑与治理逻辑的统一，实现了马克思主义社会治理中国化的理论升华，对新时代社会治理创新、从“管理”转变到“治理”和社会治理现代化建设，具有重要的指导意义和时代价值。

第三，我国在社会治理创新发展过程中，既积累了丰富经验，又存在一些偏差和问题。对其经验和偏差进行系统分析，有助于理解我国社会治理创新发展的当代价值和未来走向。基本经验有：坚持以最新理论成果为指导；构建以人为本和民生导向的和谐美好社会；加强党的领导和执政建设，树立社会治理权威；吸收群众依法参与，推进社会治理的制度化、法治化和民主化；坚持科学治理，走中国特色社会治理道路，等等。而偏差，既有计划经济时期国家集权行单向治理的偏差，也有改革开放之后社会治理的民生“短板”和发展滞后问题。相比偏差，基本经验是主要的、起决定性的。我国社会治理创新具有重要的当代价值和明确的未来走向。

我国社会治理创新发展是一个时间跨度大、内容庞杂的、系统开放的理论和实践体系。因而本书还有许多不足，存在尚待深入研究的问题。

第一，对马克思恩格斯列宁的相关经典文本中的社会治理内容观点需要加深领悟；需要继续研读文本，进一步准确把握其内容观点的本真和原意。马克思主义经典文本中并无“社会治理”一词，只是在其字里行间隐喻了丰富的社会治理观点。因此，必须立足原著，运用症候阅读法挖掘深藏于其中的理论内容，而不能简单地将现代社会治理理论嫁接到马克思主义理论体系中。由于笔者学力所限，对一些相关提法和归纳难免会出现错误和不足。对由此而引起的争议是笔者今后需要继续研究的方向。

第二，对马克思主义社会治理思想在中国的运用和发展的分析不够精确、梳理不够全面，需要进一步学习和把握马克思主义社会治理中国化和在我国社会治理创新发展过程中所形成的理论成果，特别是“共建共治共享”社会治理理论，以及党在社会治理方面的政策主张和观点。鉴于马克思主义在我国的“显学”地位，我国社会治理创新发展必将有更大的空间。而本书所涉猎的只是冰山一角。今后，笔者将会深入研究“共建共治共享”社会治理理论和中国特色社会主义社会治理体系。

第三，对西方现代社会治理理论的研究成果关注不够、涉猎不足，需要进一步深入了解西方学者的相关研究。一般来说，现代社会治理理论主要源自西方学界。西方学者特别是当代西方学者的相关成果颇丰，影响较大。这些西方成果多属于社会学和政治学等领域。所以，研究西方成果，要注意不同的学科界定和研究区别，注意区分西方研究和我国研究的本质和特点，并运用马克思主义的研习思维，加大对中西方理论的比较研究和交叉研究的力度。

第四，需要继续探究新时代我国社会治理创新发展的现实价值。社会治理是现代国家治理体系的基本构成。对马克思主义经典作家相关著作进行梳理探究，对我国社会治理创新发展进行总结，尤其对“共建共治共享”社会治理理论和中国特色社会主义社会治理体系进行深化研究，无论对理论思想寻源、“特色理论”构建，还是对现实问题析解和“实践议题”破解，都很有必要。虽然本书对我国社会治理创新发展的合法性、价值坐标和发展走向，以及马克思主义理论中国化视阈中社会管理与社会治理的一致性进行了探究，但研究的广度和深度还远远不够，对当代价值和启示的挖掘还有很大空间。

参考文献

一、中文论著

1. 马克思恩格斯文集（第 1-10 卷）［M］. 北京：人民出版社，2009.

2. 马克思恩格斯选集（第 1-4 卷）［M］. 北京：人民出版社，1995.

3. 马克思恩格斯全集（第 1 卷）［M］. 北京：人民出版社，1956.

4. 马克思恩格斯全集（第 2 卷）［M］. 北京：人民出版社，1957.

5. 马克思恩格斯全集（第 3 卷）［M］. 北京：人民出版社，1960.

6. 马克思恩格斯全集（第 3 卷）［M］. 北京：人民出版社，2002.

7. 马克思恩格斯全集（第 4、30 卷）［M］. 北京：人民出版社，1995.

8. 马克思恩格斯全集（第 4 卷）［M］. 北京：人民出版社，1958.

9. 马克思恩格斯全集（第 6、23、27、38 卷）［M］. 北京：人民出版社，1972.

10. 马克思恩格斯全集（第 16 卷）［M］. 北京：人民出版社，1964.

11. 马克思恩格斯全集（第 17、19 卷）［M］. 北京：人民出版社，1963.

12. 马克思恩格斯全集（第 20 卷）［M］. 北京：人民出版社，1971.

13. 马克思恩格斯全集（第 21 卷）［M］. 北京：人民出版社，2003.

14. 马克思恩格斯全集（第 25 卷）［M］. 北京：人民出版社，2001.

15. 马克思恩格斯全集（第 36 卷）［M］. 北京：人民出版社，1975.

16. 马克思恩格斯全集（第 39 卷）［M］. 北京：人民出版社，1974.

17. 马克思恩格斯全集（第 50 卷）［M］. 北京：人民出版社，1985.

18. 马克思. 资本论（第 1、3 卷）［M］. 北京：人民出版社，2004.

19. 列宁选集（第 1-4 卷）［M］. 北京：人民出版社，1972.

20. 列宁全集（第 1 卷）［M］. 北京：人民出版社，1984.

21. 列宁全集（第 2 卷）［M］．北京：人民出版社，1972.

22. 列宁全集（第 7、26 卷）［M］．北京：人民出版社，1959.

23. 列宁全集（第 8、37-41 卷）［M］．北京：人民出版社，1986.

24. 列宁全集（第 11、42-43 卷）［M］．北京：人民出版社，1987.

25. 列宁全集（第 18 卷）［M］．北京：人民出版社，1988.

26. 列宁全集（第 25、27 卷）［M］．北京：人民出版社，1958.

27. 列宁全集（第 28-29 卷）［M］．北京：人民出版社，1956.

28. 列宁全集（第 29、31-36 卷）［M］．北京：人民出版社，1985.

29. 列宁全集（第 30、33 卷）［M］．北京：人民出版社，1957.

30. 列宁全集（第 36 卷）［M］．北京：人民出版社，1959.

31. 列宁全集（第 52、55 卷）［M］．北京：人民出版社，1990.

32. 列宁文稿（第 3 卷）［M］．北京：人民出版社，1978.

33. 列宁专题文集（1-4 卷）［M］．北京：人民出版社，2009.

34. 苏共决议汇编（第 1-2 分册）［M］．北京：人民出版社，1964.

35. 列宁论苏维埃俄国社会主义经济建设［M］．北京：人民出版社，1979.

36. 中共中央马恩列斯著作编译局．马列主义研究资料［M］．北京：人民出版社，1987.

37. 当代中国研究所．中华人民共和国史稿（第一、二、四卷）［M］．北京：人民出版社 当代中国出版社，2012.

38. 毛泽东选集（第 1-4 卷）［M］．北京：人民出版社，1991.

39. 毛泽东文集（第 2 卷）［M］．北京：人民出版社，1993.

40. 毛泽东文集（第 3、5 卷）［M］．北京：人民出版社，1996.

41. 毛泽东文集（第 6-8 卷）［M］．北京：人民出版社，1999.

42. 中共中央文献研究室．毛泽东哲学批注集［M］．北京：中央文献出版社，1988.

43. 毛泽东．读苏联社会主义经济学批注和谈话（上册）［M］．北京：当代中国出版社，1998.

44. 毛泽东著作选读（下册）［M］．北京：人民出版社，1986.

45. 毛泽东著作专题摘编（下）［M］．北京：中央文献出版，2003.

46. 建国以来重要文献选编（第二册）［M］．北京：中央文献出版社，1992.

47. 建国以来重要文献选编（第十册）［M］. 北京：中央文献出版社，1994.

48. 建国以来重要文献选编（第十九册）［M］. 北京：中央文献出版社，1998.

49. 建国以来毛泽东文稿（第 1 册）［M］. 北京：中央文献出版社，1987.

50. 建国以来毛泽东文稿（第 6、7、10 册）［M］. 北京：中央文献出版社，1992.

51. 邓小平文选（第 1、2 卷）［M］. 北京：人民出版社，1994.

52. 邓小平文选（第 3 卷）［M］. 北京：人民出版社，1993.

53. 邓小平西南工作文集［M］. 北京：中央文献出版社、重庆出版社，2006.

54. 邓小平年谱（1975-1997）（上、下）［M］. 北京：中央文献出版社，2007.

55. 江泽民文选（第 1-3 卷）［M］. 北京：人民出版社，2006.

56. 毛泽东邓小平江泽民论教育［M］. 北京：中央文献出版社，2002.

57. 毛泽东邓小平江泽民关于军队建设论述选编［M］. 北京：解放军出版社，1997.

58. 江泽民思想年编（一九八九-二〇〇八）［M］. 北京：中央文献出版社，2010.

59. 江泽民：论“三个代表”［M］. 北京：中央文献出版社，2001.

60. 江泽民：全面建设小康社会，开创中国特色社会主义事业新局面—在中国共产党第十六次全国代表大会上的报告［M］. 北京：人民出版社，2002.

61. 胡锦涛：高举中国特色社会主义伟大旗帜，为夺取全面建设小康社会新胜利而奋斗［M］. 北京：人民出版社，2007.

62. 胡锦涛：坚定不移沿着中国特色社会主义道路前进 为全面建成小康社会而奋斗［M］. 北京：人民出版社，2012.

63. 习近平：决胜全面建成小康社会 夺取新时代中国特色社会主义伟大胜利—在中国共产党第十九次全国代表大会上的报告［M］. 北京：人民出版社，2017.

64. 中共中央文献研究室：建设有中国特色的社会主义［M］. 北京：人

民出版社，1984.

65. 江泽民：江泽民论中国特色社会主义（专题摘编）［M］．北京：中央文献出版社，2002.

66. 江泽民：论科学技术［M］．北京：中央文献出版社，2001.

67. 江泽民：论“三个代表”［M］．北京：中央文献出版社，2001.

68. 江泽民：论党的建设［M］．北京：中央文献出版社，2001.

69. 三中全会以来的重大决策［M］．北京：中央文献出版社，1994.

70. 三中全会以来的重要文献选编（上）［M］．北京：人民出版社，1982.

71. 十一届三中全会以来重要文献选读（上）［M］．北京：人民出版社，1987.

72. 十四大以来重要文献选编（上、中）［M］．北京：人民出版社，1996.

73. 十五大以来重要文献选编（上、中、下）［M］．北京：人民出版社，2001.

74. 十六大以来重要文献选编（上、中、下）［M］．北京：人民出版社，2005.

75. 十七大以来重要文献选编（上、中）［M］．北京：中央文献出版社，2009.

76. 十七大以来重要文献选编（下）［M］．北京：中央文献出版社，2013.

77. 十七大报告辅导读本［M］．北京：人民出版社，2007.

78. 十八大报告辅导读本［M］．北京：人民出版社，2012.

79. 十八大以来重要文献选编（上）［M］．北京：中央文献出版社，2014.

80. 温家宝：贯彻落实科学发展观建设环境友好型社会［M］．北京：红旗出版社，2006.

81. 课题组：习近平总书记系列讲话精神学习读本．［M］．北京：中共中央党校出版社，2013.

82. 习近平：习近平谈治国理政（上）［M］．北京：外文出版社，2014.

83. 习近平：之江新语［M］．杭州：浙江人民出版社，2007.

84. 编写组：怎样加强和创新社会管理［M］．北京：中共中央党校出版社，2011.

85. 国务院研究室编写组：十二届全国人大一次会议《政府工作报告》辅导读本［M］．北京：人民出版社，2013.

86. 全国人大常委会法制工作委员会：中华人民共和国法律［M］．北京：人民出版社，2015.

87. 胡乔木：胡乔木文集（第2卷）［M］．北京：人民出版社，1993.

88. 孙中山选集（第40卷）［M］．北京：人民出版社，1985.

89. 韩非子．赵沛注说［M］．开封：河南大学出版社，2008.

90. 管子［M］．梁运华校点．沈阳：辽宁出版社，1997.

91. 韦政通：孔子［M］．台北：台北东大图书公司，1996.

92. 孟子［M］．北京：中华书局，2006.

93. 五经四书［M］．陈襄民等译．郑州：中州古籍出版社，2000.

94. 王玉樑：21世纪价值哲学：从自发到自觉［M］．北京：人民出版社，2006.

95. 童星：创新社会管理［M］．北京：中国社会科学出版社，2012.

96. 童星：社会管理学概论［M］．南京：南京大学出版社，1991.

97. 包心鉴等编：大众政治参与和社会管理创新［C］．北京：人民出版社，2012.

98. 王浦劬：政治学基础［M］．北京大学出版社，2009.

99. 郑永年：中国改革三步走［M］．北京：东方出版社，2011.

100. 郑永年：改革及其敌人［M］．杭州：浙江人民出版社，2011.

101. 梁树发：社会与社会建设［M］．北京：人民出版社，2007.

102. 周毅之：邓小平的思维艺术［M］．上海：上海人民出版社，1994.

103. 刘瑞等编著：社会发展中的宏观管理［M］．北京：中国人民大学出版社，2005.

104. 韩震：社会主义核心价值体系研究［M］．北京：人民出版社，2007.

105. 邓国胜：非营利组织评估［M］．北京：中国社会科学出版社，2001.

106. 赵修义等：马克思、恩格斯同时代的西方哲学［M］．上海：华东师范大学出版社，1994.

107. 李友梅：中国社会生活的变迁［M］．上海：中国大百科全书出版社，2008.

108. 姬振海：生态文明论［M］．北京：人民出版社，2007.

109. 黄锐等：管理是什么——解读顶级管理大师［M］．北京：中国经济出版社，2003.

110. 马绍孟等：列宁哲学的理论和实践［M］．北京：中国人民大学出版社，1998.

111. 龚廷泰：列宁法律思想研究［M］．南京：南京师范大学出版社，2000.

112. 徐博涵：一份珍贵的理论遗产—列宁晚期思想研究［M］．西安：陕西人民出版社，2000.

113. 莫志斌：毛泽东管理思想与管理方法［M］．长沙：湖南师范大学出版社，2008.

114. 张忠良：毛泽东人学思想［M］．西安：陕西人民出版社，1993.

115. 李友梅：中国社会生活的变迁［M］．北京：中国大百科全书出版社，2008.

116. 陈晋：毛泽东与文艺传统［M］．北京：东方出版社，2014.

117. 王凤贤：毛泽东与中国传统文化［M］．合肥：安徽人民出版社，1996.

118. 逄先知、金冲及：毛泽东传（1949-1976）（上卷）［M］．北京：中央文献出版社，2003.

119. 宋一秀：毛泽东哲学思想精髓［M］．北京：北京大学出版社，1993.

120. 彭国甫：毛泽东邓小平行政管理思想研究［M］．北京：人民出版社，2008.

121. 韩立红："总设计师"的管理智慧—邓小平管理哲学研究［M］．北京：中共中央党校出版社，2007.

122. 李泽厚：中国现代思想史论［M］．天津：天津社会科学出版社，2003.

123. 王文宏等：网络文化研究［M］．北京：中国言实出版社，2006.

124. 俞可平：全球化与国家主权［M］．北京：社会科学文献出版社，2004.

125. 俞可平：治理与善治［M］．北京：社会科学文献出版社，2000.

126. 辛向阳：新政府论［M］. 北京：中国工人出版社，1994.

127. 教育部：邓小平教育理论学习纲要［M］. 北京：北京师范大学出版社，1998.

128. 编委会：中国大百科全书（社会学）［M］. 北京：中国大百科全书出版社，1991.

129. 王康：社会学词典［M］. 济南：山东人民出版社，1988.

130. 程继隆：社会学大辞典［M］. 北京：中国人事出版社，1995.

131. 陆学艺：社会建设论［M］. 北京：社会科学文献出版社，2012.

132. 陆学艺：当代中国社会结构［M］. 北京：社会科学文献出版社，2010.

133. 郑杭生：马克思主义社会学史［M］. 北京：高等教育出版社，2006.

134. 李培林：新时期社会管理总论［M］. 北京：研究出版社，2012.

135. 詹真荣等：马克思主义社会建设理论与实践［M］. 昆明：云南教育出版社，2011.

136. 刘斌等：政策科学研究［M］. 北京：人民出版社，2000.

137. 王守昌：西方社会哲学（修订本）［M］. 北京：东方出版社，1996.

138. 丁元竹：中国社会建设：战略思路与基本对策［M］. 北京：北京大学出版社，2008.

139. 何增科：社会管理与社会体制［M］. 北京：中国社会出版社，2008.

140. 陈峰君：印度社会与文化［M］. 北京：北京大学出版社，2013.

141. 刘瑞等：社会发展的宏观管理［M］. 北京：中国物价出版社，1998.

142. 杨红娟：社会管理创新25题—社会学与社会管理［M］. 北京：中共中央党校出版社，2011.

143. 习近平：在庆祝全国人民代表大会成立60周年大会上的讲话［M］. 北京：人民出版社，2014.

144. 李慎明：全球化背景下的中国大党建［M］. 北京：人民出版社，2010.

145. 王志章：知识城市：中国城市转型的路径选择［M］. 北京：人民

出版社，2012.

二、翻译论著

1. ［法］卢梭：社会契约论［M］．何兆武译．北京：商务印书馆，1980.

2. ［古希腊］亚里士多德：政治学［M］．吴寿彭译．北京：商务印书馆，1981.

3. ［英］米勒，波格丹诺：布莱克维尔政治学百科全书［M］．邓正来主编，中国问题研究所等译．北京：中国政法大学出版社，1992.

4. ［美］马斯洛：人类动机的理论［M］．许金声译．北京：中国人民大学出版社，2007.

5. ［以］艾森施塔特：反思现代性［M］．旷新年等译．北京：生活·读书·新知三联书店，2006.

6. ［美］道格拉斯·C. 诺斯：制度、制度变迁与经济绩效［M］．刘守英译．上海：三联书店，1994.

7. ［美］E. A. 罗斯：社会控制［M］．秦志勇等译．北京：华夏出版社，1989.

8. ［澳］欧文·E. 休斯：公共管理导论［M］，张成福等译．北京：中国人民大学出版社，2015.

9. F. W. 泰勒：科学管理原则［M］．冼子恩译．台北：五南图书出版有限公司，1981.

10. ［英］安东尼·吉登斯：超越左与右：激进政治的未来［M］．李惠斌等译．北京：社会科学文献出版社，2009.

11. ［美］塞缪尔·亨廷顿：变革社会中的政治秩序［M］．李盛平等译．北京：华夏出版社，1988.

12. ［法］涂尔干：社会分工论［M］．渠东译．上海：生活·读书·新知三联书店，2000.

13. ［美］帕森斯：社会行动的结构［M］．张明德等译．南京：译林出版社，2003.

14. ［美］刘易斯·A. 科瑟：社会学思想名家［M］．石人译．上海：世纪出版集团，2007.

15. ［德］亨希利·库诺：马克思的历史、社会和国家学说［M］. 袁志英译. 上海：上海译文出版社，2014.

16. ［美］戴维·W. 张：邓小平领导下的中国［M］. 北京：法律出版社，1991.

17. ［法］托克维尔：论美国的民主（上卷）［M］. 董果良译. 北京：商务印书馆，1988.

18. ［美］罗伯特·D. 帕特南：使民主运转起来［M］. 王列等译. 南昌：江西人民出版社，2001.

19. ［美］科恩：论民主［M］. 聂崇信等译. 北京：商务印书馆，1988.

20. ［美］阿历克斯. 英格尔斯：人的现代化［M］. 殷陆君译. 成都：四川人民出版社，1985.

21. ［英］斯宾塞：社会学原理［M］. 严复译. 上海：文明编译书局，1903.

22. ［美］罗伯特·希斯：危机管理［M］. 王成译. 北京：中信出版社，2007.

23. ［法］列菲弗尔：论国家—从黑格尔到斯大林和毛泽东［M］. 李青宜等译. 重庆：重庆出版社，1988.

24. ［美］埃德加·斯诺：红星照耀中国，引自《斯诺文集》［M］. 北京：新华出版社，1994.

25. ［苏］M. 马尔科夫：社会管理学［M］. 俞伸文译. 上海：同济大学出版社，1988.

26. ［苏］A. M. 奥马洛夫：社会管理［M］. 王思斌等译. 杭州：浙江人民出版社，1987.

27. ［苏］B. P. 阿法纳西耶夫：社会管理中的人［M］. 贾泽林等译. 北京：知识出版社，1983.

28. ［法］孔德：论实证精神［M］. 黄建华译. 北京：商务印书馆，2011.

29. ［德］马克斯·韦伯：经济与社会［M］. 林荣远译. 北京：商务印书馆，1997.

30. ［德］哈贝马斯：重建历史唯物主义［M］. 郭官义译. 北京：社会科学文献出版社，2000.

31. ［德］哈贝马斯：公共领域的结构转型［M］. 曹卫东等译. 上海：

学林出版社，1999.

32. ［德］哈贝马斯：合法化危机［M］．刘北成等译．上海：上海人民出版社，2000.

33. ［法］让-马里·科特雷等：选举制度［M］．张新木译．北京：商务印书馆，1996.

34. ［英］安东尼·吉登斯：现代性与自我认同［M］．赵旭东等译．上海：三联书店，1998.

35. ［法］E·迪尔凯姆：社会学方法的准则［M］．狄玉明译．北京：商务印书馆，1995.

36. ［美］劳伦斯·莱斯格：代码2.0：网络空间中的法律［M］．李旭等译．北京：清华大学出版社，2009.

37. ［英］安德鲁·查德威克：互联网政治学：国家、公民与新传播技术［M］．任孟山译．北京：华夏出版社，2010.

38. ［法］让-马克·夸克：合法性与政治［M］．佟心平等译．北京：中央编译出版社，2002.

39. ［加］文森特·莫斯可：数字化崇拜：迷思、权力与赛博空间［M］．黄典林译．北京：北京大学出版社，2010.

40. ［英］安东尼·吉登斯：失控的世界［M］．周红云译．南昌：江西人民出版社，2001.

41. ［德］乌尔里希·贝克：风险社会［M］．何博闻译．南京：译林出版社，2004.

42. ［德］乌尔里希·贝克等：自由与资本主义［M］．路国林译．杭州：浙江人民出版社，2001.

43. ［美］杜娜叶夫斯卡娅：马克思主义与自由［M］．傅小平译．沈阳：辽宁教育出版社，1998.

44. ［加］罗伯特·韦尔等：分析马克思主义新论［M］．鲁克俭等译．北京：人大出版社，2002.

三、中文论文

1. 俞良早：列宁由理想化民主向现实民主的思想转变［J］．俄罗斯中亚东欧研究，2011（5）.

2. 郑杭生等：提高社会管理科学化水平的社会学解读［J］．思想战线，2011（4）．

3. 夏建文等：社会建设与社会管理关系辨析［J］．哈尔滨师范大学社会科学学报，2013（4）．

4. 刘小敏等：社会建设：概念、话语、经验与战略选择［J］．广东社会科学，2014（1）．

5. 戚学祥等：从社会管理走向社会治理［J］．探索，2014（2）．

6. 景跃进：从“社会管理”到“社会治理”——学习十八届三中全会《决定》有感［J］．华中科技大学学报（社会科学版），2014（3）．

7. 龚维斌：社会治理是社会管理的升级版［J］．理论视野，2014（1）．

8. 王浦劬：国家治理、政府治理和社会治理的含义及其相互关系［J］．国家行政学院学报 2014（3）．

9. 韩庆祥：近平治国理政思想的四大基础［J］．中国特色社会主义研究，2016（2）．

10. 许耀桐，刘祺：代中国国家治理体系分析［J］．理论探索，2014（1）．

11. 高雁北：国家治理视域下的中国社会管理改革探索［J］．长安大学学报（社科版），2015（1）．

12. 王晓升：“主体”概念献疑—马克思主义哲学研究中的主客体框架批判［J］．华中科技大学学报（社科版），2012（4）．

13. 李培林：另一只看不见的手：社会结构的转型［J］．中国社会科学，1992（5）．

14. 徐晓军等：社会建设与社会管理中的理论深化与实践创新［J］．社会主义研究，2013（3）．

15. 习近平：群众工作是社会管理基础性经常性根本性工作［J］．共产党员，2011（3）下．

16. 程又中等：“民生、民权、民主”及其在当代社会管理中的实践价值［J］．华中师范大学学报（人文社科版），2012（3）．

17. 施美萍：马克思恩格斯“社会管理”思想的科学意蕴［J］．中共福建省委党校学报，2011（7）．

18. 黄建军：马克思主义经典作家社会管理思想探索［J］．陕西行政学院学报，2013（2）．

19. 房广顺：列宁关于管理社会事务要加强监督的思想与实践［J］．当代世界与社会主义，2013（6）．

20. 隋秀英：列宁社会管理思想的时代价值探析［J］．理论导刊，2011（7）．

21. 马尔：列宁的社会主义社会管理思想［J］．广西大学学报（哲社版），1997（1）．

22. 朱小玲：新中国成立后毛泽东社会建设思想述论［J］．马克思主义研究，2012（12）．

23. 樊跃发：建国初期毛泽东社会建设思想与实践省思［J］．科学社会主义，2010（1）．

24. 陈理：毛泽东对社会管理的艰辛探索和主要贡献［J］．党的文献，2014（3）．

25. 梁柱：要建立同社会主义公有制相适应的管理制度—从毛泽东的一个重要论断谈起［J］．当代中国史研究，2010（4）．

26. 张明军：社会管理研究在中国：进路与焦点［J］．学术界，2012（1）．

27. 李程伟：社会管理体制创新：公共管理学视角的解读［J］．中国行政管理，2005（5）．

28. 孙立平：走向积极的社会管理［J］．社会学研究，2011（4）．

29. 丁元竹：当前我国社会管理创新的主要领域和基本做法［J］．马克思主义与现实，2011（5）．

30. 丁元竹：对美国社会管理体制的考察［J］．中国改革，2005（11）．

31. 王思斌：社会管理初论［J］．社会科学研究，1992（6）．

32. 施雪华：当前中国社会管理的成就问题与改革［J］．学习与探索，2013（3）．

33. 何增科：理解国家治理及其现代化［J］．马克思主义与现实，2014（1）．

34. 陆学艺：目前形势和社会建设、社会管理［J］．中共福建省委党校学报，2011（4）．

35. 任映红：推进社会管理创新要着力解决的几个关键问题［J］．毛泽东邓小平理论研究，2012（1）．

36. 宋林飞：建立社会管理体系的难点和突破［J］．社会科学研究，

2012（6）.

37. 高祖林：论社会管理的终极目标［J］. 学术界，2013（4）.

38. 刘旺：社会管理创新：概念界定、总体思路和体系建构［J］. 江海学刊，2011（5）.

39. 李萍：论社会管理创新的实质［J］. 中国特色社会主义研究，2013（1）.

40. 唐贤兴：社会资本积累：社会管理创新的逻辑起点［J］. 学术界，2012（4）.

41. 石英：马克思主义社会学视野下加强和创新社会管理的三个维度［J］.人文杂志，2011（4）.

42. 黄新华：构建中国特色社会主义社会管理体系的路径选择［J］. 东南学术，2013（4）.

43. 白琳：马克思恩格斯的社会管理思想及其现实意义［J］. 社会主义研究，2009（1）.

44. 佘源培：以共识、共通、共容、共享引领社会管理创新［J］. 毛泽东邓小平理论研究，2011（8）.

45. 周振国：以人为本：中国特色社会主义社会管理的核心理念［J］. 毛泽东思想研究，2011（9）.

46. 黄进：论中国特色社会主义社会管理理论的形成［J］. 毛泽东思想研究，2013（1）.

47. 白瑾：90 年来中国共产党关于社会管理的探索与实践［J］. 科学社会主义，2011（4）.

48. 张晓燕：延安时期中国共产党社会管理创新研究［J］. 理论月刊，2013（3）.

49. 莫志斌等：建国后毛泽东社会管理思想要义探析［J］. 湖南师范大学社会科学学报，2013（4）.

50. 马彬等：科学与价值：毛泽东社会管理思想的双重维度及其启示[J]. 毛泽东思想研究，2012（4）.

51. 齐英艳：试论邓小平的社会主义社会管理思想的特点［J］. 思想理论教育导刊，2009（4）.

52. 卢卫红：江泽民论社会主义社会建设和管理［J］. 东岳论丛，2005（11）.

53. 唐利等：认知、价值、实践：胡锦涛社会管理思想述论［J］．理论导刊，2011（9）．

54. 李景治：创新完善中国特色社会主义社会管理体系与运行机制［J］．学习论坛，2011（8）．

55. 王喜梅：美国社会管理对中国的启示—以住房保障为例［J］．当代世界与社会主义，2013（1）．

56. 徐元宫：俄罗斯学者视阈下的中国和平发展［J］．国外理论动态，2012（11）．

57. 余达淮等："法治"与"德治"关系三题［J］．道德与文明，2016（2）．

58. 李慎明：坚持和推进社会主义制度自我完善和发展—学习胡锦涛《在庆祝中国共产党成立90周年大会上的讲话》的体会［J］．毛泽东邓小平理论研究，2011（9）．

59. 吴延溢：胡锦涛同志法治发展观探析［J］．毛泽东思想研究，2010（1）．

60. 黄明理：论中国共产党人的理论自觉与理论自信［J］．理论探讨，2012（6）．

61. 朱常柏：中国共产党民生建设的历史考察与经验研究［J］．学术交流，2011（10）．

62. 吴远等：论马克思主义理论内容整体性的逻辑推进［J］．河海大学学报（哲社版），2013（1）．

63. 沈杰：社会主义核心观"跟进式"培育的理论链接与模式探析［J］．学术论坛，2015（10）．

64. 吕芳：权力合法性的概念及历史演变［J］．江淮论坛，2003（1）．

65. 吴珏：论马克思主义中国化的合法性［J］．求索，2007（11）．

66. 包心鉴：优化治国理政的重大战略思想——以习近平为总书记的党中央如何推进中国特色社会主义新发展［J］．科学社会主义，2015（1）．

67. 中央党校中国特色社会主义理论体系研究中心：坚持以社会主义核心价值体系引领社会管理创新［J］．求是杂志，2012（17）．

68. 高艳青：论社会管理创新中的社会主义核心价值体系构建［J］．中共福建省委党校学报，2013（3）．

69. 刘少杰：改革创新社会管理体制 化解风险型社会矛盾［J］．科学社会主义，2010（3）.

70. 童星：社会管理创新八议—基于社会风险视角［J］. 公共管理学报，2012（10）.

71. 丁惠平：转型期我国社会管理体制变迁的组织社会学考察［J］. 学习与探索，2011（3）.

72. 张严：国外关于中国特色社会主义研究的核心问题与解读范式［J］. 当代世界与社会主义，2013（5）.

73. 向德平等："社会治理"的理论内涵和实践路径［J］. 新疆师范大学学报（哲社版），2014（6）.

74. 许耀桐：习近平的国家治理现代化思想论析［J］. 上海行政学院学报，2014（7）.

75. 刘爱莲等：论习近平社会治理思想中的辩证思维［J］. 河海大学学报（哲社版），2015（5）.

76. 孙波等：论习近平社会治理思想的渊源［J］. 中国成人教育，2015（20）.

77. 唐宁等：习近平治国理政系列重要讲话精神的思想渊源［J］. 学术论坛，2015（10）.

78. 青连斌：习近平总书记创新社会治理的新理念新思想［J］. 前线，2015（5）.

79. 徐汉明：习近平社会治理法治思想研究［J］. 法学杂志，2017（10）.

80. 范如国：复杂网络结构范型下的社会治理协同创新［J］. 中国社会科学，2014（4）.

81. 周谨平：社会治理的政治哲学之维［J］. 求索，2017（4）.

82. 高慧珠：论唯物史观中的社会治理［J］. 思想理论教育，2015（5）.

83. 王莹：社会治理创新的伦理学解读［J］. 道德与文明，2014（6）.

84. 陈成文：社会治理：一个概念的社会学考评及其意义［J］. 湖南师范大学社科学报，2014（5）.

85. 周红云：全民共建共享的社会治理格局：理论基础与概念框架［J］. 经济社会体制比较，2016（2）.

86. 张国清：社会治理的原则、模型和路径［J］. 天津社会科学，2015

（2）.

87. 宋学增：社会治理现代化的理论思考：学科渊源、治理体系和理论前沿［J］.经济社会体制比较研究，2016（6）.

88. 刘世定：社会治理的整合性分析框架：NGT［J］.北京工业大学学报（社科版），2017（1）.

89. 贾玉娇：从社会管理到社会治理：现代国家治理能力提升路径研究［J］.吉林大学社科学报，2015（4）.

90. 郁建兴：从社会管控到社会治理—当代中国国家与社会关系的新进展［J］.探索与争鸣，2014（12）.

91. 乔耀章：从"治理社会"到社会治理的历史新穿越［J］.学术界，2014（10）.

92. 孙柏瑛等：以执政党为核心的基层社会治理机制研究［J］.教学与研究，2015（1）.

93. 骆郁廷等：核心价值观的社会治理作用及其实现机制［J］.思想政治教育研究，2017（2）.

94. 孙力：社会治理需要核心价值的中轴［J］.思想理论教育，2014（7）.

95. 郑永廷：社会治理与思政教育的发展［J］.思想理论教育，2017（6）.

96. 陈潭：大数据驱动社会治理的创新转项［J］.行政论坛，2016（6）.

97. 陶希东：大数据时代中国社会治理创新的路径与战略选择［J］.南京社会科学，2016（6）.

98. 阎孟伟：社会协商与社会治理［J］.南开学报（哲社版），2015（5）.

99. 唐皇凤：法治建设：转型中国社会治理现代化的战略路径［J］.江汉论坛，2014（9）.

100. 成伯清：社会意象与社会治理［J］.社会科学研究，2015（1）.

101. 郭夏娟等：从边缘到中心：社会治理中"三位一体"的道德调控［J］.浙江社会科学，2017（1）.

102. 俞可平：浅谈法治与国家治理现代化［J］.马克思主义与现实，2014（6）.

103. 石云霞：习近平依法治国思想研究［J］.思想理论教育导刊，2015

(2).

104. 王雪珍：习近平社会治理思想探究［J］. 中共云南省委党校学报，2015（10）.

四、外文文献

1. Craig Calhoun（ed.）. *Habermas and the Pubic Sphere*［M］. Massachusetts：The MIT press，1992.

2. Jorge. *Deliberative Democracy，Political Legitimacy，and Self Democracy in Multicultural Socities*［M］. New York：Westview Press，2001.

3. Anthony Giddens. *Runaway World：How Globalization Is Reshaping Our Lives*［M］. New York：Routledge Press，2000.

4. Ulrich Beck. *Risk Society：Towards a New Modernity*［M］. London：Sage Publications，1992.

5. MacKinnon，R. *China's "networked authoritarianism"*［J］. Maryland：Journal of Democracy，2011，22（2）.

6. R. A. Spinello. *Cyberethics：Morality and Law in Cyberspace*［M］. Boston：Jone and Bartlett Publishers，2003.

7. Commission on Governance. *Our Global Neighbourhood*［M］. Oxford：Oxford University Press，1995.

8. Parsons，T. *The structure of social action*［M］. New York：The free press，1937.